NKUTCHET MODESTE

L'ENERGIE AU CAMEROUN

L'Harmattan
5-7, rue de l'École-Polytechnique
75005 Paris
FRANCE

L'Harmattan Könyvesbolt
1053 Budapest
Kossuth L.u. 14-16
HONGRIE

L'Harmattan Italia
Via Degli Artisti, 15
10124 Torino
ITALIE

ISBN : 2-7475-7338-9
EAN 9782747573382

TABLE DES MATIERES

INTRODUCTION

C'est en octobre 1986 que le Ministère des Mines de l'Eau et de l'Energie du Cameroun avait démarré la première phase de l'Etude du Plan Energétique National dans un double objectif :

- mettre en place une structure permanente de planification énergétique ;
- élaborer un plan énergétique national.

Près de dix-huit ans après, si la phase 1 du Plan Energétique National a été réalisée, rien n'a été fait pour rationaliser la gestion de l'énergie au Cameroun.

Pire, le pays connaît depuis deux ans des pénuries graves de fourniture d'énergie électrique aboutissant à des délestages qui désorganisent la vie économique et sociale.

Producteur modeste de pétrole, le Cameroun a vu sa production passer de 8,94 Mtonnes en 1985/86 à 5,5 Mtonnes en 2001/2002, sans que de nouvelles découvertes de gisements viennent inverser la tendance de cette baisse inexorable.

Au niveau de l'offre de gaz de pétrole liquefié (GPL), énergie cruciale pour la lutte contre la déforestation, le secteur ne s'est pas réorganisé pour impulser la demande potentielle.

En matière de bois-énergie, la gestion rationnelle n'est toujours pas programmée.

Le présent ouvrage, après une analyse de la situation de l'énergie au Cameroun, va détailler les voies et moyens pour une gestion rationnelle de l'énergie et pour tirer partie de quelques atouts dont le pays dispose pour assurer son développement économique et social.

PREMIERE PARTIE : SITUATION SOCIO-ECONOMIQUE

CHAPITRE 1 : GEOGRAPHIE

Situé à l'extrémité orientale du golfe de Guinée, en bordure duquel il possède 402 km de côte, entre les 2è et 13è degrés de latitude Nord et les 9è et 16è degrés de longitude Est, le Cameroun est limité au Nord et au Nord-Est par le Tchad, au Sud par la Guinée équatoriale, le Gabon et le Congo, à l'Ouest par le Nigeria et l'Océan Atlantique, et à l'Est par la République centrafricaine.

Sa superficie est de 475.400 km² et sa position charnière au sein du continent africain en fait un pays fortement contrasté qui, dans plusieurs domaines, mérite bien son nom d'"Afrique en miniature".

A l'exception des chaînes plissées, le Cameroun possède les grands types de relief du continent africain : plaines, cuvettes, massifs volcaniques et plateaux.

Le relief du Cameroun est constitué de manière très inégale de hautes et de basses terres :

- les hautes terres occupent environ 63% de la superficie du pays et se situent au dessus de 600 m d'altitude ;
- les basses terres forment deux ensembles bien distincts à savoir la cuvette de la Bénoué et les plaines côtières.

En traversant le Cameroun du Sud au Nord, on passe du climat équatorial (du 2è au 6è parallèle) au climat tropical (du 6è au 13è parallèle).

Liée au climat et au relief, la végétation camerounaise comprend la forêt dense et humide dans la partie Sud (environ 58% de la superficie totale du pays), la savane humide d'altitude et la savane sèche dans la partie septentrionale.

Favorisé par le climat, le réseau hydrographique du Cameroun est dense. En dehors de son voisinage avec l'océan Atlantique, le Cameroun compte de nombreux cours d'eau de dimensions variables. Mais peu de ces cours d'eau sont navigables en toute saison, seul l'estuaire du Wouri permettant aux bateaux de mouiller dans le port de Douala en toute saison.

En plus du lac Tchad qui jouit d'un statut international (limitrophe au Niger, au Tchad, au Cameroun et au Nigeria), le Cameroun dispose de cinq importantes retenues d'eau artificielles (Lagdo dans le Nord, Maga dans l'Extrême-Nord, Bamendjin, Mapé et Mbakaou dans l'Ouest) constituant une superficie globale d'environ 2.600 km². Ces barrages servent à la pêche, aux cultures irriguées et surtout à la production de l'énergie hydroélectrique.

Cette situation du relief, couplée à la configuration du pays qui est étiré en longueur et les conditions climatiques ont des impacts sur la situation énergétique nationale, des avantages mais aussi des inconvénients.

- Comme avantages :
  - la densité du réseau hydrographique a doté le pays d'un potentiel hydro-électrique qui pourrait être valorisé pour la production d'énergie électrique,
  - l'ensoleillement important de la partie Nord du pays permet d'envisager la valorisation de l'énergie solaire,
  - la présence de la forêt tropicale et d'une zone climatique humide, dote le pays d'un fort potentiel pour la production du bois-énergie.
- Comme inconvenients :
  - dans le secteur de l'électricité, l'étirement du territoire rend très coûteuse l'inter-connexion des réseaux électriques Nord et Sud, afin de tirer profit des échanges d'énergie qui peuvent en résulter,
  - dans le secteur du bois-énergie, le coût est élevé pour le transport du bois des zones de disponibilité de la matière ligneuse (partie Sud du pays) vers la zone Nord du pays qui connaît les problèmes de désertification et d'avancée du désert conjuguée à une pénurie de bois de feu,

- dans le secteur des hydrocarbures, l'excentricité de la raffinerie située dans le Sud-Ouest du pays par rapport aux régions du Nord du pays et le chemin de fer qui s'arrête à la falaise, ne permettent pas de limiter les coûts de transport, ont pour effet de renchérir le coût du carburant livré dans la zone Nord du pays ; d'où des sorties de fonds de la Caisse de Stabilisation des Prix des Hydrocarbures (CSPH) pour les besoins de péréquation et de soutien du transport.

  En outre, cette diversité climatique, couplée à l'insuffisance de sources d'énergies modernes, a des conséquences dramatiques dans la partie septentrionale du pays (située en zone sahélienne) où la consommation du bois de feu est très élevée et celle du GPL insignifiante : la dégradation de l'écosystème et la désertification. C'est d'ailleurs la raison majeure du projet d'implantation d'un centre d'emplissage de GPL dans l'Extrême Nord du pays (à Maroua) par la CSPH, dans le souci de lutter contre la désertification en favorisant l'introduction ou l'adoption du gaz domestique dans les usages domestiques de cuisson dans cette zone.

CHAPITRE 2 : DEMOGRAPHIE

Evaluée respectivement à 7.663.246 habitants et à 10.493.655 habitants lors des recensements démographiques de 1976 et de 1987, la population camerounaise était d'environ 15,5 millions personnes en 2001. Elle a franchi le cap de 16 millions d'habitants en 2002.

Le rythme de croissance démographique est donc important comme dans la plupart des pays sous-développés surtout en Afrique subsaharienne et en Asie. Le taux d'accroissement inter-censitaire du Cameroun qui est estimé à 2,89% par an entre 1976 et 1987 correspond en effet à un doublement de la population camerounaise tous les 25 ans environ.

L'on estime que, suite à un léger fléchissement présumé eu égard à l'évolution récente de la population nationale, le Cameroun a connu à la fin de la période 1993 à 1997 un taux de croissance annuel moyen de 2,83% et connaît en ce début du 21è siècle un taux de croissance démographique annuel d'environ 2,8% par an.

Les tableaux I.1 et I.2 en annexe I retracent cette évolution de la population du Cameroun depuis 1976. Les chiffres de 1976 et 1987 sont issus des deux recensements généraux de la population et de l'habitat réalisés ces années, ceux de 1995 étant des projections dérivées des prévisions de l'ex-Ministère du plan et de l'Aménagement du Territoire (MINPAT)[1] élaborées en 1993. Quant aux populations estimées pour 2002, elles sont le résultat de projections sur la base d'une hypothèse de variation linéaire du poids démographique de chaque province.

En ce qui concerne la distribution spatiale de la population camerounaise, il existe une répartition très inégale de cette population entre les régions

[1] Ministère du Plan et de l'Aménagement du Territoire : « Indicateurs démographiques du Cameroun », Edition 1993, dépliant, République du Cameroun, Yaoundé, 1993.

géographiques d'une part et dans une certaine mesure entre les secteurs urbain et rural d'autre part.

En effet, une ventilation par province fait ressortir que les trois provinces les plus peuplées (Extrême-Nord, Centre et Littoral) regroupent à elles seules près de 47% de la population nationale. En y ajoutant les provinces de l'Ouest et du Nord-Ouest, cette proportion passe à 70%.

L'inégale distribution de la population, combinée à celle portant sur l'étendue des provinces, conduit à des densités très variables d'une région à l'autre voire d'une localité du pays à l'autre.

Concernant les secteurs de résidence, il apparaît que la population camerounaise qui jusqu'au milieu des années 1990 était essentiellement rurale, est aujourd'hui presque également répartie entre villes et villages.

En effet, si en 1976 et en 1987, le Cameroun comptait respectivement 71,5% et 62,2% de sa population en zone rurale, l'on a assisté au fil du temps à une urbanisation croissante du fait du peuplement et de l'extension des anciennes villes puis de l'émergence de nouveaux centres urbains.

Parmi les grandes villes[2] du pays au premier rang desquelles se trouvent généralement les chefs-lieux de province, Douala et Yaoundé se démarquent comme de véritables métropoles nationales avec chacune plus d'un million d'habitants.

Ce poids démographique cumulé de Yaoundé et Douala correspond aux deux cinquièmes de la population urbaine et sensiblement à la moitié de la population des grandes villes du pays. Ces deux métropoles du pays ont des densités démographiques particulièrement élevées, respectivement de 4.918 hab./km^2 à Douala et 1.814 hab./km^2 à Yaoundé en 2002.

---

[2] Villes de 50.000 habitants ou plus.

En ce qui concerne les ménages au Cameroun, on en comptait 2.018.010 en 1987, leur taille moyenne étant de 5,2 personnes. Avec cette même taille, l'on estimait à quelques 2.553.270 le nombre de ménages en 1995 dans le pays. En 2001/2002, d'après les résultats de la deuxième enquête camerounaise auprès des ménages (ECAM II), le Cameroun compte quelques 3,2 millions de ménages et leur taille moyenne a légèrement baissé, se rapprochant de 5,0 personnes.

La diversité de densité démographique a également des conséquences au niveau de la situation énergétique nationale :

- dans le secteur de l'électricité :
  - la faible densité de population dans certaines zones rurales renchérit les coûts de raccordement au réseau,
  - la forte densité notamment dans les deux principales métropoles que sont Yaoundé et Douala, phénomène résultant d'abord de l'exode rural, entraîne le foisonnement de l'habitat spontané avec pour conséquence le développement des réseaux électriques pirates ou des sous-locations qui perturbe le réseau électrique et fausse les statistiques de consommation ;
- dans le secteur des Hydrocarbures, on observe une forte disparité dans les niveaux de consommation par région et par zone :
  - les provinces du Littoral, du Nord-Ouest, de l'Ouest et du Sud-Ouest qui détennaient 45% de la population ont absorbé annuellement près de 60% de tous les produits pétroliers consommés au Cameroun en 1994/1995 ; en 2001/2002, ces quatre provinces représentaient 44% de la population camerounaise et ont absorbé 58% des produits pétroliers de cette année,
  - les provinces du Centre, du Sud et de l'Est qui détenaient 24% de la population ont consommé

en 1994/1995 30% des produits pétroliers nationaux. Cette consommation est passée à 30% en 2001/2002 pour une population représentant 24% de l'effectif total la même année,

- les provinces de l'Adamaoua, de l'Extrême-Nord et du Nord détenant 31% de la population n'ont pu absorber que 10% de la consommation totale des produits pétroliers nationaux au cours de l'exercice 1994/1995 et 9% en 2001/2002 leur population représentant 32% de la population totale de cette dernière,
- en outre, cette consommation des produits pétroliers est surtout le fait des grandes métropoles que sont Douala, Yaoundé, Bafoussam, etc. La consommation dans les zones rurales est très faible alors que leurs populations représentent près de la moitié de la population totale ;

• dans le secteur des énergies nouvelles et renouvelables (ENR) :
  - la forte densité dans les centres urbains liée à la faible pénétration du gaz domestique dans les usages de cuisson entraine une forte pression sur l'écosystème (coupure sauvage des arbustes) qui a pour conséquence la dégradation du couvert végétal dans les zones périurbaines,
  - les us et coutumes en matière culturale (brulis, pâturage incontrôlé, etc.) entrainent des dégâts sur le couvert forestier, cette situation étant plus dramatique dans l'Extrême-Nord du pays qui connaît une pénurie de bois de feu avec l'avancée du désert.

CHAPITRE 3 : ECONOMIE

1 - SITUATION GENERALE

Jusqu'en 1977, l'économie camerounaise croît à un rythme moyen de 4% avec une structure stable par secteur : en volume, l'agriculture contribue pour 30% du PIB, contre 20% et 50% respectivement pour l'industrie et le secteur tertiaire (voir le tableau I.5 en annexe I).

A partir de 1977, suite à la mise en exploitation des gisements pétroliers, la croissance du Produit Intérieur Brut (PIB) fait un bond important (de 4% à 13%).

Cette accélération due aux industries extractives aura un effet important sur les autres secteurs : le rythme de croissance triple dans l'agriculture et double dans les services.

Malheureusement, à partir de 1985, sous l'effet conjugué de la baisse des prix du pétrole brut, de l'augmentation du taux de change du dollar US et de la chute des cours des produits agricoles sur quatre années consécutives, le PIB s'effondre de -11% en 1987/1988 et de -5% en 1988/1989.

Après ces périodes de marasme économique, la situation du pays ne va s'améliorer qu'à partir de 1994/1995 avec la balance commerciale qui redeviendra excédentaire et le PIB qui retrouvera le sens de la croissance.

En analysant la strucutre du PIB, on note une contribution encore importante quoique non soutenue du secteur des industries extractives y compris celui des hydrocarbures, ainsi que du secteur électricité-gaz-eau à l'économie nationale dans la formation du PIB.

Le graphique I.1 ci-après visualise l'évolution du PIB en franc CFA courant.

GRAPHIQUE I.1 : EVOLUTION DU PIB DE 1981/1982 A 2001/2002

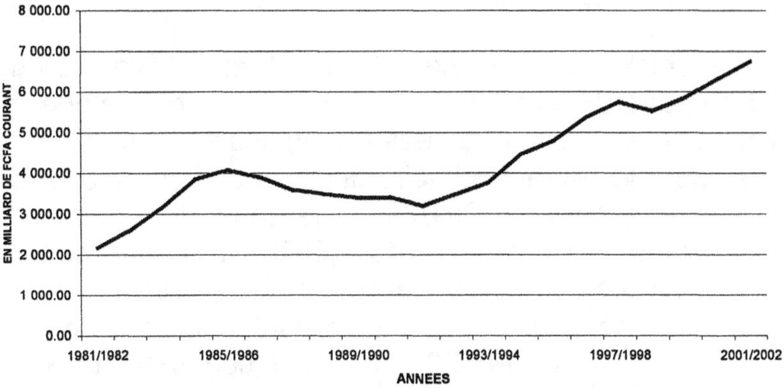

2 - EVOLUTION DU PIB PAR SECTEUR

Du tableau I.5 en annexe I qui présente l'évolution du PIB en franc CFA courant par secteur, on constate que les évolutions ont été contrastées suivant les secteurs :

- pour le secteur primaire qui représentait 22,57% du PIB total en 2001/2002, le taux de croissance annuel moyen a été de 4,63%, et dominé par les activités de la branche exploitation forestière ;
- le secteur secondaire qui a contribué pour 28,24% au PIB total en 2001/2002, a connu un taux de croissance moyen de 5,19%/an, mais avec une baisse régulière de 1987/1988 à 1991/1992, suivie d'une remontée de 1992/1993 à 2001/2002 ;
- enfin, le secteur tertiaire qui a contribué pour 26,37% au PIB total en 2001/2002 a également évolué de manière contrastée :
  - un taux de croissance moyen de 4,98%/an sur toute la période,
  - une évolution constante de 1981/1982 à 1985/1986 avec un taux de croissance annuel moyen de 17,03%,
  - une baisse continue de 1986/1987 à 1991/1992,
  - et une croissance de l'ordre de 3,7%/an de 1992/1993 à 2001/2002.

Avec la baisse prévue des activités pétrolières, si de nouveaux gisements n'étaient pas mis à jour, on assistera vraisemblablement à la dimunition de la contribution du secteur secondaire à la production de l'économie nationale.

Le graphique I.2 ci-dessous présente cette évolution.

<u>GRAPHIQUE I.2</u> : EVOLUTION DU PIB PAR SECTEUR

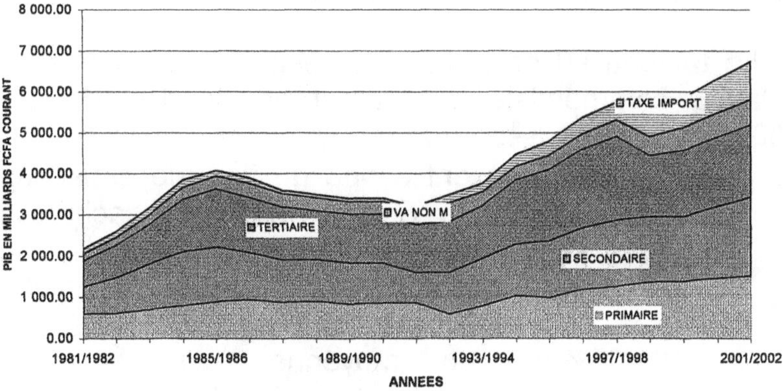

3 - LA BALANCE COMMERCIALE

Le tableau I.6 en annexe I présente l'évolution de la balance commerciale du Cameroun de 1981/1982 à 2001/2002. Il en ressort que :

- les exportations ont connu un taux de croissance annuel moyen de 5,04%, mais qui cache des situations contrastées suivant les périodes :
  - de 1981/1982 à 1984/1985, le taux d'évolution des exportations est soutenu, de l'ordre de 31,07%/an en moyenne, dopé par les exportations de pétrole brut suite au démarrage de la production nationale, d'une part et des produits pétroliers après l'entrée en fonction de la raffinerie de Limbe, d'autre part,
  - de 1985/1986 à 1993/1994, l'évolution est erratique, sans que la hausse maximale n'atteigne le pic de l'année 1984/1985,
  - de 1994/1995 à 2001/2002, les exportations ont crû de façon régulière, sauf pour les années 1996/1997 et 1998/1999, où on constate un léger fléchissement ; toutefois, sur la période, le taux de croissance est de 7,06%/an en moyenne,
- les importations ont suivi la même tendance avec un taux de croissance moyenne sur la période de 6,43%/an, avec une hausse continue depuis l'année 1993/1994 (où le taux annuel de croissance moyenne était de 16,12%) ;
- quant au solde commercial, il a toujours été excédentaire sauf pour les années 1986/1987 et 2001/2002.

Le graphique I.3 ci-dessous visualise cette situation.

GRAPHIQUE I.3 : EVOLUTION DES ECHANGES COMMERCIAUX DU CAMEROUN

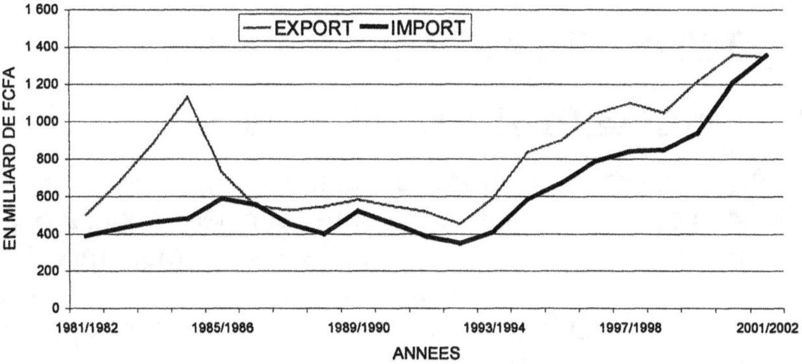

4 - INFRASTRUCTURES DE TRANSPORT

4.1 - TRANSPORT ROUTIER

4.1.1 - INFRASTRUCTURES ROUTIERES

Au Cameroun, la route constitue le type de voie de communication le plus emprunté par les populations, devant les voies ferroviaire, aérienne et maritime. Ce constat est lié à l'état de développement et au coût très variable de création, de mise en service et d'accès à chaque type d'infrastructures de communication.

Le tableau I.7 ci-après permet de se faire une idée du réseau routier national.

TABLEAU I.7 : SITUATION DU RÉSEAU ROUTIER PAR PROVINCE EN 2002

LONGUEURS EN KM

PROVINCES	ROUTES BITUMÉES	ROUTES EN TERRE CLASSEES	ROUTES RURALES	TOTAL
ADAMAOUA	317,0	1.806	1.813,0	3.936,0
CENTRE	827,4	2887	4.625,0	8.339,4
EST	80,7	2.638	2.033,0	4.751,7
EXTREME-NORD	577,0	2.030	2.696,0	5.303,0
LITTORAL	413,9	1.035	2.326,0	3.774,9
NORD	441,0	1.842	2.014,0	4.297,0
NORD-OUEST	189,2	1.076	3.841,0	5.106,2
OUEST	407,8	1.232	3.492,0	5.131,8
SUD	449,0	2.433	2.580,0	5.462,0
SUD-OUEST	244,9	1.037	2.516,0	3.797,9
CAMEROUN	**4047,8**	**18.016**	**27.936,0**	**49.999,8**

SOURCE : MINTRANSP

4.1.2 - SITUATION DU PARC AUTOMOBILE

On note dans l'ensemble une augmentation rapide du parc automobile au Cameroun au cours de la période 1981/1982 à 2001/2002 (Voir tableau I.8 en annexe I).

En effet, depuis 1994, le taux annuel d'accroissement du parc automobile au Cameroun s'est situé à près de 5,8% jusqu'en 1996, puis autour de 3% de 1996 à 1998, et est remonté légèrement au-dessus de 4% entre 1998 et 2002.

Le graphique I.4 ci-dessous visulise cette évolution.

GRAPHIQUE I.4 : EVOLUTION DU PARC AUTOMOBILE CAMEROUNAIS

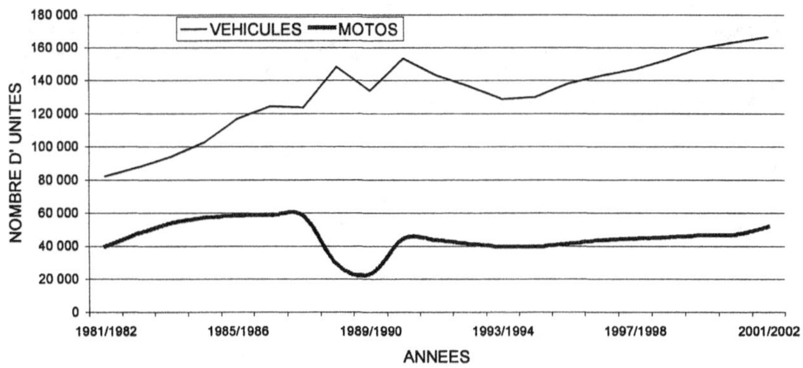

Cette augmentation est surtout le fait de véhicules particuliers. Il convient de signaler qu'il s'agit en grande majorité de véhicules d'occasion (88%). C'est dire si ce parc automobile est vieillissant, indépendamment des dates d'immatriculation et des durées de circulation des véhicules au Cameroun. Ce vieillissement a une incidence sur la consommation des carburants des véhicules dont le rendement des moteurs n'est plus efficient avec l'âge.

Du tableau I.9 en annexe I, il apparaît que la part du parc automobile camerounais dans la flotte africaine, est marginale : elle représente moins de 1%.

Le graphique I.5 ci-dessous présente l'évolution du taux de motorisation au Cameroun.

Ce taux, après une hausse de 1981/1982 jusqu'au pic de 1988/1989, où il est passé sur cette période de 5,41 véhicules/1000 habitants à 9,81 véhicules/1000 habitants, a connu une régression jusqu'en 1994/1995, année où ce taux n'était plus que de 6,85 véhicules/1000 habitants ; pour ensuite amorcer une hausse timide autour de 7,2 véhicules/1000 habitants.

GRAPHIQUE I.5 : EVOLUTION DU TAUX DE MOTORISATION AU CAMEROUN

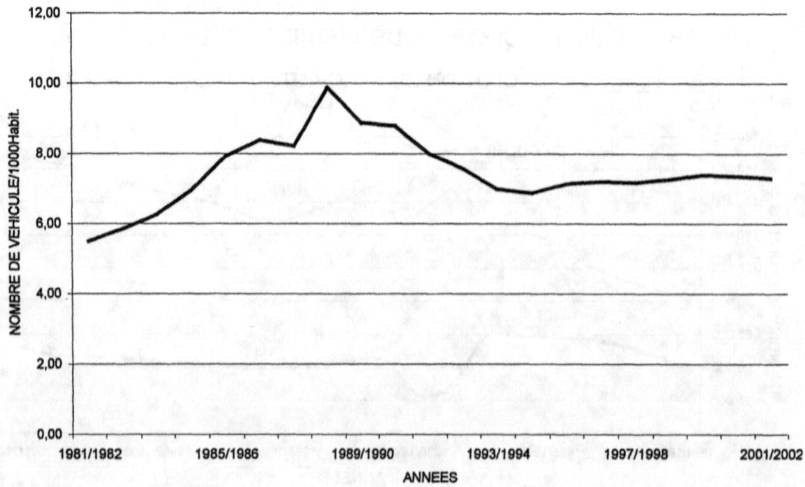

L'état du réseau routier dont seul 8,1% est bitumé, conjugué au parc automobile agé, induit des consommations élevées (voir tableau I.10 en annexe I).

4.2 - TRANSPORT FERROVIAIRE

Le réseau ferroviaire camerounais géré par la société CAMRAIL après la privatisation de la Régie Nationale des Chemins de Fer (RNCF) est long de 1.016 km, il se répartit ainsi qu'il suit :

- Transcam 1 (Douala-Yaoundé) : 294 km ;
- Transcam 2 (Yaoundé-Ngaoundéré) : 619 km ;
- Ligne Ouest (Douala-Mbanga-Kumba) : 103 km.

A ce réseau s'ajoutent 237 km de voies de services dans les gares.

Ce réseau assez vétuste n'a pas connu d'évolution significative pouvant indiquer un regain pour ce mode de transport, ce qui justifie un foisonnement du transport routier de produits (notamment des grumes de bois) sur des axes routiers en très mauvais état conjugué avec tous les problèmes de rupture de charge.

La capacité totale des infrastructures ferroviaires est estimée à :

- 2,5 tonnes de marchandises par an ;
- et 4,2 tonnes de passagers par an.

Le parc de matériels dont disposait la CAMRAIL en 2000 était de :

- 66 locomotives ;
- 76 voitures à voyageurs ;
- 1.359 wagons.

L'ensemble des infrastructures et du matériel présente une capacité théorique de :

- 531 millions de sièges-kilomètres ;
- et 951 millions de tonnes-km.

Le tableau I.11 en annexe I présente l'évolution du trafic voyageurs et marchandises ainsi que du kilométrage annuel. Il en ressort que :

- le trafic voyageur a connu une régression ces dernières années ;
- et le trafic marchandises, après une baisse continue, a amorcé une légère remontée.

4.3 - TRANSPORT AERIEN

Le Cameroun dispose d'une compagnie nationale de transport aérien, la CAMAIR, et de douze aéroports dont cinq seulement permettent un trafic régulier : les aéroports de Douala, Yaoundé-Nsilamen, Garoua, Ngaoundéré et Maroua Salack.

Au cours de l'année 2000, un total de 338.228 passagers a été reçu à l'embarquement et 307.478 au débarquement, avec 103.631 passagers en transit soit un trafic total de 749.337 passagers contre 636.68 en 1999.

Ce trafic régulier est reparti suivant la nature des déplacements en :

- trafic domestique avec 238.962 passagers enregistrés en 2000 ;
- trafic régional avec 121.440 passagers enregistrés ;
- trafic international avec 388.935 passagers enregistrés.

Le volume du fret enregistré se repartit ainsi qu'il suit :

- 2.300 tonnes sur le trafic domestique ;
- 1.353 tonnes sur le trafic régional ;
- 13.014 tonnes sur le trafic international,

soit un volume total de fret aérien de 16.667 tonnes, en 2000. Ce trafic cargo qui était de 20.599 tonnes en 1999 a donc connu une baisse de 19% l'année suivante.

Les mouvements réguliers d'aéronefs ont atteint un chiffre de 21.720 dont 10.844 au départ et 10.876 à l'arrivée.

Plusieurs compagnies aériennes autres que la CAMAIR assurent les vols internationaux au Cameroun. Il s'agit principalement de Air France, Kenyan Airways, Swiss, etc.

4.4 – TRANSPORT MARITIME

Le Cameroun dispose d'une côte longue de 400 km et de trois ports maritimes sont : le port de Douala/Bonabéri sur le Wouri, le port de Kribi sur l'Atlantique et le port de Garoua sur la Benoué.

Si ce dernier n'a qu'une activité saisonière liée au débit de la Benoué, le port de Douala demeure le principal port du Cameroun.

Le tableau I.12 en annexe I présente l'évolution du trafic au port de Douala/Bonabéri.

Ce trafic portuaire a connu un taux en hausse moyenne de 1,83%/an, passant de 3.994 milliers de tonnes en 1981/1982 à 5.745 milliers de tonnes en

2001/2002, avec toutefois des situations contrastées suivant la période :

- hausse continue de 1981/1982 à 1984/1985 (de l'ordre de 3,12%/an en moyenne) ;
- baisse suivie d'un tassement de 1985/1986 à 1993/1994 ;
- remontée de 1994/1995 à 2001/2002, avec un taux annuel moyen de croissance de 5,16%.

Le graphique I.6 ci-dessous visualise cette évolution.

GRAPHIQUE I.6 : EVOLUTION DU TRAFIC PORTUAIRE

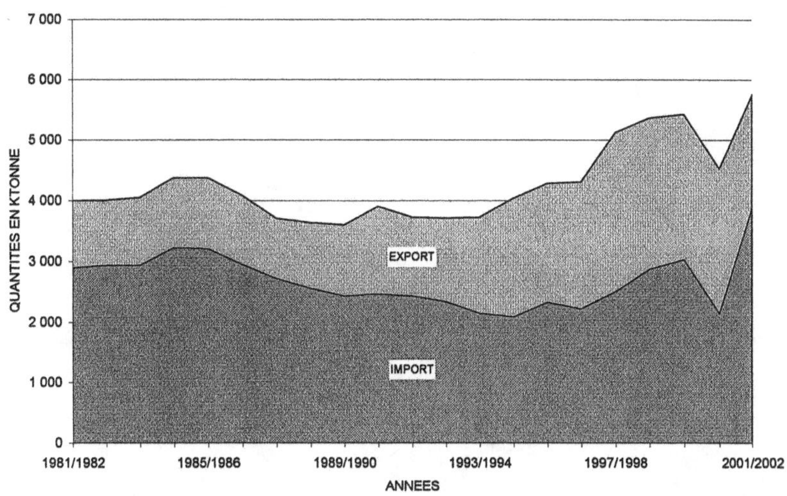

CHAPITRE 4 : EFFETS STRUCTURANT DES DISPONIBILITES ENERGETIQUES

1 - IMPACT AU NIVEAU MACROECONOMIQUE

1.1 - PART DE L'ENERGIE DANS LE PIB

Comme le montre le tableau I.13 en annexe I, la contribution du secteur énergie au PIB était de 11% en 2001/2002, contre 14% en 1981/1982 et 20% en 1983/1984.

On constate également que la branche «Industries Extractives» qui comprend essentiellement l'exploration et la production de pétrole brut a un effet d'entraînement sur le secteur tertiaire.

Si on y inclut la valeur ajoutée des branches grosses consommatrices d'énergie, comme l'aluminium et l'exploitation forestière, on arrive à des taux de contribution de plus de 25% pour l'année 2001/2002.

Le graphique I.7 ci-dessous présente cette situation.

GRAPHIQUE I.7 : EVOLUTION DE LA CONTRIBUTION DU SECTEUR ENERGETIQUE AU PIB

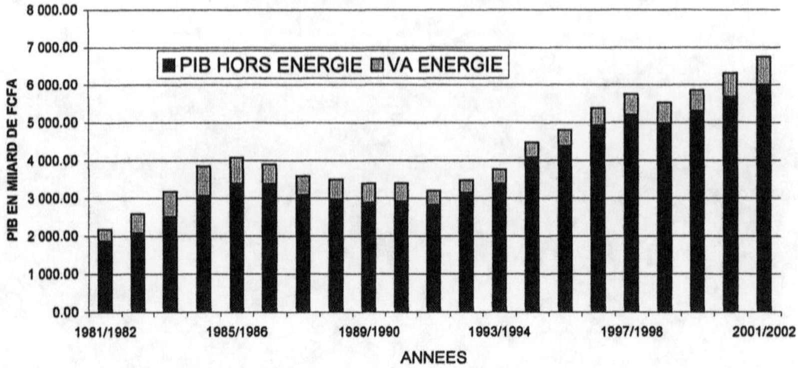

1.2 - IMPACT SUR LE BUDGET DE L'ETAT

On observe, à la lecture du tableau I.14 en annexe I, que de 1981/1982 à 2001/2002, le budget de l'Etat camerounais a été financé en moyenne à plus de 42% par la contribution du secteur Energie.

En 1981/1982, cette contribution était de 43% ; puis de 58% en 1994/1995 et de 45% en 2001/2002.

Ces contributions du secteur Energie proviennent essentiellement :

- de la redevance pétrolière ;
- des recettes tirées de la commercialisation de la part du pétrole brut revenant au Cameroun ;
- de la taxe spéciale sur les produits pétroliers (essentiellement le super et le gasoil) ;
- des impôts et taxes payés par les entreprises du secteur énergétique.

Le graphique I.8 ci-dessous présente cette situation.

GRAPHIQUE I.8 : EVOLUTION DE LA CONTRIBUTION DU SECTEUR ENERGIE AU BUDGET DE L'ETAT

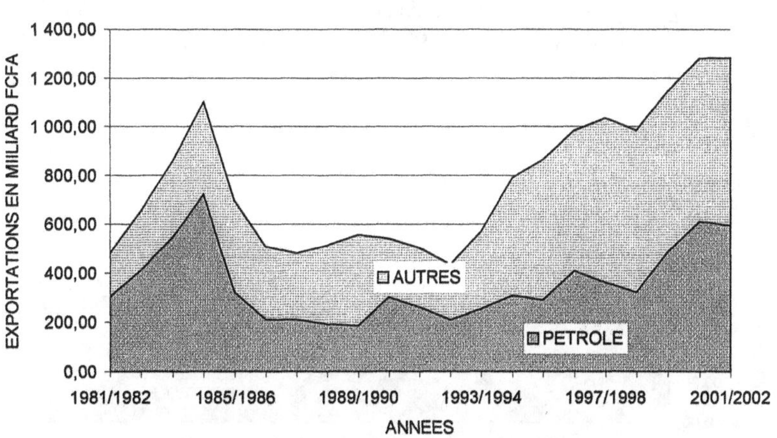

1.3 - IMPACT SUR LA BALANCE COMMERCIALE

L'importance de la branche énergie, notamment le pétrole brut dans la balance commerciale ressort à l'analyse du tableau I.15 en annexe I.

On constate que si la balance commerciale a été toujours excédentaire (à l'exception des années

1986/1987 et 2001/2002), c'est grâce à la contribution des exportations du pétrole brut dont la part quoique ayant décliné, est passée de 64,54% dans les exportations en 1981/1982 à 48,82% en 2001/2002.

On relève également que sans l'apport des exportations de pétrole brut, la balance commerciale serait en permanence déficitaire et le taux de couverture n'aurait été que de 62,63% en 1981/1982 et de 35,31% en 2001/2002.

Pour ces dernières années, la dégradation du taux de couverture résulte de la libéralisation du secteur des produits pétroliers aval avec la suppression du monopole de la SNH pour l'approvisionnement de la SONARA ce qui laisse la latitude à cette dernière de s'approvisionner en pétrole brut sur le marché international.

Le graphique I.9 ci-dessous présente cette situation.

GRAPHIQUE I.9 : EVOLUTION DE LA CONRIBUTION DE L'ENERGIE A LA BALANCE COMMERCIALE

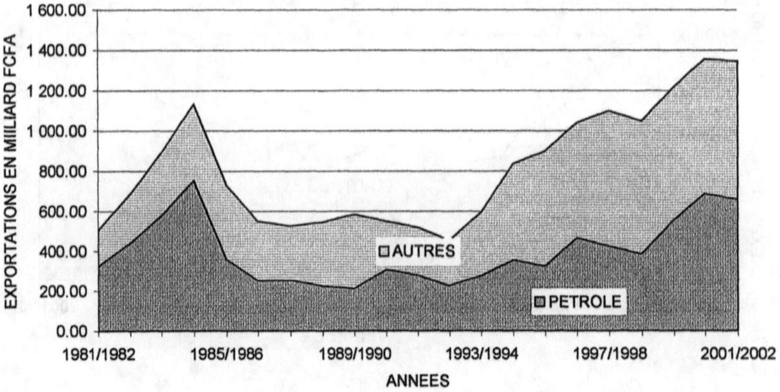

1.4 - IMPACT SUR L'EMPLOI

Le secteur Energie employait en 2002, environ 67.000 personnes, soit 6,02% de la population nationale salariée répartie par sous secteur comme l'indique le tableau I.16 ci-dessous.

TABLEAU I.16 : EFFECTIF DU SECTEUR ENERGIE EN 2002

SECTEUR	EFFECTIF	PART
EXPLORATION PRODUCTION	1 500	2,22%
PETROLE AVAL	5 512	8,16%
TOTAL SOUS SECTEUR HYDROCARBURES	7 012	10,39%
ELECTRICITE	5 500	8,15%
TOTAL ENERGIE CONVENTIONNELLE	12 512	18,53%
ENR *	55 000	81,47%
TOTAL SECTEUR ENERGIE	**67 512**	**100,00%**
POPULATION SALARIEE	1 121 640	
PART SECTEUR ENERGIE	6,02%	

SOURCE : EEIC

* ESSENTIELLEMENT LE BOIS-ENERGIE ET LE CHARBON DE BOIS

2 – IMPORTANCE DES ENTREPRISES GRANDES CONSOMMATRICES D'ENERGIE

On constate que les entreprises grandes consommatrices d'énergie ont des effets d'externalité très positifs sur l'économie nationale. C'est ainsi que :

- la société ALUCAM qui a un effectif de plus de 1.500 employés est le principal employeur de la ville d'Edéa qui ne doit son développement qu'à la présence de cette société et à celle de AES SONEL avec la présence de sa centrale hydroélectrique ;
- la SONARA quant à elle a permis le développement de la ville de Limbe et la CIMENCAM, celui de la ville de Figuil ;
- les sociétés forestières grosses consommatrices de gasoil assurent la création d'emplois dans les zones d'exploitation forestière ;
- la CAMRAIL est pour les vendeurs locaux, dans beaucoup de localités où existent des gares, l'unique lieu où se réalisent les échanges commerciaux ;
- les villes de Mbandjock et de Nkoteng ne doivent leur développement que grâce à la présence de la CAMSUCO et de la SOSUCAM ;
- enfin, les localités de SONG LOU-LOU et LAGDO essentiellement ne doivent leur développement que par les aménagements hydroélectriques qu'elles abritent.

Du tableau I.17 en annexe I qui présente l'évolution de la part des exportations du bois, de l'aluminium et des produits pétroliers (qui sont produits par des entreprises grandes consommatrices d'énergie), il ressort que les trois produits entrent pour 27,61% ces dernières années dans les exportations nationales. Par produit :

- l'aluminium a contribué pour environ 5,42% au total des exportations en 2001/2002 contre 2,14% en 1981/1982 ;

- le bois et ses dérivés ont contribué pour 17,49% environ en 2001/2002, contre 5,29% en 1981/1982 ; cette part qui est la seconde après celle du pétrole brut ira en s'accroissant si la tendance à la baisse de la production pétrolière se confirme ;
- enfin, les exportations de produits pétroliers représentaient 4,70% du total des exportations nationale en 2001/2002.

Le graphique I.10 ci-dessous visualise cette évolution.

GRAPHIQUE I.10 : EVOLUTION DE LA PART DE QUELQUES PRODUITS DANS LES EXPORTATIONS NATIONALES

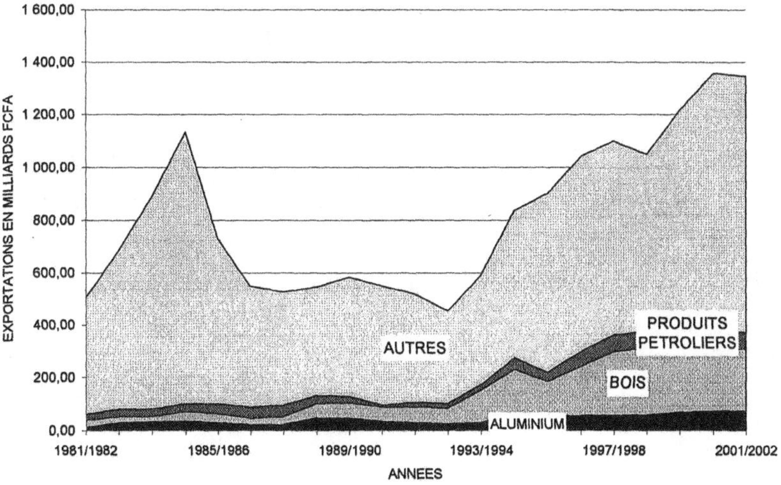

DEUXIEME PARTIE : PLACE DU CAMEROUN DANS LA SITUATION ENERGETIQUE AFRICAINE

Le Cameroun a une situation contrastée en terme de potentialités énergétiques ; ce qui a pour conséquence de le situer en dessous de la moyenne africaine en matière de production énergétique. En effet,

- doté d'un important potentiel hydroélectricque qui le place au second rang africain après le Congo (Ex Zaire), la puissance installée ne représente que 3,64% dudit potentiel au Cameroun ;
- avec des réserves modestes en pétrole brut, sa production annuelle (5,5 millions de tonnes en 2001/2002) le situe au 10ème rang africain loin derrière le Nigéria, la Libye et l'Algérie ;
- ses réserves modestes en gaz naturel sont non exploitées ;
- enfin, le pays dispose d'un important potentiel en matière ligneuse pouvant être valorisée en bois-énergie, mais non exploitée.

Le tableau II.1 ci-dessous présente l'évolution comparée de la production d'énergie primaire camerounaise à celle de l'Afrique.

TABLEAU II.1 : EVOLUTION DE LA PRODUCTION D'ENERGIE PRIMAIRE EN KTEP

PAYS	1985	1990	1995	2000
CAMEROUN	11 509	10 382	8 541	9 948
ENSEMBLE AFRIQUE	594 000	693 000	773 000	860 000
PART DU CAMEROUN	**1.94%**	**1.50%**	**1.10%**	**1.16%**

SOURCE : DGEMP / EEIC

Il ressort de ce tableau que malgré une légère remontée en 2000 où la production camerounaise a représenté 1,16% de la production africaine, la part du Cameroun dans la production d'énergie primaire a regressé avec le temps : 1,94% en 1985 et 1,10% en 1995.

Cette situation se confirme avec la production du pétrole brut : la part du Cameroun est passée de 3,39%

en 1985 à 1,53% en 1995, pour ensuite amorcer une légère remontée en 2000 avec un taux de 1,7%

Le tableau II.2 ci-dessous présente cette situation.

TABLEAU II.2 : EVOLUTION DE LA PRODUCTION DE PETROLE BRUT

EN KTEP

PAYS	1985	1990	1995	2000
CAMEROUN	8 943	7 432	5 186	6 225
ENSEMBLE AFRIQUE	264 000	316 000	340 000	366 000
PART DU CAMEROUN	**3.39%**	**2.35%**	**1.53%**	**1.70%**

SOURCE : DGEMP / EEIC

Comme le montre le tableau II.3 ci-dessous, la capacité de raffinage qui est restée stable depuis 1981, représentait en 2000, 1,31% de la capacité totale de raffinage de l'Afrique, contre 1,65% en 1985.

TABLEAU II.3 : EVOLUTION DE LA CAPACITE DE RAFFINAGE

EN KTEP

PAYS	1985	1990	1995	2000
CAMEROUN	2 100	2 100	2 100	2 100
ENSEMBLE AFRIQUE	127 000	145 000	144 000	160 000
PART DU CAMEROUN	**1.65%**	**1.45%**	**1.46%**	**1.31%**

SOURCE : DGEMP / EEIC

En matière de consommation d'énergie et comme le montre le tableau II.4 ci-dessous, on observe que la consommation camerounaise d'énergie primaire représentait 0,93% de la consommation africaine en 2000, contre 0,98% en 1985, marquant ainsi une regression.

TABLEAU II.4 : EVOLUTION DE LA CONSOMMATION D'ENERGIE PRIMAIRE

EN KTEP

PAYS	1985	1990	1995	2000
CAMEROUN	3 441	3 576	4 054	4 585
ENSEMBLE AFRIQUE	350 000	397 000	446 000	495 000
PART DU CAMEROUN	**0.98%**	**0.90%**	**0.91%**	**0.93%**

SOURCE : DGEMP / EEIC

En outre, la consommation camerounaise d'énergie par habitant et par an (soit 0,29TEP) est inférieure de moitié à celle de la moyenne africaine (0,60 TEP), chiffre déjà très en dessous de la moyenne mondiale (soit 1,64TEP/Habitant/an).

TABLEAU II.5 : EVOLUTION DE LA CONSOMMATION ANNUELLE D'ENERGIE PAR HABITANT

EN TEP

PAYS	1985	1990	1995	2000
CAMEROUN	0.33	0.30	0.29	0.29
ENSEMBLE AFRIQUE	0.60	0.60	0.60	0.60
ECART	**0.27**	**0.30**	**0.31**	**0.31**

SOURCE : DGEMP / EEIC

Par type d'énergie, la consommation camerounaise de pétrole (pétrole brut et produits pétroliers) représentait 2,56% de la consommation africaine totale en 2000, contre 2,31% en 1995.

TABLEAU II.6 : EVOLUTION DE LA CONSOMMATION DE PETROLE

EN KTEP

PAYS	1985	1990	1995	2000
CAMEROUN	2 290	1 596	2 174	2 561
ENSEMBLE AFRIQUE	77 000	88 000	94 000	100 000
PART DU CAMEROUN	**2.97%**	**1.81%**	**2.31%**	**2.56%**

SOURCE : DGEMP / EEIC

Cette situation est confirmée par la consommation de pétrole par habitant comme le montre le tableau II.7 ci-dessous.

TABLEAU II.7 : EVOLUTION DE LA CONSOMMATION DE PETROLE PAR HABITANT

EN KTEP

PAYS	1985	1990	1995	2000
CAMEROUN	0.09	0.05	0.05	0.06
ENSEMBLE AFRIQUE	0.14	0.14	0.13	0.12
ECART	**0.05**	**0.09**	**0.08**	**0.06**

SOURCE : DGEMP / EEIC

Cette faiblesse de la consommation énergétique camerounaise se vérifie également au niveau de la consommation de l'électricité. En effet, il ressort du tableau II.8 ci-dessous que cette consommation ne représentait que 0,70% en 2000 contre 0,91% en 1985.

TABLEAU II.8 : EVOLUTION DE LA CONSOMMATION D'ELECTRICITE

EN MWh

PAYS	1985	1990	1995	2000
CAMEROUN	2 393	2 483	2 499	3 015
ENSEMBLE AFRIQUE	264 000	320 000	368 000	430 000
PART CAMEROUN	**0.91%**	**0.78%**	**0.68%**	**0.70%**

SOURCE : DGEMP / EEIC

Cette situation est confirmée par la consommation moyenne d'électricité par habitant, celle du Cameroun ne représentant que 32% de la moyenne africaine en 2000.

TABLEAU II.9 : EVOLUTION DE LA CONSOMMATION D'ELECTRICITE PAR HABITANT

EN KWh

PAYS	1985	1990	1995	2000
CAMEROUN	232	208	182	191
ENSEMBLE AFRIQUE	490	515	524	550
ECART	**258**	**307**	**342**	**359**

SOURCE : DGEMP / EEIC

Enfin, pour ce qui se rapporte aux ENR, essentiellement le bois et le charbon de bois, l'on relève que la moyenne de la consommation camerounaise se rapproche plus de celle des pays en voie de développement.

Quant aux prix de l'énergie, il est possible de faire une analyse comparée des prix des produits pétroliers basée sur les données collectées de septembre 2001 à septembre 2003 pour 7 pays de l'Afrique de l'Ouest et 4 pays de l'Afrique Centrale membres de la zone FCFA (super, le gasoil et le pétrole lampant, qui sont les principaux produits pétroliers consommés).

Il s'avère que pour ces pays, les prix à la pompe ont varié comme le montrent les tableaux II.10, II.11 et II.12 en annexe II.

Du tableau II.10 qui présente l'évolution des prix du super, on observe que les prix pratiqués au Cameroun sont inférieurs à ceux de la Côte d'Ivoire et du Sénégal. Seuls les pays proches du Nigeria (Bénin et Togo) pratiquent des prix nettement plus bas.

Le même constat est valable pour le gasoil tel qu'il apparaît au tableau II.11.

Enfin, on constate qu'en ce qui concerne le pétrole lampant, les prix pratiqués au Benin sont les plus bas ; le Cameroun vient en deuxième position.

Le tableau II.12 en annexe II présente cette évolution.

Le prix de l'électricité AES SONEL est assez élevé, comparé à des pays développés comme la France. Ainsi, on observe qu'en basse tension, le prix moyen de l'électricité AES SONEL est de 75 FCFA/KWh, alors qu'il est de 44 FCFA/KWh en France en 2004.

Enfin, la non standardisation des prix de vente de bois-énergie au Cameroun rend toute comparaison assez difficile.

On constate donc que la place du Cameroun dans la situation énergétique africaine s'est dégradée avec le temps, malgré une légère remontée ces dernières années ; l'analyse révèle ainsi qu'en matière de (production et de consommation des énergies modernes notamment), le Cameroun se situe en dessous de la moyenne africaine.

La seule satisfaction vient des prix compétitifs pratiqués pour certains produits pétroliers au Cameroun grâce aux actions de la Caisse de Stabilisation des Prix des Hydrocarbures (CSPH).

TROISIEME PARTIE : SITUATION ACTUELLE ET EVOLUTION PASSEE DE L'ENERGIE AU CAMEROUN

CHAPITRE 1 : LE BILAN ENERGETIQUE NATIONAL

1 - CHIFFRES CLEF DE L'ENERGIE AU CAMEROUN

Au 31 décembre 2003 :	
Réserve de pétrole brut	172,63 MTEP
Réserve de gaz naturel :	190 X 10^9 M^3
Réserve de gaz associé :	1,1 TCF
Potentiel hydroélectrique :	19,83 Gw
Capacité de raffinage :	2.1 MTEP
En 2001/2002 :	
Puissances installées pour la production électrique :	975 Mw
dont AES SONEL :	844 Mw
dont Producteurs autonomes :	131 Mw
Production d'énergie primaire :	9.295 KTEP
dont hydroélectricité :	284 KTEP
dont Pétrole brut :	5,5 MTEP
dont ENR :	3.505 KTEP
Production de produits pétroliers :	1.527 KTEP
Production d'électrcité :	3.831 GWh
Consommation totale d'énergie :	4.599 KTEP
dont Electricité :	2.849 GWh
dont Produits pétroliers :	949 KTEP
dont ENR :	3.505 KTEP
Consommation d'énergie / habitant :	0,29 TEP/an
dont Electricité :	175 KWh/an
dont Produits pétroliers :	0,058 TEP/an
dont ENR :	0,21 TEP/an
Nombre d'abonnés en électricité :	455.265
dont HT :	5
dont MT :	1.163
dont BT :	454.097
Taux d'accès à l'électricité :	35,01%
Taux d'accès des ménages au GPL :	6,25%
Exportation de pétrole brut :	4.572 KTEP
Exportation des produits pétroliers :	549 KTEP
Importation de pétrole brut :	934 KTEP
Importation des produits pétroliers :	193 KTEP

En 2001 Prix moyen de l'électricité :

Basse tension :	53,26 FCFA/KWh
Moyenne tension :	38,98 FCFA/KWh
Alucam :	6,71 FCFA/KWh
Autres HT :	21,22 FCFA/KWh

En 2003 Prix moyen des produits pétroliers :

Super :	449 FCFA/litre
Pétrole lampant :	213 FCFA/litre
Gasoil :	383 FCFA/litre
GPL :	400 FCFA/KG

2 - RESSOURCES-APPROVISIONNEMENT

Le Cameroun est un pays disposant d'importantes ressources énergétiques notamment en hydraulique (un potentiel de 19,83 Gw) et en bois-énergie, modeste en pétrole (1.265,4 millions de barils) et en gaz naturel (190 milliards de m^3 récupérables).

Le taux d'indépendance énergétique est élevé (85% en 2001/2002) mais devrait se dégrader si la libéralisation des importations des produits pétroliers est totale et si la production nationale de pétrole brut continue de baisser.

En 2001/2002 la production d'énergie primaire continue d'être dominée par le pétrole brut (59,23%) suivi des ENR (37,70%), l'hydroélectricité occupant une place marginale (3,07%) malgré le potentiel important.

En effet, en matière d'hydroélectricité, seuls 722,235 Mw sont installés, correspondant à un taux de réalisation de 3,64% du potentiel équipable.

Le graphique III.1 ci-dessous visualise cette situation.

GRAPHIQUE III.1 : PRODUCTION D'ÉNERGIE PRIMAIRE PAR TYPE D'ÉNERGIE EN 2001/2002

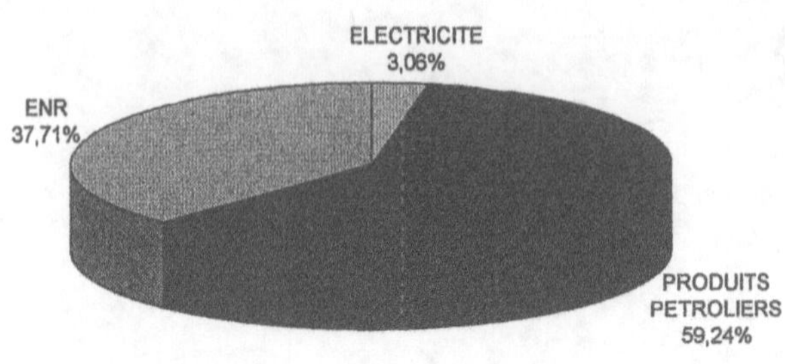

Par type d'énergie :

- la production de pétrole brut a démarré en 1977/1978 avec 296 KTEP et a crû à un taux moyen annuel de 17,22% pour atteindre 8,94 MTEP en 1985/1986 ; elle a ensuite amorcé une baisse régulière et n'était plus que de 5,28 MTEP en 2002/2003, soit un taux de décroissance moyen de 2,98%/an pendant cette seconde période ;

- celle des ENR a crû de manière régulière à un taux moyen de 2,65%/an, légèrement un peu moins que le taux de croissance de la population : 2,8%/an ; leur production est passée de 2,078 MTEP en 1981/1982 à 3,505 MTEP en 2001/2002 ;
- enfin la production hydraulique est passée de 176 KTEP en 1981/1982 à 284 KTEP en 2001/2002, soit un taux de croissance annuel moyen de 2,42%.

Le tableau III.1 en annexe III et le graphique III.2 ci-dessous présentent cette évolution.

GRAPHIQUE III.2 : EVOLUTION DE LA PRODUCTION D'ÉNERGIE PRIMAIRE

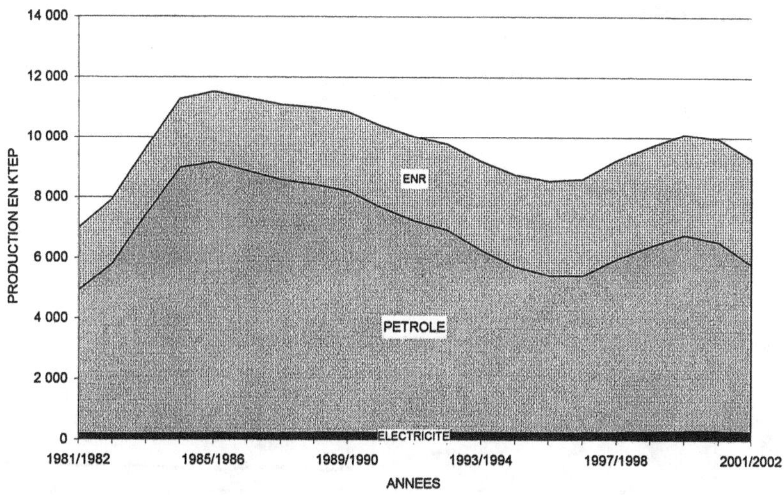

3 - LA CONSOMMATION FINALE

3.1 - VUE D'ENSEMBLE

Avec une consommation finale d'énergie de 4,7 MTEP en 2001/2002, le Cameroun a une consommation per capita très faible : 0,07 TEP/habitant pour les énergies conventionnelles que sont le pétrole et l'électricité et 0,28 TEP/habitant toutes énergies confondues.

Ce chiffre est nettement inférieur à la moyenne africaine qui est de 0,6 TEP/habitant toute énergie confondues.

Le tableau III.2 en annexe III et le graphique III.3 ci-dessous présentent l'évolution de cette consommation per capita qui a connu des baisses continues depuis 1986/1987.

GRAPHIQUE III.3 : EVOLUTION DE LA CONSOMMATION FINALE PER CAPITA D'ÉNERGIE

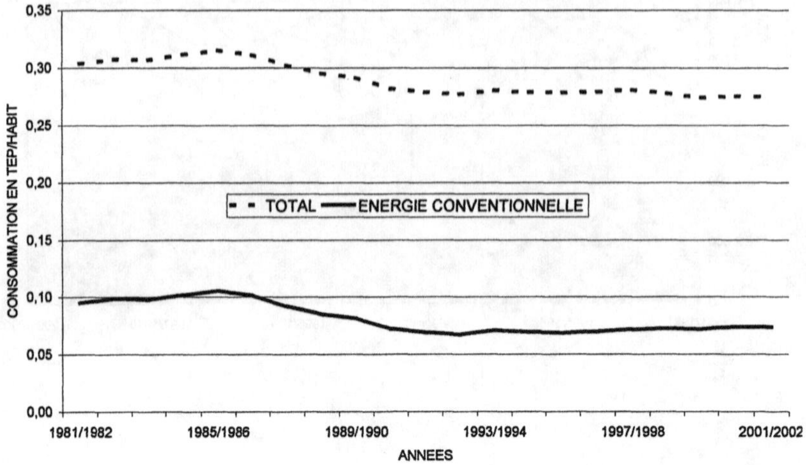

La consommation nationale de l'énergie est passée de 2.801 KTEP en 1981/1982 à 4.699 KTEP en 2001/2002, soit un taux de croissance annuel moyen de 2,62%. Elle est dominée par les ENR.

Par type d'énergie :

- la consommation nationale des ENR a crû de manière régulière à un taux moyen de 2,65%/an, presqu'au même rythme que leur production (légèrement un peu moins que le taux de croissance de la population : 2,8%/an), passant de 2,076 MTEP en 1981/1982 à 3,505 MTEP en 2001/2002 ;
- celle les produits pétroliers a augmenté à un taux annuel moyen de 1,62% (taux nettement inférieur à celui de la croissance moyenne du PIB : 6,11%/an), passant de 688 KTEP en 1981/1982 à 949 KTEP en 2001/2002 ;
- enfin, la consommationn nationale d'électricité a crû de 2,18%/an en moyenne, passant de 185 KTEP en 1981/1982 à 285 KTEP en 2001/2002 (taux également nettement inférieur à celui de la croissance du PIB et de la population).

Le tableau III.3 en annexe III et le graphique III.4 ci-dessous présentent l'évolution de cette consommation.

GRAPHIQUE III.4 : EVOLUTION DE LA CONSOMMATION FINALE D'ENERGIE

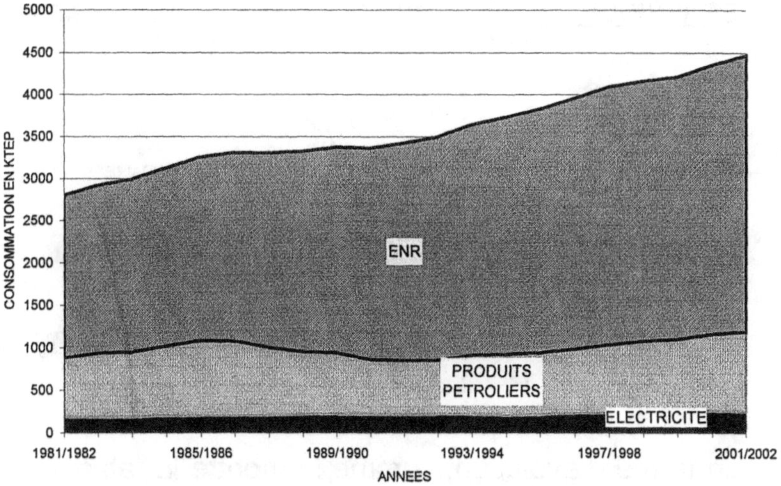

Le graphique III.5 ci-dessous illustre la répartition de cette consommation par type d'énergie en 2001/2002.

GRAPHIQUE III.5 : EVOLUTION DE LA CONSOMMATION FINALE D'ENERGIE

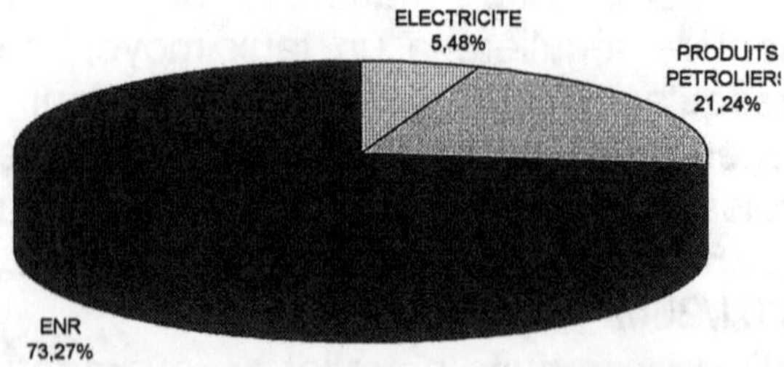

3.2 - LA CONSOMMATION PAR SECTEUR

La consommation d'énergie est dominée par le secteur résidentiel qui a absorbé 3.175 KTEP en 2001/2002, soit 67,56% de la consommation globale, suivi des secteurs tertiaire et secondaire à parts presque égales avec respectivement 657 KTEP (13,98%) et 627 KTEP (13,34%), le secteur primaire venant en dernière position avec 240 KTEP (5,10%).

Le graphique III.6 ci-dessous visualise cette répartition.

GRAPHIQUE III.6 : CONSOMMATION FINALE D'ENERGIE PAR SECTEUR EN 2001/2002

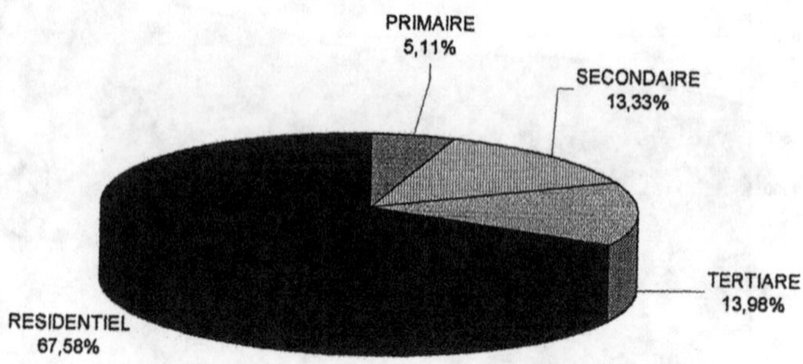

En terme d'évolution, comme le montre le tableau III.4 en annexe III, on note que :

- la consommation du secteur résidentiel est passée de 1.805 KTEP en 1981/1992 à 3.175 KTEP en

2001/2002, ce qui correspond à un taux d'accroissement annuel moyen de 2,86% ; en outre la part de ce secteur dans la consommation globale s'est accrue : 61,17% en 1981/1982 et 62,46% en 1987/1988 ;

- la consommation du secteur secondaire est passée de 414 KTEP en 1981/1982 à 627 KTEP en 2001/2002, ce qui correspond à un taux de croissance annuel moyen de 2,1% ; en outre la part de ce secteur est passée de 14,03% en 1981/1982 à 13,34% en 2001/2002 ;
- la consommation du secteur tertiaire qui était de 579 KTEP en 1981/1982 (soit 19,63%) est passée à 657 KTEP en 2001/2002 (soit 13,98%), marquant ainsi un accroissement annuel moyen de 0,63% ;
- enfin, la consommation du secteur tertiaire qui a crû de 2,31%/an, passant de 152 KTEP en 1981/1982 à 240 KTEP en 2001/2002, a gardé une part relative stable dans le temps.

Le graphique III.7 ci-dessous visualise cette évolution.

GRAPHIQUE III.7 : EVOLUTION DE LA CONSOMMATION FINALE D'ENERGIE PAR SECTEUR

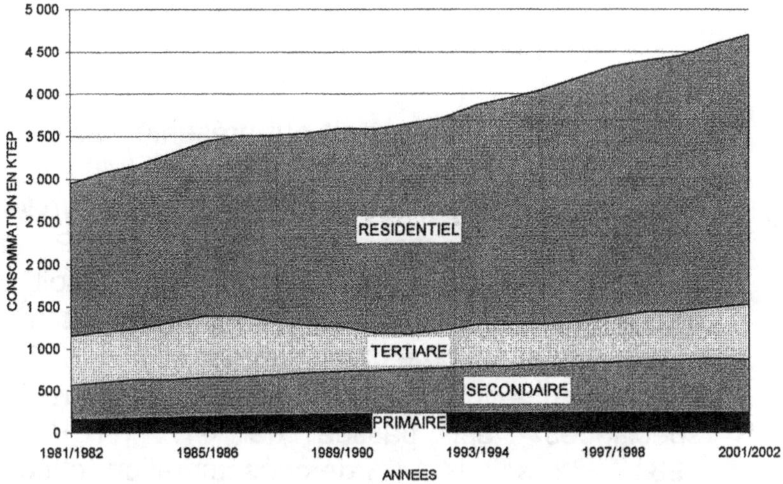

3.3 - LA CONSOMMATION PAR USAGE

Par usage, on observe que les usages «Domestiques et Artisanaux» qui englobent l'éclairage, la cuisson, la climatisation, la réfrigération, etc. étaient prépondérants et représentaient 70,2% en 2001/2002.

Les usages «Industriels spécifiques», à savoir la force motrice, vapeur, etc. viennent en seconde position avec 12,74% de la consommation totale, suivis des transports (11,6%) et de la production d'électricité (5,32%).

Le graphique III.8 ci-dessous visualise cette répartition en 2001/2002.

GRAPHIQUE III.8 : CONSOMMATION FINALE D'ENERGIE PAR USAGE EN 2001/2002

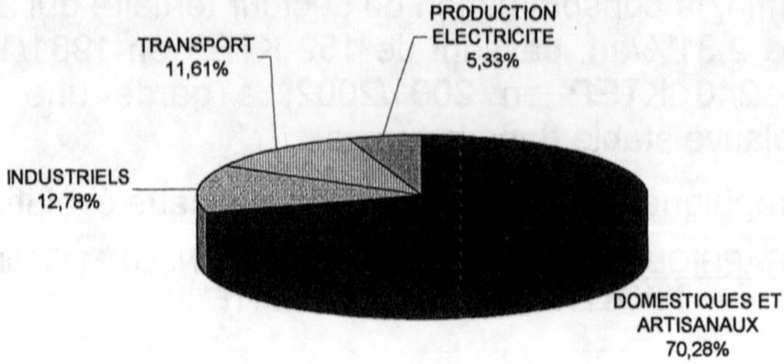

Du tableau III.5 en annexe III qui présente l'évolution de cette consommation par usage, il ressort que :

- les usages «Domestiques et Artisanaux» ont vu leur consommation passer de 1.956 KTEP en 1981/1982 à 3.300 KTEP en 2001/2002, soit un taux de croissance annuel moyen de 2,64%, sa part relative s'étant accrue dans le temps ;
- la consommation pour les usages «Industriels spécifiques» est passée de 417 KTEP en 1981/1982, soit 14,14% de consommation totale, à 600 KTEP en 2001/2002 (12,76% de la consommation totale) ; marquant ainsi un

accroissement annuel moyen de 1,83%, malgré une baisse de sa part relative dans la consommation totale ;

- les transports ont vu leur consommation passer de 398 KTEP en 1981/1982 (soit 13,49% de la consommation totale de la même année) à 545 KTEP en 2001/2002 (soit 11,60%), marquant ainsi un taux de croissance de 1,58%/an en moyenne malgré la baisse de leur part relative sur la période ;
- enfin, la consommation aux fins de production d'électricité est passée de 175 KTEP en 1981/1982 à 250 KTEP en 2001/2002, ce qui correspond à un taux de croissance annuel moyen de 1,79% ; en outre sa part relative a légèrement régressé passant de 5,93% en 1981/1982 et 5,32% en 2001/2002.

Le graphique III.9 ci-dessous visualise cette évolution.

GRAPHIQUE III.9 : EVOLUTION DE LA CONSOMMATION FINALE D'ENERGIE PAR USAGE

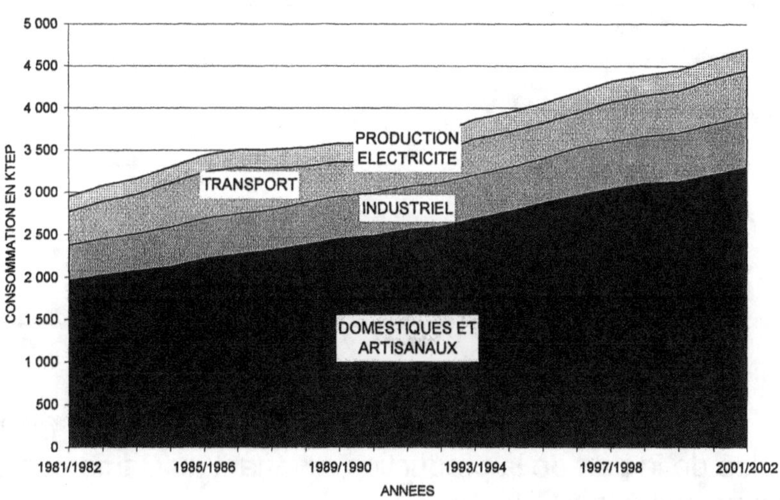

4 - COMMERCE EXTERIEUR DE L'ENERGIE

4.1 - EXPORTATIONS

Les exportations de produits énergétiques concernent exclusivement les hydrocarbures liquides.

Dominées par le pétrole brut, ces exportations reflètent l'évolution de la production pétrolière camerounaise qui, après une hausse constante, a amorcé une baisse continue jusqu'à ce jour.

Le tableau III.6 en annexe III et le graphique III.10 ci-dessous visualisent cette évolution.

GRAPHIQUE III.10 : EVOLUTION DES EXPORTATIONS DES PRODUITS ENERGETIQUES

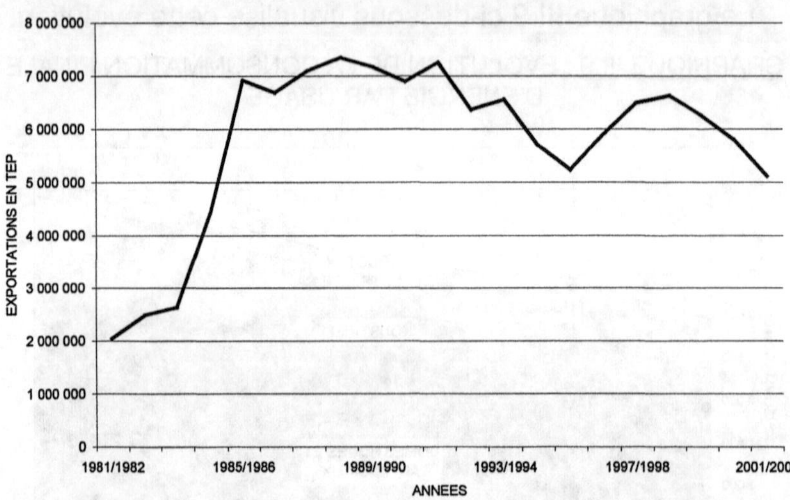

Les exportations de pétrole brut représentent en fait le solde de la part de la production revenant au Cameroun et les ventes à la SONARA.

4.2 - IMPORTATIONS

L'allure de la courbe de l'évolution des importations présentée au graphique III.11 ci-dessous et détaillée au tableau III.7 en annexe III illustre bien l'histoire des hydrocarbures au Cameroun : en effet, l'année 1981/1982 marque la fin de l'approvisionnement du marché national en produits pétroliers étrangers grâce à l'entrée en service de la SONARA.

Après l'entrée en production, la raffinerie nationale a assuré exclusivement la satistifaction de la demande intérieure et n'était approvisionnée en pétrole brut que par la production nationale via la SNH.

Pour s'adapter aux besoins de la demande du marché national d'une part et après les mesures de libéralisation du secteur (suppression du monopole de l'approvisionnement de la SONARA en pétrole brut par la SNH) et ouverture du marché national pour l'approvisionnement en produits pétroliers (la SONARA n'ayant plus le monopole de la fourniture des produits raffinés au marché national), l'on a assisté, après une quasi inexistance des importations jusqu'en 1995/1996, à des importations de pétrole brut mieux adapté au process de la raffinerie et une pénétration des produits pétroliers d'importation.

GRAPHIQUE III.11 : EVOLUTION DES IMPORTATIONS DE PRODUITS ENERGETIQUES

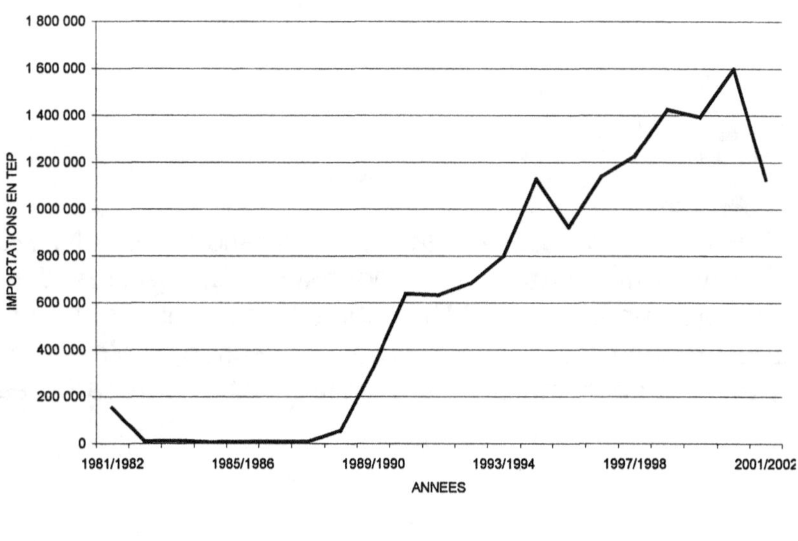

4.3 - TAUX D'INDEPENDANCE ENERGETIQUE

Au vu des disponibilités nationales en énergie et les consommations nationales finales, le Cameroun devrait avoir un taux d'indépendance égal à 100%.Toutefois, étant donné les recommandations des bailleurs de fonds qui ont imposé un quota minimum d'importation de produits pétroliers (20% de la consommation nationale), il apparaît que la dépendance est surtout le fait des exigences imposées au pays dans le cadre du programme PPTE.

Le tableau III.8 en annexe III et le graphique III.12 ci-dessous visualisent cette situation.

GRAPHIQUE III.12 : EVOLUTION DU TAUX D'INDEPENDANCE ENERGETIQUE

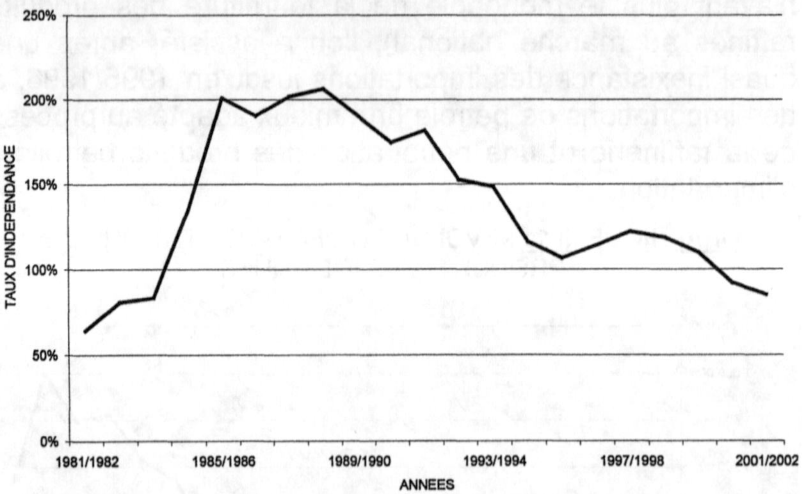

En fait, en excluant la consommation des ENR, on observe que le taux d'indépendance énergétique a été toujours supérieur à 100%, cette situation résultant du fait que le Cameroun ne réalise aucun échange d'électricité avec l'étranger, mais est exportateur net d'hydrocarbures.

4.4 - FACTURE ENERGETIQUE

Le tableau III.9 en annexe III et le graphique III.13 ci-dessous montrent qu'au Cameroun, la balance commerciale de l'énergie composée exclusivement du pétrole brut et des produits pétroliers est excédentaire.

GRAPHIQUE III.13 : EVOLUTION DE LA FACTURE ENERGETIQUE DU CAMEROUN

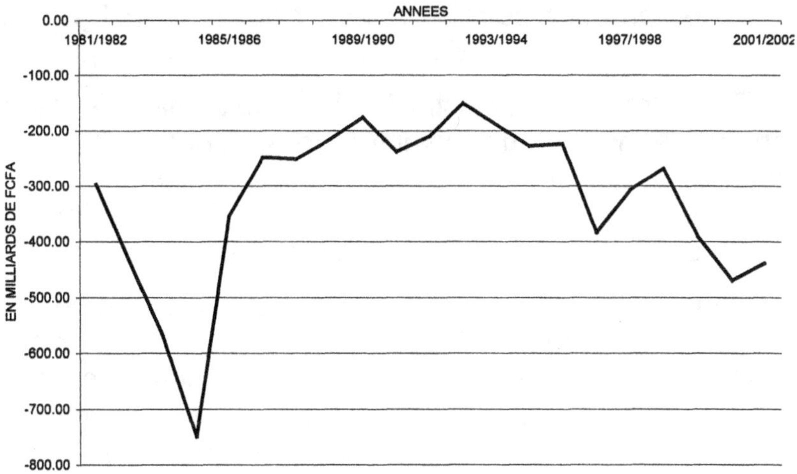

5 - PRIX DE L'ENERGIE

Le système énergétique camerounais s'est longtemps illustré par une absence totale de politique tarifaire.

Les prix de l'énergie sont fixés par type d'énergie et par des structures différentes sans aucune vision d'ensemble : les tarifs d'électricité sont gérés par l'ARSEL alors que ceux des produits pétroliers le sont par la CSPH et ceux du pétrole brut par la SNH.

En outre, pour l'électricité, il n'existe pas de cadre formel permettant de comprendre la grille tarifaire en vigueur ; situation qui, conjuguée au délestage de la clientèle, ne favorise pas la satisfaction de cette dernière face à une hausse continue de la facture d'électricité.

Dans le secteur des produits pétroliers, grâce aux différentes réformes réalisées sous la houlette de la CSPH, les prix des produits pétroliers commencent à refléter les prix du marché international tout en maintenant les besoins de péréquation interne au niveau inter-régional.

Enfin, pour les ENR dominées par le bois et le charbon de bois, il n'existe aucun cadre permettant de servir de canevas pour la fixation des prix, ce qui se traduit par la fixation anarchique des prix de ces produits énergétiques sur toute l'étendue du territoire.

CHAPITRE 2 : L'ELECTRICITE

1 - CADRE JURIDIQUE ET REGLEMENTAIRE

1.1 - CADRE INSTITUTIONNEL

Plusieurs administrations et organismes interviennent dans le secteur de l'électricité au Cameroun dont les principaux sont : la Présidence de la République, le Premier Ministère, le Ministère des Mines, de l'Eau et de l'Energie, la société AES SONEL et les deux agences créées en 1998.

1.1.1 - LA PRESIDENCE DE LA REPUBLIQUE

La Présidence de la République, par la nature des décisions qui lui incombent, oriente la politique générale du secteur de l'électricité.

1.1.2 - LE PREMIER MINISTERE

Les Services du Premier Ministre coordonnent l'action de tout le Gouvernement et donc des Ministères intervenant dans le secteur de l'électricité.

1.1.3 - LE MINISTERE DES MINES, DE L'EAU ET DE L'ENERGIE

Conformément à l'article 40 de la loi n° 98/022 du 24/12/1998 régissant le secteur de l'électricité, l'Administration chargée de l'électricité, en l'occurrence le Ministère des Mines, de l'Eau et de l'Energie, veille à la conception, à la mise en œuvre et au suivi de la politique gouvernementale dans le secteur de l'électricité.

1.1.4 - LES AUTRES MINISTERES

Le Ministère des Travaux Publics, ainsi que le Ministère chargé de l'Economie, jouent un rôle important au niveau de différents projets d'électrification initiés par les administrations, les collectivités locales ou les ONG.

En outre, le Ministère des Travaux Publics assiste le Ministère des Mines, de l'Eau et de l'Energie dans le contrôle administratif et technique des grands ouvrages de production d'énergie électrique.

1.1.5 - LES SOCIETES PARAPUBLIQUES

Deux agences interviennent dans le secteur ; il s'agit de :

- l'Agence de Régulation de l'Electricité (ARSEL) créée par le décret n° 99/125 du 15/06/1999 portant organisation et fonctionnement de l'Agence de régulation de l'Electricité ;
- et l'Agence d'Electrification Rurale (AER) créée par le décret n° 99/193 du 08/09/1999 portant organisation et fonctionnement de l'Agence d'Electrification Rurale.

1.1.6 - LA SOCIETE D'ELECTRICITE DU CAMEROUN

La société d'électricité du Cameroun a connu trois phases dans son évolution.

A - Avant Mai 1974

Avant la création de la Société Nationale d'Electricité en 1974, trois entités fonctionnaient pour la production et la distribution de l'énergie électrique au Cameroun :

- la société Energie Electrique du Cameroun (ENELCAM) ;
- la société Electricité du Cameroun (EDC) ;
- et la POWERCAM.

L'électrification du Cameroun a commencé avant la seconde guerre mondiale à Douala, Yaoundé, et dans quelques centres secondaires. Le Gouvernement a accordé des concessions à des entreprises privées dans les centres primaires, mais a gardé en régie le développement et la gestion des centres secondaires.

En 1948, Energie Electrique du Cameroun (ENELCAM), société d'économie mixte, a été créée pour construire et exploiter la première centrale hydroélectrique d'Edéa I, d'une puissance de 22 MW, sur la Sanaga, à 70 krn au sud-est de Douala. En 1953, ENELCAM a étendu ses opérations lorsqu'elle a pris en charge les opérations de distribution d'électricité à Edéa et à Douala.

Entre 1955 et 1958, ENELCAM a augmenté la capacité installée de 136 MW (11 MW à Edéa I et 125 MW à la nouvelle centrale d'Edéa II) pour approvisionner l'usine d''ALUCAM et le système public en pleine croissance.

En 1963, quelques années après l'accession à l'indépendance, le Gouvernement a créé une nouvelle société d'économie mixte, l'Electricité du Cameroun (EDC), qui devait prendre en charge toutes les distributions publiques d'énergie électrique au Cameroun à l'exception des centrales d'Edéa dont la gestion a continué d'être assurée par ENELCAM.

L'opération de prise en charge s'est échelonnée sur sept ans (1964-1971), pendant lesquels EDC a étendu l'électrification à 17 villes et 8 villages. De son côté, ENELCAM a entrepris d'accroître la puissance d'Edéa de 104 MW (Edéa III) et elle a construit deux barrages en amont (à Mbakaou et Bamendjin), sur des affluents de la Sanaga, pour permettre la régularisation partielle du débit d'étiage de la Sanaga et ainsi d'accroître la puissance garantie pour alimenter le réseau de Douala-Yaoundé.

La dernière consolidation du secteur a eu lieu en 1974, lorsque le Gouvernement a fusionné ENELCAM et EDC au sein de la Société nationale d'électricité du Cameroun (SONEL).

B - <u>De 1974 à 2001 : La Société Nationale d'Electricité (SONEL)</u>

La SONEL qui a fonctionné jusqu'en 2001, date de sa privatisation, fut créée le 18 mai 1974 ; elle a ensuite absorbé les sociétés ENELCAM et EDC, en juin 1974, et a repris en décembre 1975 les activités de la POWERCAM.

Le capital social de la Société, initialement fixé à 1 milliard de FCFA, a été successivement porté à 4,5 milliards de FCFA en 1974, 20 milliards en 1983, 30 milliards en 1985 et 35,894 milliards FCFA en 1986.

L'Etat du Cameroun et divers organismes publics détenaient 94,1% du capital, la Caisse Centrale de Coopération Economique (CCCE) de France, participant à hauteur de 5,9%.

La SONEL était une société anonyme camerounaise, gérée par une Direction Générale coiffée d'un Conseil d'administration de 12 membres. Ce Conseil d'Administration avait en outre pour mandat d'approuver les programmes d'investissement de la SONEL. Son Président devait rendre compte des décisions arrêtées à la Présidence de la République.

La SONEL exerçait ses activités de production, de transport et de distribution d'énergie électrique sous le régime de la concession. Chacune des 10 concessions existantes était soumise aux clauses d'une convention et d'un cahier des charges signé avec l'Etat qui précisait les droits et obligations de la SONEL en tant que concessionnaire et de l'Etat en tant qu'autorité concédante. Il s'agissait de :

- 4 concessions relatives aux ouvrages de production ;
- 1 concession de transport d'énergie ;
- 5 concessions de distribution publique.

C - <u>Depuis juillet 2001 AES SONEL</u>

La société AES SONEL créée le 13 juillet 2001 a repris la totalité des activités de la SONEL suite à la privatisation de cette dernière.

Son capital social qui est de 43.903.690.000 FCFA est réparti comme suit :

- AES SONEL Corporation : 51% ;
- Etat du Cameroun : 44% ;
- Personnel : 5%.

1.2 - LEGISLATION DU SECTEUR

Le cadre juridique et réglementaire de l'électricité au Cameroun est constitué par les lois, décrets et décision ci-après :

- la loi n° 98/022 du 24/12/1998 régissant le secteur de l'électricité ;
- le décret n° 200/464/PM du 30/06/2000 régissant les activités du secteur de l'électricité ;
- le décret n° 99/125 du 15/06/1999 portant organisation et fonctionnement de l'Agence de régulation de l'Electricité ;
- le décret n° 99/193 du 08/09/1999 portant organisation et fonctionnement de l'Agence d'Electrification Rurale ;
- et la décision n° 057/DG/ARSEL du 21/10/2003 fixant les tarifs de vente hors taxes d'électricité applicables par la société AES SONEL.

2 - RESSOURCES-PRODUCTION

2.1 - PUISSANCES INSTALLEES

2.1.1 - POTENTIEL HYDROELECTRIQUE

Le potentiel hydroélectrique équipable du Cameroun qui s'élève à 19,83 Gw est réparti en deux types d'aménagements :

- les petits aménagements (puissance inférieure à 10 Mw) dont le potentiel est de 127,65 Mw garanti pour un productible de 1,115 TwH/an ; toutefois, il faut relever que l'inventaire de ce potentiel n'est pas complet et demande à être achevé ;
- les grands aménagements dont le potentiel équipable s'élève à 19,7 Gw pour un productible de 105 TwH/an.

Les tableaux III.10 et III.11 en annexe III présentent ledit potentiel.

AES SONEL dispose de trois ouvrages d'une puissance totale installée de 722,235 Mw pour la production hydroélectrique ; ce sont :

- Edéa, composé de 11 groupes totalisant une puissance installée de 263,235 Mw ;
- Song Lou-Lou, d'une puissance installée de 387,6 Mw pour 8 groupes ;
- Lagdo, dans la partie Nord du pays, composée de 4 groupes totalisant une puissance installée de 72 Mw.

Les micro-centrales existantes avaient toutes été déclassées pour des problèmes de rentabilité. A ces trois ouvrages, il faut noter l'existence de trois barrages de retenue :

- MBAKAOU, d'une capacité de 2,62 milliards de m^3 ;
- BAMENDJIN, d'une capacité de 1,8 milliards de m^3;
- et MAPE, d'une capacité de 3,2 milliards de m^3.

2.1.2 - LE POTENTIEL THERMIQUE

Le potentiel thermique disponible au Cameroun qui assure la production d'électricité d'origine thermique est de deux types :

- les groupes thermiques installés par AES SONEL d'une puissance totale installée de 121 Mw en 2001/2002 ;
- et les groupes pour la production autonome d'énergie électrique d'une puissance installée de 131 Mw en 2001/2002, résultant de quatre facteurs :
  - la nécessité de disposer d'une énergie continue et maîtrisable (cas de la SONARA),
  - la disponibilité des déchets énergétiques pouvant être valorisés pour la production d'électricité (cas des sociétés sucrières avec la bagasse : CAMSUCO et SOSUCAM) et des scieries,
  - la nécessité pour les agents économiques disposant de moyens financiers d'assurer eux-mêmes leur production d'électricité dans les localités non encore électrifiées,
  - enfin, phénomène qui s'est accentué ces trois dernières années, la nécessité de disposer des groupes de secours pour faire face aux délestages de AES SONEL.

Lors de l'enquête d'évaluation de la production autonome d'énergie électrique réalisée par le Ministère des Mines de l'Eau et de l'Energie en mai 1985, la puissance installée avait été évaluée à 74 Mw.

En 2002, cette puissance est estimée à 131 Mw, correspondant ainsi à un accroissement annuel moyen de 3,05% et traduisant l'équipement important des agents économiques pour faire face au délestage de AES SONEL.

Cette puissance installée autonome est de ce fait supérieure à celle de AES SONEL et devra encore s'accroître si les délestages persistaient.

Le tableau III.12 en annexe III présente l'évolution des ouvrages de production d'énergie électrique de AES SONEL.

Le tableau III.13 en annexe III présente quant à lui l'évolution de la puissance installée : 975 Mw en 2001/2002, contre 677 Mw en 1981/1982.

Il faut noter qu'avec la mise en exploitation de la centrale à fuel lourd de Limbe prévue pour le mois d'août 2004, la puissance installée de AES SONEL devrait s'accroître de 80 Mw environ.

2.2 - PRODUCTION NATIONALE

La production d'électricité au Cameroun est assurée par AES SONEL et les producteurs autonomes. En 2001/2002, cette production s'est élevée à 3.831 GWh, contre 2.409 GWh en 1981/1982, soit un taux d'accroissement annuel moyen de 2,34%. Le tableau III.14 en annexe III présente cette évolution.

Le graphique III.14 ci-dessous visualise l'évolution de cette production.

GRAPHIQUE III.14 : EVOLUTION DE LA PRODUCTION D'ENERGIE ELECTRIQUE DE 1981/1982 A 2001/2002

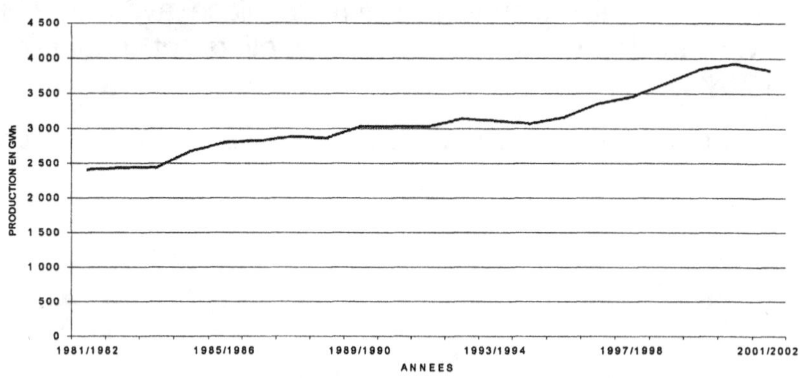

Par type de producteur :

- AES SONEL détient 89,53% de la production, soit 3.430 GWh en 2001/2002 ;
- et les producteurs autonomes : 10,47%, avec 401 GWh de la production en 2001/2002.

Le graphique III.15 ci-dessous présente cette évolution.

GRAPHIQUE III.15 : EVOLUTION DE LA PRODUCTION D'ENERGIE PAR TYPE DE PRODUCTEUR

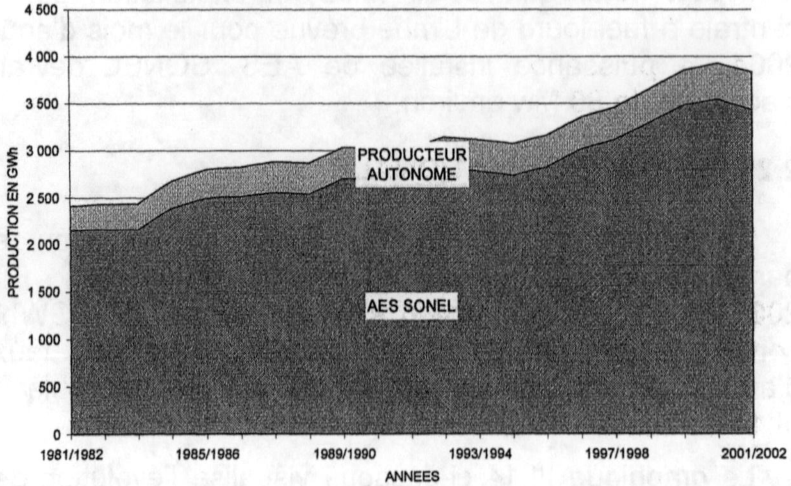

Par source de production en 2001/2002, l'hydroélectricité occupe la première place avec 86,21% suivie du thermique (produits pétroliers et bagasses, 13,79%).

Le graphique III.16 ci-dessous visualise cette évolution.

GRAPHIQUE III.16 : EVOLUTION DE LA PRODUCTION D'ENERGIE PAR SOURCE DE PRODUCTION

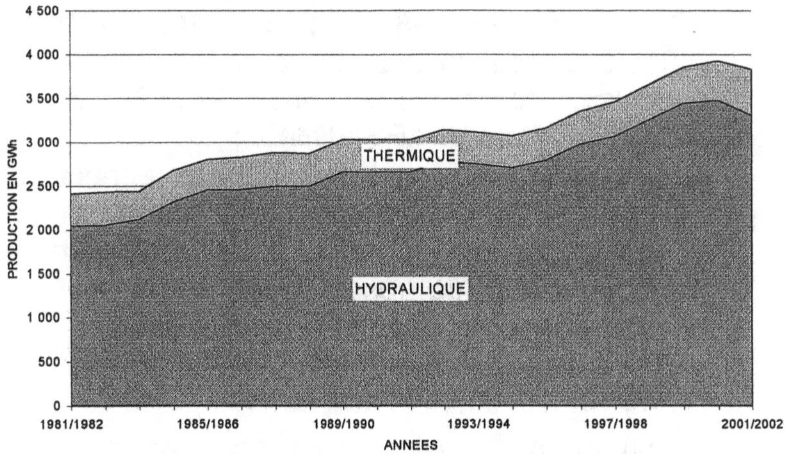

2.4.1 - PRODUCTION DE AES SONEL

La production de AES SONEL se répartit en deux sources distinctes : l'hydroélectricité et le thermique. De 2.148 GWh en 1981/1982, cette production s'est élevée à 3.430 GWh en 2001/2002, soit un taux de croissance annuel moyen de 2,36%/an.

Le graphique III.17 ci-dessous visualise l'évolution de cette répartition dominée par l'hydroélectricité.

GRAPHIQUE III.17 : EVOLUTION DE LA PRODUCTION D'ELECTRICITE DE AES SONEL PAR SOURCE DE PRODUCTION

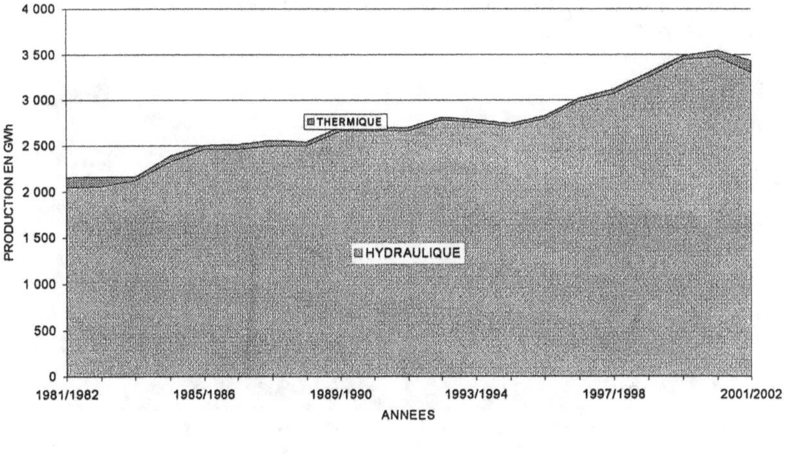

Par source de production on observe donc que :

- la production d'origine hydraulique est passée de 2.043 GWh en 1981/1982 à 3.303 GWh en 2001/2002, soit un taux de croissance moyen de 2,43%/an, réprésentant ainsi 96,30% de la production totale de AES SONEL ;
- alors que la production thermique a regressé de 1,8%/an principalement après le déclassement des centrales thermiques suite à la réalisation de l'interconnexion du réseau sud, et la mise en service des aménagements hydrauliques (SONG LOU-LOU et LAGDO), représentant ainsi 2,07% de l'ensemble de la production de AES SONEL.

Par centrale, on constate qu'à partir de l'exercice 1984/1985, la production de la centrale de SONG LOU-LOU est supérieure à celle d'Edéa.

En 2001/2002, cette production hydraulique s'est répartie ainsi qu'il suit :

- Edéa : 41,48% ;
- SONG LOU-LOU : 53,31% ;
- LAGDO : 5,21%.

Le tableau III.15 en annexe III et le graphique III.18 ci-dessus visualisent cette évolution.

GRAPHIQUE III.18 : EVOLUTION DE LA PRODUCTION D'ELECTRICITE DE AES SONEL PAR CENTRALE

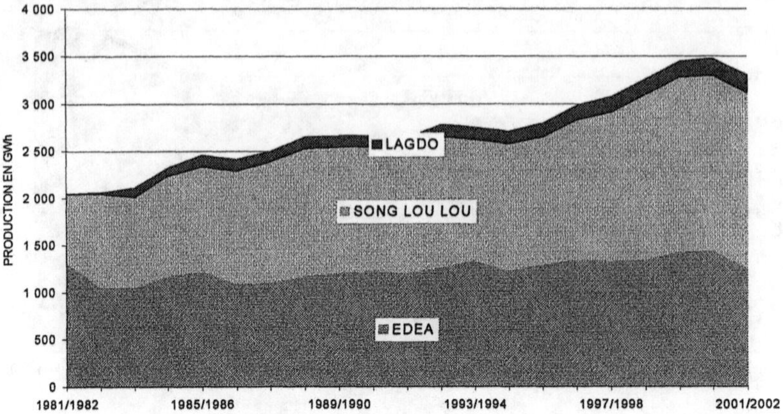

2.4.2 - PRODUCTION AUTONOME

La production autonome d'électricité est obtenue à partir de deux sources distinctes :

- les produits pétroliers qui ont permis la réalisation de 81,06% de la production autonome totale ;
- et la bagasse (déchets agricoles essentiellement), représentant 18,94% de la production.

La production autonome qui s'est élevée à 401 GWh en 2001/2002, n'était que de 261 GWh en 1981/1982, soit un taux de croissance annuel moyen de 2,17%.

Le graphique III.19 ci-dessous visualise cette évolution.

GRAPHIQUE III.19 : EVOLUTION DE LA PRODUCTION D'ELECTRICITE AUTONOME

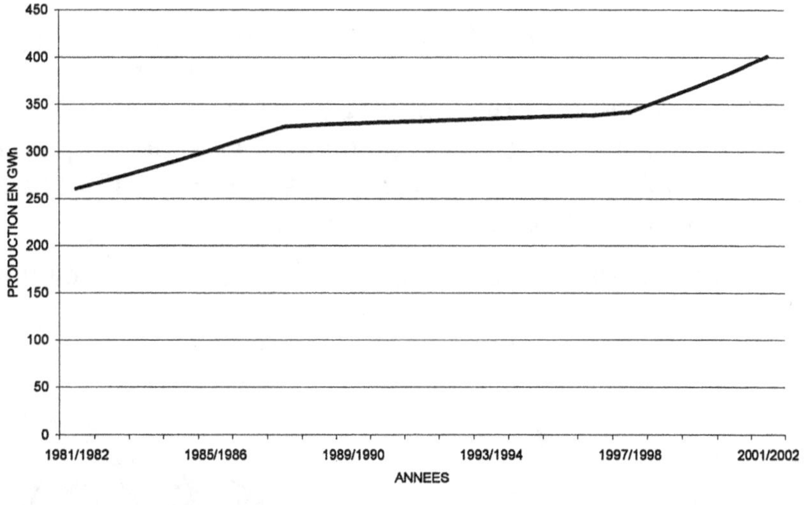

3 - RESEAUX DE TRANSPORT ET DE DISTRIBUTION

3.1 - LIGNES DE TRANSPORT ET DE DISTRIBUTION

La société AES SONEL s'appuie sur un réseau de transport et de distribution qui se compose d'un réseau interconnecté Nord, d'un réseau interconnecté Sud et des centres isolés pour assurer la fourniture en électricité de ses clients.

Il est à noter que les producteurs autonomes ne disposent pas de réseaux structurés de transport et de distribution.

Du tableau III.16 en annexe III qui présente l'évolution des équipements de transport et de distribution, il ressort que :

- de 1981/1982 à 2001/2002, les équipements de transport ont crû de 10,4% en moyenne par an passant de 1.697 km à 12.274 km ;
- les lignes de distribution quant à elles ont augmenté de 4,52%/an en moyenne, passant de 4.174 km en 1981/1982 à 10.116 en 2001/2002.

Le graphique III.20 ci-dessous visualise cette évolution.

GRAPHIQUE III.20 : EVOLUTION DES LIGNES DE TRANSPORT ET DE DISTRIBUTION DE AES SONEL

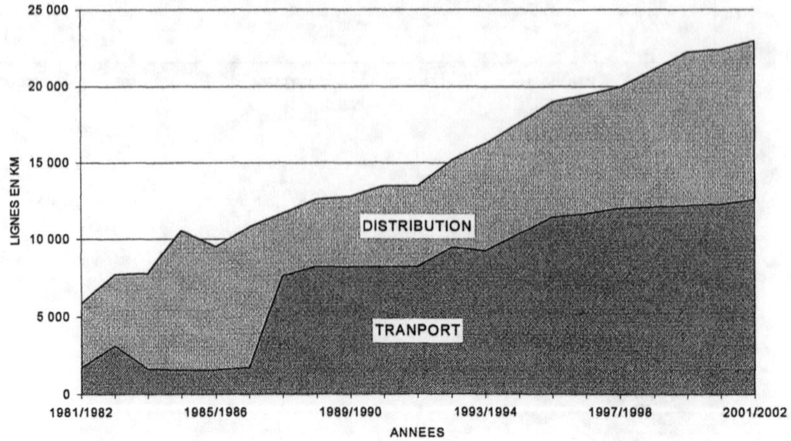

3.2 - LES POSTES DE TRANSFORMATION

De même, du tableau III.16 en annexe III qui présente l'évolution des postes de transformation pour les deux réseaux interconnectés et les centres isolés, il ressort que le nombre de postes est passé de 2.031 en 1981/1982 à 5.624 en 2001/2002, soit un taux annuel de croissance moyen de 5,22%.

4 - LA DISTRIBUTION

4.1 - ABONNES ET CENTRES DESSERVIS

4.1.1 - SITUATION DES ABONNES

Le tableau III.17 en annexe III présente l'évolution du nombre d'abonnés AES SONEL par catégorie de tension. Il en ressort que le Cameroun comptait au total 5 abonnés HT, 1.151 clients MT et 451.838 clients BT en 2001/2002.

Par rapport à l'année 1981/1982, le nombre d'abonnés a évolué ainsi qu'il suit :

- le nombre d'abonnés HT est resté stable ;
- les abonnés MT ont augmenté en moyenne de 2,51%/an ;
- enfin, le nombre d'abonnés BT a connu un taux de croissance annuel moyen de 5,75%.

Le graphique III.21 ci-dessous visualise cette évolution.

GRAPHIQUE III.21 : EVOLUTION DU NOMBRE D'ABONNES DE AES SONEL

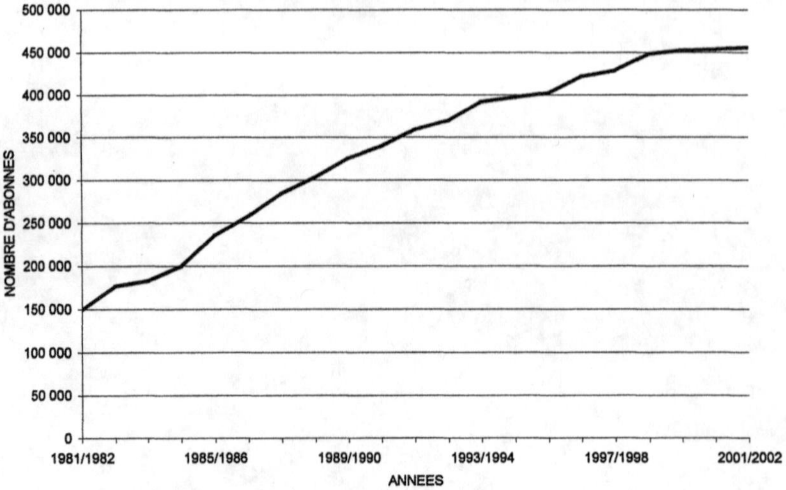

Les villes de Yaoundé et de Douala comptent le plus grand nombre d'abonnés.

Le taux d'accès officiel au réseau était de 13,41% en 2001/2002, chiffre inférieur à celui de l'année 1987/1988 qui était de 14,8%, traduisant ainsi la difficulté pour AES SONEL de disposer du matériel pour le raccordement des nouveaux clients.

Toutefois, cette proportion n'est pas représentative du taux effectif des ménages bénéficiant de l'électricité, car dans le cas de la consommation BT, le nombre de ménages desservis ne correspond pas exactement au nombre d'abonnés recensés à cause de l'importance des branchements clandestins dans les quartiers populaires et périphériques.

En effet, il ressort des estimations de AES SONEL, que le nombre de ménages électrifiés par abonné officiel était le suivant en 2002 :

- Adamaoua : 1,80
- Douala : 2,32
- Reste Littoral : 1,57
- Est : 2,95
- Extrême Nord : 2,94
- Nord : 1,97
- Nord Ouest : 4,05
- Ouest : 1,75
- Sud : 1,85
- Sud Ouest : 2,69
- Yaoundé : 3,97
- Reste du Centre : 2,59
- Ensemble Pays : 2,61

Ce qui donne un taux estimatif d'accès à l'électricité de 35,01% en 2001/2002, en prenant pour hypothèse que 95% des abonnés BT sont des ménages.

Les branchements clandestins sont en général faits à même les compteurs des abonnés de AES SONEL ; par conséquent, toute l'énergie consommée est effectivement comptabilisée, seul le nombre réel de bénéficiaires reste inconnu.

La réalisation de ces branchements clandestins soulève des problèmes de sécurité du fait qu'ils sont réalisés de façon artisanale sans aucune sécurité. Souvent, le raccordement est fait sur des lignes à leur limite maximale d'exploitation. Des surcharges peuvent donc surgir occasionnant des pannes de courant et des risques d'incendie.

4.1.2 - LES CENTRES DESSERVIS PAR AES SONEL

Le tableau III.18 en annexe III présente la progression du nombre des localités desservies par AES SONEL. Il en ressort que les 58 préfectures du Cameroun ont été électrifiées en 1982/1983 et le nombre de localités électrifiées est passé de 106 en 1981/1982 à 853 en 1993/1994, grâce à la politique nationale d'électrification des centres administratifs isolés.

Depuis ces dernières années, l'on assiste à une baisse de régime de l'électrification rurale. Cette situation est le reflet des difficultés rencontrées par AES SONEL pour assurer un programme d'électrification rurale soutenue, car l'électrification rurale est structurellement déficitaire. Il n'existe pas de politique de financement de l'électrification rurale, au moment où AES SONEL est confrontée à des problèmes de financement de l'offre.

Enfin, il faut remarquer que les zones périurbaines connaissent aussi des problèmes d'électrification à cause du retard qu'accuse le réseau AES SONEL par rapport au développement des villes. Cette situation constitue l'une des causes du développement des réseaux sauvages et des branchements illicites.

4.2 - LA CONSOMMATION

4.2.1 - EVOLUTION DE LA CONSOMMATION

Il existe 3 types distincts de consommateurs d'électricité au Cameroun : les consommateurs alimentés par AES SONEL, les consommateurs auto-producteurs et les consommateurs mixtes qui ont recours à une production autonome lors des délestages de AES SONEL.

Les statistiques de consommation d'origine AES SONEL sont disponibles alors que celles des auto-producteurs ne seront qu'estimées.

La consommation nationale d'électricité s'est élevée à 2.849 GWh en 2001/2002, contre 2.153 GWh en 1981/1982, marquant ainsi une croissance moyenne de 1,41%/an.

Le tableau III.19 en annexe III et le graphique III.22 ci-dessous visualisent cette évolution.

GRAPHIQUE III.22 : EVOLUTION DE LA CONSOMMATION NATIONALE D'ELECTRICITE

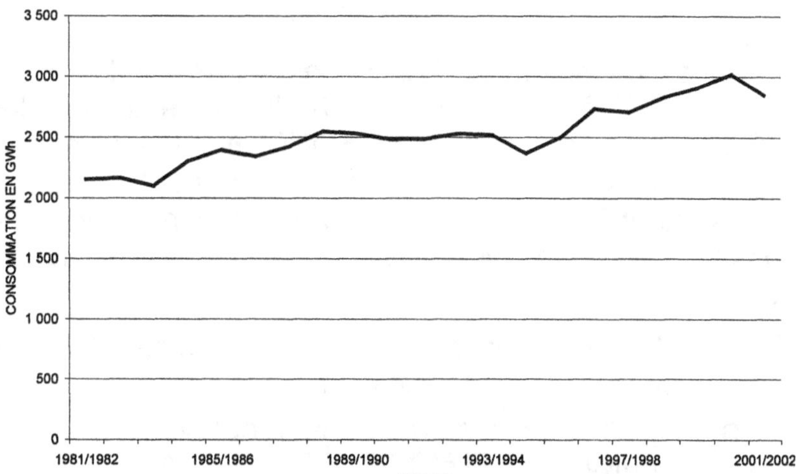

En 2001/2002, cette consommation est répartie ainsi qu'il suit :

- AES SONEL : 91,19% ;
- Producteur autonome : 8,81%.

Cette répartition a ainsi évolué dans le temps, puisqu'en 1981/1982, la part de AES SONEL était de 93,73% et celle des producteurs autonomes de 6,27%.

Le graphique III.23 ci-dessous visualise l'évolution de cette consommation par type de producteur.

GRAPHIQUE III.23 : EVOLUTION DE LA CONSOMMATION D'ELECTRICITE PAR TYPE DE PRODUCTEUR

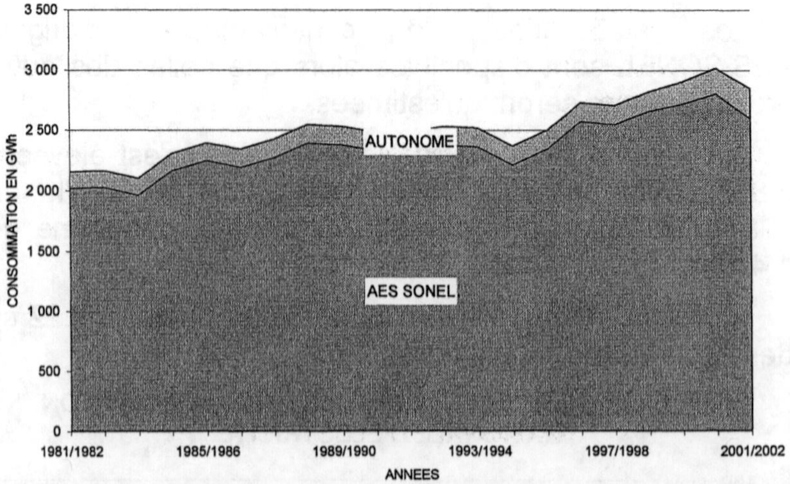

La consommation par habitant est passée de 233 KWh en 1981/1982 à 175 KWh en 2001/2002, reflétant ainsi les difficultés que rencontre AES SONEL pour satisfaire la demande potentielle. Cette consommation par habitant est nettement inférieure à celle de la moyenne africaine comme il a été relevé dans la deuxième partie de cet ouvrage.

Le tableau III.20 en annexe III et le graphique III.24 ci-dessous présentent cette situation.

GRAPHIQUE III.24 : EVOLUTION DE LA CONSOMMATION ANNUELLE D'ELECTRICITE PAR HABITANT

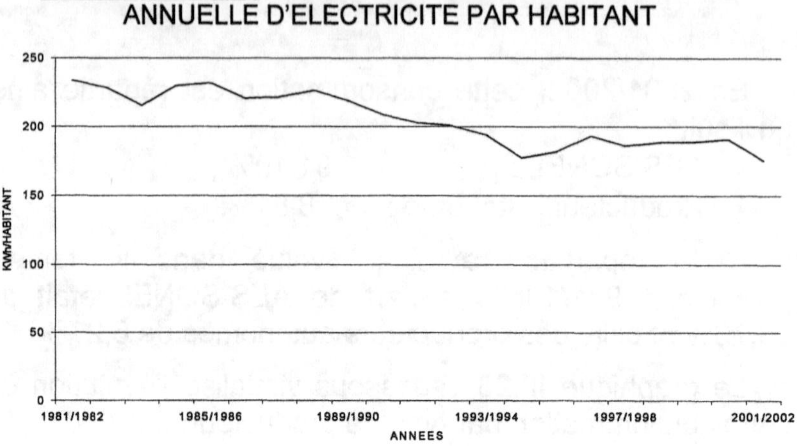

4.2.2 - ENERGIE D'ORIGINE AES SONEL

De 2.018 GWh en 1981/1982, la consommation totale d'électricité d'origine AES SONEL est passée à 2.598 GWh en 2001/2002, ce qui correspond à un taux de croissance moyen de 1,27% par an.

Cette faible croissance de la consommation résulte de la difficulté de AES SONEL à satisfaire la demande en augmentation, notamment en basse tension et au client ALUCAM.

Le graphique III.25 ci-dessous visualise l'évolution de cette consommation AES SONEL par tension d'alimentation.

GRAPHIQUE III.25 : EVOLUTION DES VENTES D'ELECTRICITE AES SONEL PAR TENSION D'ALIMENTATION

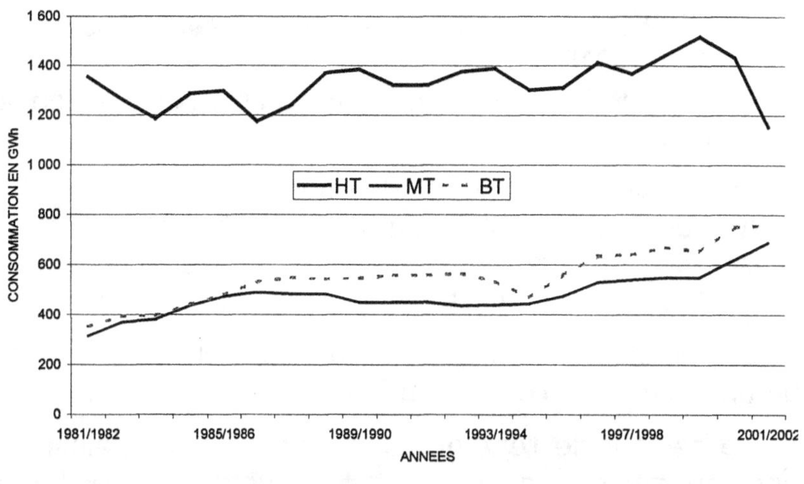

Par tension d'alimentation donc, les consommations AES SONEL ont évolué ainsi qu'il suit :

- la consommation HT est passée de 1.353 GWh en 1981/1982 à 1.153 GWh en 2001/2002, soit une diminution relative de 14,79%, traduisant ainsi les difficultés qu'éprouve AES SONEL pour satisfaire la demande, notamment celle de la société ALUCAM ;

- la consommation MT est passée de 314 GWh en 1981/1982 à 687 GWh en 2001/2002, soit un taux de croissance moyen annuel de 3,99% ;
- enfin, la consommation en BT a connu un taux de croissance annuel moyen de 3,92%, passant de 351 GWh en 1981/1982 à 758 GWh en 2001/2002.

En 2001/2002, cette consommation se répartissait par type de tension ainsi qu'il suit :

- HT : 44,38% ;
- MT : 26,44% ;
- BT : 29,18%.

Il faut noter qu'en 2001/2002, la société ALUCAM a absorbé à elle seule :

- 92,63% de la consommation haute tension, soit 1.068 GWh ;
- 44,38% de la consommation totale d'électricité AES SONEL ;
- et 39,56% de la consommation nationale d'électricité.

La consommation totale des quatre autres clients HT s'est élevée à 85 GWh en 2001/2002 soit 7,37% de l'ensemble de la consommation totale d'électricité AES SONEL et 2,91% de la consommation nationale.

La consommation des ménages constitue l'usage prédominant de l'électricité BT.

Le secteur de l'énergie électrique se traduit ainsi par une importante demande insatisfaite, notamment en haute tension (ALUCAM) et en basse tension où une part importante de la demande de raccordement n'est pas réalisée.

4.2.3 - CONSOMMATION DES PRODUCTEURS AUTONOMES

Comme le montre le tableau III.19 en annexe III, la consommation d'énergie électrique au Cameroun en régime autonome au cours de l'année 2001/2002 a été de

251 GWh, contre 135 GWh en 1981/1982, soit un taux de croissance annuel moyen de 3,15%.

4.2.4 - LES USAGES DE L'ELECTRICITE

A - AES SONEL

Par usage :

- les consommations à usage industriel sont passées de 1.626 GWh en 1981/1982 à 1.875 GWh en 2001/2002, soit un taux de croissance annuel moyen de 0,73%, ce qui correspond en fait à une quasi stagnation, reflétant une fois de plus la difficulté de AES SONEL à satisfaire la demande, notamment en HT ;
- les consommations à usage d'éclairage (dans les ménages, les administrations, l'éclairage public, etc.) sont passées de 269 GWh en 1981/1982 à 555 GWh en 2001/2002, marquant ainsi un taux de croissance annuel moyen de 3,69% ;
- les usages aux fins de climatisation et de refrigération sont passés de 95 GWh en 1981/1982 à 127 GWh en 2001/2002, soit un taux de croissance moyen de 1,46%/an.

La répartition des usages de l'électricité est la suivante en HT et MT :

- 93,00% pour les usages industriels ;
- 04,50% pour la climatisation et la refrigération ;
- 01,50% pour l'éclairage ;
- 0,50% pour le pompage ;
- et 0,50% pour divers autres usages non ventilés.

En basse tension, la répartition de cette consommation est la suivante :

- 21,60% pour les usages industriels ;
- 69,58% pour l'éclairage ;
- 5,79% pour la climatisation et la refrigération ;
- et 3,03% pour divers autres usages (repassage, ventilation, etc.).

B - **Producteurs autonomes**

- les usages industriels spécifiques représentent 35,05% de la consommation totale d'électricité autonome en 2001/2002, contre 65,18% en 1981/1982 et 57,9% en 1987/1988 ;
- l'éclairage a nettement progressé, passant de 22,15% de la consommation autonome en 1981/1982 à 26% en 1987/1988 et 41,31% en 2001/2002 ; ceci résulte de l'équipement des ménages très aisés en groupes électrogènes pour pallier au déficit d'approvisionnement en électricté par AES SONEL ;
- pour la réfrigération et la climatisation, les consommations sont passées de 4,37% en 1981/1982 à 6% en 1987/1988 et à 8,83% en 2001/2002 ;
- enfin, les autres usages industriels sont passés de 7,94% en 1981/1982 à 14,8% en 2001/2002.

En 1987/1988, le ratio consommation sur production était de 46,79%. Il traduit le suréquipement des secteurs résidentiel et tertiaire. Il atteint cependant des proportions raisonnables dans certaines provinces, ceci étant le fait de petites et moyennes agro-industries :

- 78,5% dans l'Ouest grâce aux agro-industries de la vallée du NOUN ;
- 71,4% dans la province du Nord-ouest ;
- 53,5% dans le Littoral du fait de la SOCAPALM ;
- 88,8% dans le Centre du fait de SOSUCAM et CAMSUCO.

Il faut noter que, d'abord confinée aux usages d'éclairage et industriels spécifiques dans le début des années 1980, le retard qu'a accusé l'électrification rurale et le déficit en électricité qui a obligé AES SONEL à procéder aux délestages, a favorisé le développement des usages des producteurs autonomes vers tous les segments de la consommation.

C – Consommation nationale par usage

La consommation nationale par usage a évolué ainsi qu'il suit :

- les consommations à usage industriel qui représentaient 68,90% de la consommation nationale en 2001/2002 sont passées de 1.714 GWh en 1981/1982 à 1.963 GWh en 2001/2002, soit un taux de croissance annuel moyen de 0,68% ;
- les consommations à usage d'éclairage (dans les ménages, les administrations, l'éclairage public, etc.) sont passées de 299 GWh en 1981/1982 à 659 GWh en 2001/2002, marquant un taux de croissance annuel moyen de 4,03% ; elles représentent 23,12% de la consommation nationale d'électricité en 2001/2002 ;
- les usages aux fins de climatisation et de refrigération qui ont représenté 5,22% en 2001/2002, sont passés de 101 GWh en 1981/1982 à 149 GWh en 2001/2002, soit un taux de croissance moyen de 1,96%/an ;
- les consommations pour les besoins de pompage représentaient 1,63% de la consommation nationale en 2001/2002 ; elles sont passées de 19 GWh en 1981/1982 à 46 GWh en 2001/2002, soit un taux de croissance annuel moyen de 4,52% ;
- les consommations pour les autres usages (ventilation, etc.) qui représentaient 1,13% de la consommation nationale en 2001/2002 sont passées de 20 GWh en 1981/1982 à 32 GWh en 2001/2002, soit un taux de croissance annuel moyen de 2,37%.

Le tableau III.21 en annexe III et le graphique III.26 ci-dessous visualisent l'évolution de la consommation nationale par usage.

GRAPHIQUE III.26 : EVOLUTION DE LA CONSOMMATION D'ELECTRICITE PAR USAGE

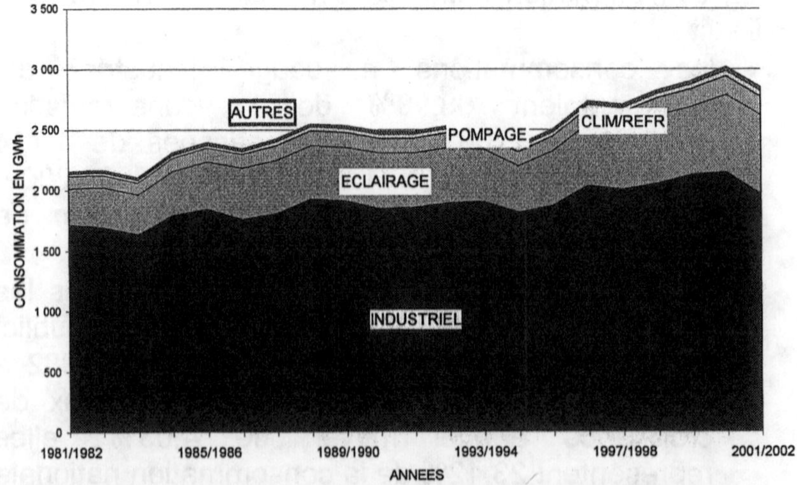

Le graphique III.27 ci-dessous présente cette consommation nationale par usage en 2001/2002.

GRAPHIQUE III.27 : EVOLUTION DE LA CONSOMMATION D'ELECTRICITE PAR USAGE

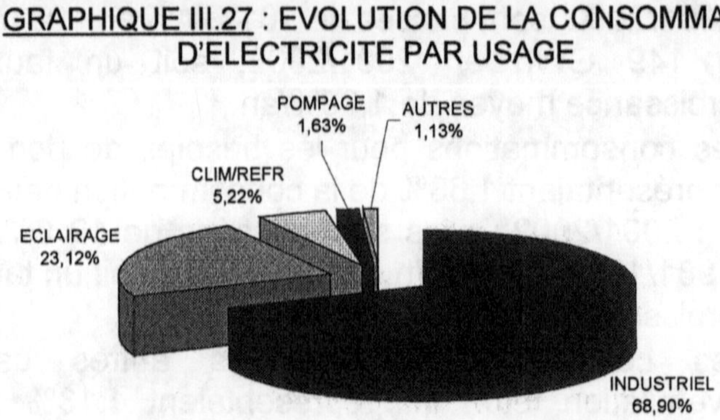

4.2.5 - LES CONSOMMATIONS PAR SECTEUR

A - AES SONEL

Par secteur :

- les consommations du secteur primaire sont passées de 17,5 GWh en 1981/1982 à 38,3 GWh en 2001/2002, soit un taux de croissance annuel moyen de 3,99% ;

- les consommations du secteur secondaire sont passées de 1588,6 GWh en 1981/1982 à 1.667, GWh en 2001/2002, marquant ainsi un taux de croissance annuel moyen de 0,24%, soit une quasi stagnation ;
- les consommation du secteur tertiaire sont passés de 154,4 GWh en 1981/1982 à 336,8 GWh en 2001/2002, soit un taux de croissance moyen de 3,97%/an ;
- les consommation du secteur résidentiel sont passés de 257,4 GWh en 1981/1982 à 555,9 GWh en 2001/2002, soit un taux de croissance moyen de 3,92%/an.

La répartition par secteur d'activité de la consommation de l'électricité est la suivante :

- 1,48% pour le secteur primaire ;
- 64,16% pour le secteur secondaire ;
- 12,96% pour le secteur tertiaire ;
- et 21,40% pour le résidentiel.

B - <u>Producteurs autonomes</u>

Par secteur :

- les consommations du secteur primaire sont passées de 4,7 GWh en 1981/1982 à 16,3 GWh en 2001/2002, soit un taux de croissance annuel moyen de 6,41% ;
- les consommations du secteur secondaire sont passées de 106,8 GWh en 1981/1982 à 153,2 GWh en 2001/2002, marquant ainsi un taux de croissance annuel moyen de 1,82% ;
- les consommation du secteur tertiaire sont passés de 9,4 GWh en 1981/1982 à 32,6 GWh en 2001/2002, soit un taux de croissance moyen de 6,42%/an ;
- les consommation du secteur résidentiel sont passés de 14,1 GWh en 1981/1982 à 48,9 GWh en 2001/2002, soit un taux de croissance moyen de 6,41%/an.

La répartition par secteur d'activité de la consommation de l'électricité est la suivante :

- 6,49% pour le secteur primaire ;
- 61,04% pour le secteur secondaire ;
- 12,99% pour le secteur tertiaire ;
- et 19,48% pour le résidentiel.

C – Consommation nationale par secteur

Le tableau III.22 en annexe III présente l'évolution de la consommation nationale d'électricité par secteur. Il y ressort que le secteur secondaire est prépondérant et représentait 63,92% de cette consommation en 2001/2002, contre 21,2% pour le résidentiel et 12,95% pour le secteur tertiaire ; le secteur primaire n'entrant que pour 1,93%.

Le graphique III.28 ci-dessous visualise l'évolution de cette consommation par secteur.

GRAPHIQUE III.28 : REPARTITION DE LA CONSOMMATION D'ELECTRICITE PAR SECTEUR EN 2001/2002

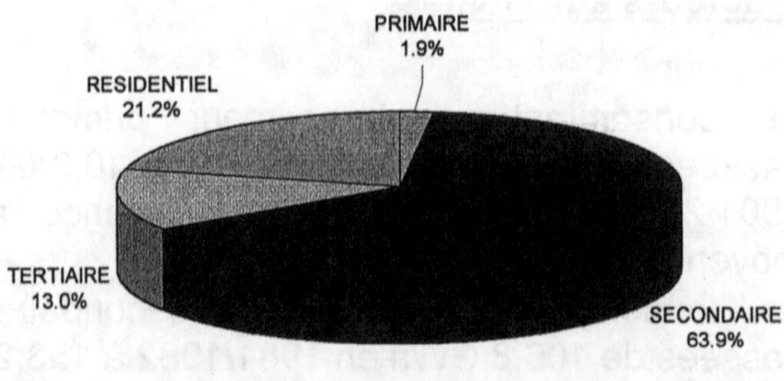

Par secteur, les tendances ont été les suivantes :

- la consommation du secteur primaire est passée de 22 GWh en 1981/1982 à 55 GWh en 2001/2002, marquant ainsi un taux de croissance moyen annuel de 4,68% ; en outre sa part relative est passée de 1,02% à 1,93% dans la même période ;
- la consommation du secteur secondaire a peu varié, de 1.695 GWh en 1981/1982 à 1.821 GWh

en 2001/2002, avec un taux de croissance annuel moyen de 0,36% ; de plus, sa part relative dans la consommation totale est passée de 78,73% en 1981/1982 à 63,92% en 2001/2002, marquant ainsi une régression assez importante, du fait de la baisse de l'énergie fournie à ALUCAM ;

- la consommation du secteur tertiaire est passée quant à elle de 184 GWh en 1981/1982 à 369 GWh en 2001/2002, marquant ainsi un taux de croissance moyen de 3,54%/an ; en plus, la part relative de ce secteur a progressé de 8,54% en 1981/1982 à 12,95% en 2001/2002, marquant ainsi une augmentation importante au détriment du secteur secondaire ;
- enfin, le secteur résidentiel dont la part relative est de 12,64% en 1981/1982 pour une consommation de 272 GWh, est passée à 21,20% en 2001/2002 pour une consommation de 604 GWh, ce qui correspond à un taux de croissance annuel moyen de 4,07% et à une augmentation de 67,72% de sa partie relative.

Le graphique III.29 ci-dessous visualise cette évolution.

GRAPHIQUE III.29 : EVOLUTION DE LA CONSOMMATION D'ELECTRICITE PAR SECTEUR

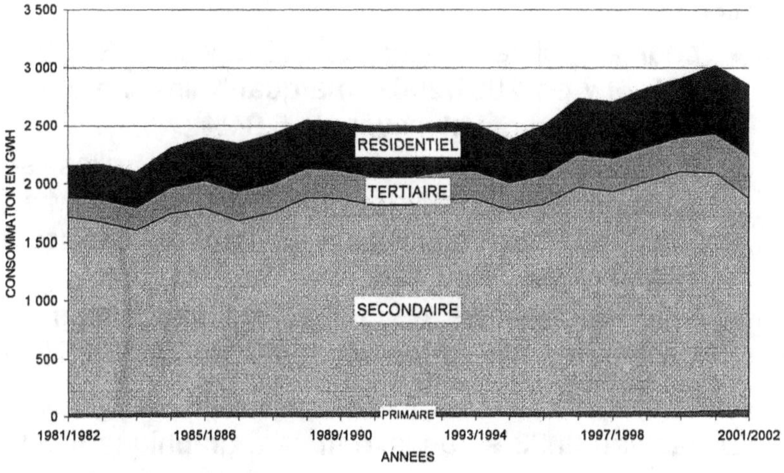

La consommation d'électricité par habitant a diminué, en passant de 231 KWh/habitant en 1981/1982 à 175 KWh/habitant en 2001/2002.

Le graphique III.30 ci-dessous visualise cette évolution.

GRAPHIQUE III.30 : EVOLUTION DE LA CONSOMMATION D'ELECTRICITE PAR HABITANT

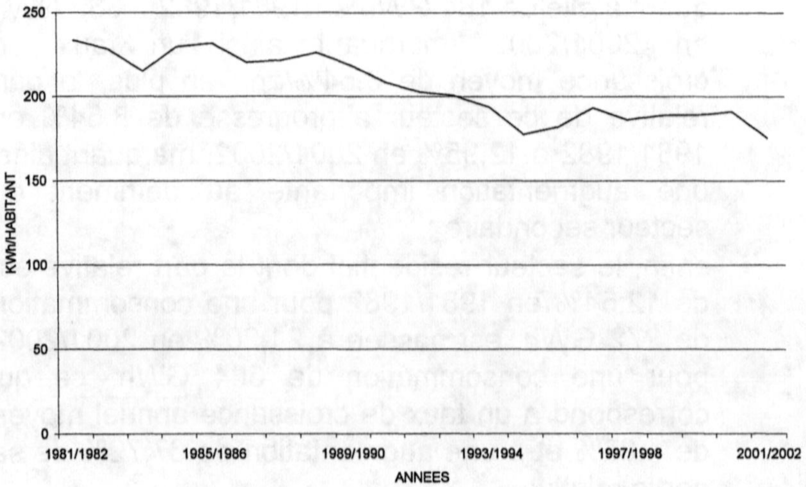

4.3 - LES PUISSANCES DE POINTE

Les puissances de pointe AES SONEL ont évolué ainsi qu'il suit :

- pour les pointes totales, de 219 Mw en 1981/1982 à 695 Mw en 2001/2002, marquant ainsi un taux de croissance annuel moyen de 5,94% ;
- pour les pointes du service public, elles sont passées de 123 Mw en 1981/1982 à 517 Mw en 2001/2002, marquant ainsi un taux de croissance annuel moyen de 7,44% ;
- enfin, les pointes d'ALUCAM ont plutôt regressé, passant de 184,45 Mw en 1981/1982 à 178,59 Mw en 2001/2002.

Le tableau III.23 en annexe III et le graphique III.31 ci-dessous montrent l'évolution des puissances de pointe.

GRAPHIQUE III.31 : EVOLUTION DES POINTES DE LA PUISSANCE APPELLEE SUR LE RESEAU INTERCONNECTE SUD

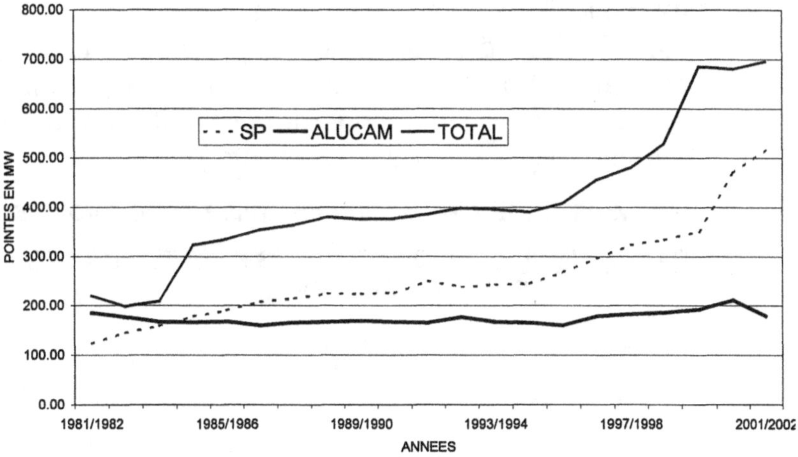

4.4 - LES PERTES SUR LES RESEAUX

Le tableau III.24 en annexe III présente l'évolution des pertes sur les réseaux AES SONEL ; il en ressort que depuis 1975/1976, les pertes sur les réseaux se sont accrues de manière très importante, passant de 4,63% en 1981/1982 à 22% en 2001/2002.

Cette augmentation des pertes se justifie par l'accroissement des longueurs de lignes de transport et de distribution, le mauvais entretien du réseau et les fraudes opérées par certains utilisateurs.

En fait, ces pertes résultent de la conjonction de plusieurs facteurs :

- la paupérisation des populations avant la mise en place du programme gouvernemental de lutte contre la pauvreté ;
- l'exode rural qui favorise pour les deux grandes villes que sont Douala et Yaoundé le développement de l'habitat spontané, difficile

d'accès et où AES SONEL ne peut installer de branchements sécurisés ;

- l'impossibilité ces dernières années pour AES SONEL d'assurer les branchements des nouveaux abonnés en renonçant même parfois à percevoir les frais d'abonnement du fait du manque de matériel (compteurs, câbles, etc.).

Le graphique III.32 ci-dessous visualise cette évolution.

GRAPHIQUE III.32 : EVOLUTION DES PERTES SUR LES RESEAUX AES SONEL

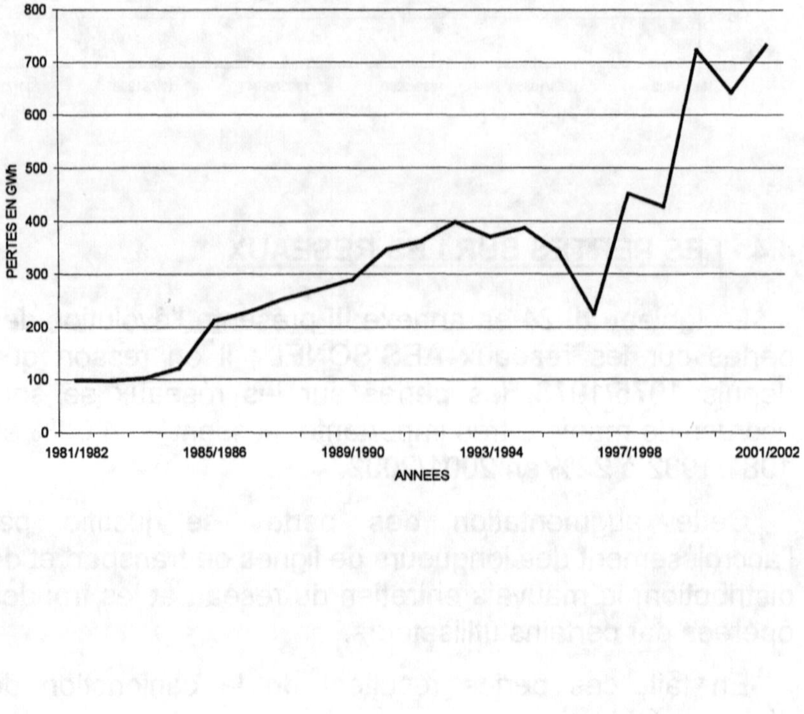

CHAPITRE 3 : LES ENR

1 - CADRE INSTITUTIONNEL ET REGLEMENTAIRE

1.1 - INTERVENANTS DANS LA FILIERE

En dehors de la Présidence de la République et des Services du Premier Ministère qui coiffent et coordonnent l'action gouvernementale, trois Ministères et trois organismes parapublics interviennent dans le secteur des ENR ; ce sont :

- le Ministère des Mines, de l'Eau et de l'Energie qui est chargé d'assurer la coordination des activités des différents organismes qui interviennent dans ce secteur ;
- le Ministère de l'Environnement et des Forêts qui est chargé de veiller à l'exploitation, selon les lois de la République, du domaine forestier national et qui assure la tutelle des organismes s'occupant de la gestion des forêts ;
- le Ministère de l'Enseignement Supérieur qui assure la tutelle de l'Ecole Nationale Supérieure Polytechnique, de l'Institut de Recherches Géologiques et Minières (IRGM) et du Laboratoire de Recherches Energétiques (LRE).

Les organismes intervenant dans le secteur des ENR sont :

- l'ANAFOR : qui assure les actions de développement des forêts ;
- et le Laboratoire de Recherche Energétique et l'Ecole Polytechnique qui mènent des actions de Recherche-Développement dans le secteur des ENR.

1.2 - ASPECTS REGLEMENTAIRES DU SECTEUR

1.2.1 - BOIS

Les activités de conservation de l'exploitation et de mise en valeur des ressources forestières se déroulaient dans un cadre législatif et réglementaire défini par la loi n° 81/13 du 27 Novembre 1981 portant régime des forêts de la faune et de la pêche ; le décret n° 83/169 du 12 Avril 1983 fixant le régime des forêts et leurs divers textes d'application.

Ainsi, conformément aux articles 1 et 8 du décret ci-dessus mentionné, la régénération, l'inventaire et l'aménagement des forêts étaient confiés à des organismes spécialisés, dont les principaux étaient le Centre National de Développement des Forêts (CENADEFOR) et l'Office National de Régénération des Forêts (ONAREF).

L'Office National de Développement des Forêts (ONADEF) qui avait remplacé ces deux structures se chargeait de la mise en oeuvre de la politique du Gouvernement en matière de régénération des forêts, du reboisement, de la conservation et de la restauration des sols.

Depuis le décret n° 2002/155 du 18 juin 2002, un nouvel organisme à savoir l'Agence Nationale d'Appui au Développement Forestier (ANAFOR) a été créé pour reprendre les activités de l'ONADEF.

L'article 39 de la loi sus-citée et les articles 62 et 63 du décret du 12 Avril 1983 définissent les modalités d'exploitation du bois de chauffage et du charbon de bois. L'exploitation du bois de chauffage est soumise à l'obtention d'un permis de coupe délivré par le Ministre de l'Agriculture.

Le transport et la distribution du bois de chauffe demeurent au stade artisanal et ne font à l'heure actuelle l'objet d'aucune réglementation.

Les Gouverneurs des provinces, par arrêté, sur proposition des responsables provinciaux de l'administration forestière, réglementent les feux de brousse et fixent notamment les dates et les conditions d'allumage des feux précoces. Ils peuvent accorder des permis de coupe dans les zones qui ont été victimes des incendies.

La législation camerounaise prévoit le paiement par les exploitants forestiers de redevances suivantes :

- la redevance territoriale annuelle, calculée par hectare de forêt concédée ;
- la redevance de reforestation annuelle, calculée par hectare de forêt concédée ;
- la contribution annuelle aux travaux de développement forestier, calculée par hectare de forêt concédée ;
- une redevance sur le prix de vente des produits forestiers (droit de coupe).

1.2.2 - DECHETS AGRO-INDUSTRIELS ET BIOMASSE NON FORESTIERE

Les problèmes de déchets sont abordés dans la loi n° 98015 du 14/07/1998 portant réglementation des établissements dangereux, insalubres ou incommodes et le décret n° 99/818 du 09/11/1999 fixant les modalités d'implantation et d'exploitation des établissements classés dangereux, insalubres et incommodes.

Aucun décret ne régit cependant l'usage des déchets agro-industriels à des fins énergétiques.

1.2.3 - SOLAIRE

Il n'existe pas non plus de décret définissant les modalités d'utilisation de l'énergie solaire, photovoltaïque ou thermique.

1.2.2 - HYDRAULIQUE

Le régime de l'eau au Cameroun est défini par la loi n° 98/005 du 15 avril 1998.

2 - RESSOURCES-PRODUCTION

2.1 - BOIS-ENERGIE

Au Cameroun, il n'existe pas de plantation de matière ligneuse à des fins de production de bois-énergie et qui pourrait servir de base d'évaluation du potentiel en bois-énergie.

Le bois consommé par les agents économiques pour leur besoin énergétique est collecté suivant divers modes :

- ramassage par les ménages dans les surfaces culitivées lors des défrichements ;
- reste de bois non valorisé par les exploitants forestier ;
- prélèvement dans les zones forestières secondaires ou dans le couvert végétal des zones périurbaines.

Le Cameroun disposerait d'une superficie de forêt de 22 millions d'hectares, avec un rythme de défrichement d'environ 200.000 ha/an.

Du point de vue théorique :

- un million d'hectares de forêt dense aménagée peut permettre la production annuelle de 2,4 tonnes de bois-énergie ;
- en savane humide d'altitude, 300.000 hectares peuvent permettre la production de 2,4 tonnes de bois par an.

Pour contourner les difficultés d'évaluation de la production, la consommation sera assimilée à la production.

2.2 - LE CHARBON DE BOIS

Le charbon de bois utilisé au Cameroun provient soit des résidus de combustion de bois pour les besoins de cuisson ou de séchage des aliments, soit de la production dans des fours appropriés.

2.3 - LA BIOMASSE

La biomasse au Cameroun concerne :

- les agro-industries : sucreries, huileries de palme, usine d'égrenage de coton, rizeries, scieries et industrie de transformation du bois ;
- les fermes agropastorales, les abattoirs et les industries présentant des effluents humides (brasseries).

2.3.1 - LES DECHETS AGRO-INDUSTRIELS

Les industries produisent de grandes quantités de déchets d'un pouvoir calorifique élevé, et disposent de ce fait d'un potentiel énergétique important. C'est le cas de la SOCAPALM, de la SODECOTON, de la SOSUCAM, de CAMSUCO et de certaines industries agroalimentaires et forestières.

Le tableau III.25 ci-dessous montre les quantités de déchets de biomasse qui ont été produites ces dernières années.

TABLEAU III.25 : EVOLUTION DE LA PRODUCTION DE BIOMASSE EN KTONNE

TYPE DE BIOMASSE	1981/1982	1985/1986	2001/2002	2002/2003
DECHETS DE PALME	35,7	51,2	200	250
BAGASSE	118,4	120,6	405	405
DECHETS DE COTON	14,8	26,5	700	700
DECHETS DE BOIS	603,1	nd	2.000	2.100

SOURCE : MINAGRI / EEIC

2.3.2 - LES AUTRES DECHETS

Le gaz issu du processus de digestion anaérobie des déjections humaines, animales et des déchets végétaux appelés généralement biogaz est un mélange de méthane CH_4 et de dioxyde de carbone $C0_2$.

Ce gaz peut être utilisé pour des applications thermiques telles que la cuisson, le chauffage, le séchage ou pour la production de force motrice et d'électricité par l'intermédiaire de moteur adapté.

Le potentiel théoriquement exploitable par méthanisation des effluents d'élevage est important au Cameroun.

En fait, seuls les centres où cette biomasse est concentrée peuvent donner lieu à une valorisation énergétique. Il est donc aujourd'hui envisageable de ne récupérer qu'une petite partie de cette ressource.

Au Cameroun, le biogaz a donné lieu à quelques recherches de la part du CENEEMA et de l'ENSP. Il s'agit essentiellement de valorisation domestique du biogaz dans des petites unités de quelques mètres cubes pour des fermes isolées.

2.4 - LE SOLAIRE

La pénétration du photovoltaïque au Cameroun est encore d'un niveau modeste. Quelques activités de recherche ont été menées par l'Institut de Recherches Géologiques et Minières (Laboratoire de Recherches Energétiques) et à l'ENSP notamment sur l'évaluation du gisement et le suivi de réfrigérateurs à vaccins dans des dispensaires isolés.

Compte tenu de son faible niveau de pénétration, cette source d'énergie ne fera pas l'objet de développement.

2.5 - LA MICRO HYDRAULIQUE

Il convient de noter que la montée en puissance des grands ouvrages hydrauliques à l'échelle nationale a conduit la société AES SONEL à délaisser le secteur de la mini-hydraulique.

Le potentiel global en micro-hydroélectricité est de 127 MW soit 1,1 TWH .

Toutefois, l'inventaire de ce potentiel n'est que partiel et demande à être finalisé.

3 - TRANSPORT ET DISTRIBUTION

3.1 - BOIS-ENERGIE

Lors de l'enquête nationale de la consommation d'énergie des ménages effectuée par le MINMEE en 1987, il est apparu une diversité de situations à l'approvisionnement en bois, synthétisées par le tableau III.26 ci-dessous.

TABLEAU III.26 : SOURCES D'APPROVISIONNEMENT EN BOIS EN 1987

ZONE AGROECOLOGIQUE	ACHAT	AUTOAPPROVISIONNEMENT
CACAO TABAC	22,20%	77,80%
CAFE	25,79%	74,21%
COTON ELEVAGE	43,13%	56,87%
NON CLASSEE	18,92%	81,08%
DOUALA	92,15%	7,85%
YAOUNDE	84,29%	15,71%
ENSEMBLE	**38,12%**	**61,88%**

SOURCE : MINMEE/PEN

Il ressort de ce tableau qu'à l'exception de Douala et Yaoundé où les ménages achètent le bois (92,15% pour Douala et 84,29% pour Yaoundé), plus de la moitié des ménages consommant du bois s'auto-approvisionnent.

Toutefois cette situation présente des disparités qui sont liées à la disponibilité du bois. Ainsi, dans la zone coton-élevage qui couvre les provinces de l'Adamaoua, du Nord et de l'Extrême Nord, plus de 40% des ménages consommateurs de bois s'approvisionnent auprès des revendeurs, alors qu'ils ne sont plus que 19% dans la zone non classée.

3.1.1 - LE TRANSPORT

Le transport du bois est effectué au Cameroun par les commerçants commanditaires de l'exploitation ou par des transporteurs occasionnels.

La majeure partie du bois commercialisé est transportée par camion et pick-up ; en général des véhicules polyvalents et usagés. A titre d'exemple, en 1984, dans le cadre de l'approvisionnement de la ville de GAROUA, 75% de bois était transporté par camions et pick-up, 15% par des pousse-pousse, 9% par des engins à deux roues et enfin, 1% à pieds. La collecte s'effectuait dans un rayon de 25 km.

Le bois est conditionné en fagots de tailles variables selon les régions et les habitudes (dans la zone de GAROUA, on note principalement trois catégories de fagots dont les poids varient de 2 kg à 30 kg. Ces fagots sont constitués de bois dont la longueur varie entre 30 cm et 120 cm).

3.1.2 - DISTRIBUTION

Pour la grande majorité des familles, les achats de bois de chauffe sont quotidiens, ce qui impose un réseau de distribution de forte densité. Le cas de MAROUA étudié dans le cadre du “programme pilote pour la diffusion de foyers améliorés dans l'Extrême-Nord Cameroun" donne une bonne illustration du niveau de ramification de la distribution et des emplois qu'elle génère. Trois cas principaux sont à distinguer en ce qui concerne la fréquence d'achat du bois :

- acquisition quotidienne : 5% ;
- 1 à 3 achats/semaine : 23% ;
- autres : 20%

Que les acquisitions soient quotidiennes ou hebdomadaires, le bois est acheté soit auprès des vendeurs ambulants, soit chez les détaillants de quartier, soit dans les marchés de bois qui, à MAROUA, ceinturent la ville.

En revanche, les familles qui stockent le combustible vont le plus souvent s'approvisionner directement auprès des producteurs ruraux qui vendent leur produit au bord des pistes.

Chaque catégorie de revendeurs occupe un niveau différent de la filière de production-distribution.

3.2 - CHARBON DE BOIS

Le charbon de bois consommé au Cameroun résulterait en partie d'une production artisanale à partir de fours traditionnels de types meules et fosses, parfois améliorés, et en partie d'une récupération de charbon dans les foyers domestiques pour certains usages, à faible consommation unitaire mais généralisés, tels que le repassage par exemple.

A l'exception de Douala et Yaoundé, la plus grande partie du charbon semble provenir de la récupération. Le tableau III.27 ci-dessous présente les sources d'approvisionnement de charbon de bois par zone agro-écologique.

TABLEAU III.27 : SOURCES D'APPROVISIONNEMENT EN CHARBON DE BOIS PAR LES MENAGES SELON LA ZONE AGRO-ECOLOGIQUE

ZONE AGROECOLOGIQUE	ACHAT	AUTO APPRO-VISIONNEMENT
CACAO TABAC	12,45%	87,55%
CAFÉ	12,28%	87,72%
COTON ELEVAGE	21,22%	78,78%
NON CLASSEE	13,20%	86,80%
DOUALA	71,92%	28,08%
YAOUNDE	86,52%	13,48%
TOTAL	24,02%	75,98%

SOURCE : MINMEE/PEN

La production camerounaise de charbon de bois par les artisans dans les fours prévus à cet effet peut être estimée à 30.000 tonnes en 2001/2002. Le reste du charbon consommé provient des prélèvements lors de la cuisson des aliments, etc. par les ménages.

Le tableau III.28 ci-dessous donne la part des ménages consommateurs du charbon de bois en 1987/1988, par zones urbaine et rurale : au niveau national 36,65% des ménages ruraux consomment du charbon de bois alors qu'ils ne sont que 24,66% en zone urbaine.

TABLEAU III.28 : POURCENTAGE DES MENAGES CONSOMMATEURS DE CHARBON DE BOIS PAR ZONE AGRO-ECOLOGIQUE

ZONE	URBAINE	RURALE	ENSEMBLE
CACAO-TABAC	26,89	44,85	37,43
CAFÉ	41,28	45,61	44,37
COTON-ELEVAGE	28,53	17,88	20,14
NON CLASSEE	33,03	60,50	51,87
DOUALA	20,63	0,00	20,63
YAOUNDE	12,43	0,00	12,43
ENSEMBLE DU PAYS	24,66	36,65	31,12

SOURCE : MINMEE/PEN

Une répartition assez fine de la consommation du charbon de bois par usage est assez difficile. Toutefois, contrairement à certaines grandes villes du Sahel où le charbon de bois est surtout utilisé pour la cuisson des aliments, le charbon de bois sert, au Cameroun au repassage des vêtements et au braisage du poisson, de la viande, du plantain et des prunes.

Concernant le type de foyers utilisés, on constate que plus de 45% des ménages utilisent les foyers métalliques et les barbecues, et que les foyers améliorés le sont par environ 33,3% des ménages.

4 - CONSOMMATION

De 2.076 KTEP en 1981/1982, la consommation des ENR est passée à 3.505 KTEP en 2001/2002, soit un taux de croissance annuel moyen de 2,79%.

Les tableaux III.29 et III.30 en ennexe III et le graphique III.33 ci-dessous présentent cette situation.

GRAPHIQUE III.33 : EVOLUTION DE LA CONSOMMATION DES ENR

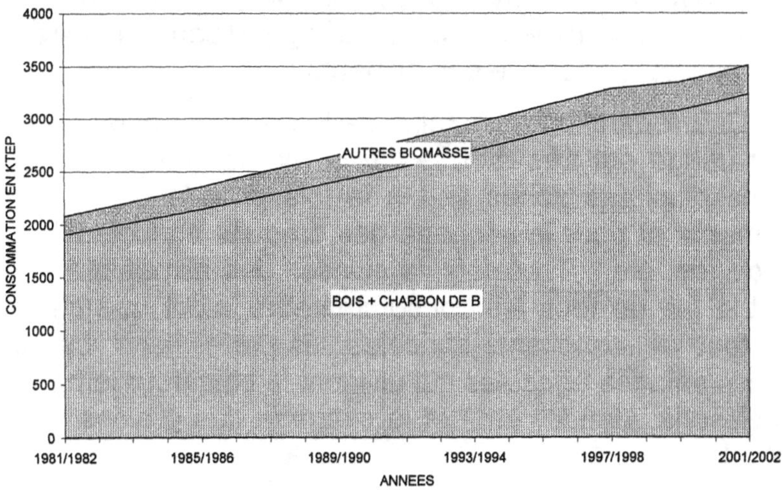

En 2001/2002, cette consommation s'est répartie ainsi qu'il suit :

- 91,18% pour le bois-énergie, soit 9.133 Ktonnes ;
- 0,97% pour le charbon de bois, soit 83 Ktonnes ;
- 5,39% pour la bagasse et les coques de noix de palme, soit 517 Ktonnes ;
- et 2,45%, soit 267 Ktonnes pour les autres déchets.

4.1 - LE BOIS-ENERGIE

De 1.884 KTEP en 1981/1982, la consommation nationale de bois-énergie est passée à 3.195 KTEP en 2001/2002, soit un taux moyen de croissance de 2,67%/an.

Pour la consommation de bois-énergie, on peut relever que :

- les zones rurales détiennent plus de 80% de la consommation nationale de bois ;
- les consommations moyennes sont plus fortes dans les zones agro-écologiques où les problèmes de bois ne se posent pas (cacao-tabac, non classée), et dans les zones rurales.

Le bois, consommé au Cameroun pour la satisfaction des besoins énergétiques, sert surtout pour trois usages : cuisson des aliments, le chauffage d'eau sanitaire, le fumage et le séchage des aliments.

Une répartition assez fine de la consommation de bois par usage est très difficile car la même quantité de bois dans plusieurs zones sert à la fois pour la cuisson des aliments et pour le séchage des produits agricoles (maïs, archides, etc.). Toutefois, la cuisson des aliments au bois est le fait de tous les consommateurs, alors que ce sont surtout les exploitants agricoles, les professions libérales, et les salariés agricoles qui utilisent le bois pour le fumage (poissons, viande, etc.) et le séchage des graines (maïs, etc.).

En outre, les données disponibles montrent que plus de 80% de bois consommé au Cameroun servent pour la cuisson des aliments.

Pour la cuisson des aliments, plus de 90% des ménages utilisent les foyers à trois pierres, et les foyers améliorés ne sont utilisés que par 5,5% des ménages environ, ce qui montre que le bois est utilisé de manière peu économique au Cameroun.

4.2 - CHARBON DE BOIS

La consommation de charbon de bois est passée de 18 KTEP en 1981/1982 à 34 KTEP en 2001/2002, marquant ainsi un taux annuel moyen de croissance de 3,23%.

La zone café détient la plus forte consommation suivie de la zone non classée et de la zone cacao-tabac. En 1987, une enquête du MINMEE avait estimé qu'au niveau national, 31,12% des ménages consommaient du charbon de bois (voir le tableau III.28 précédent).

4.3 - LES AUTRES DECHETS

Les autres ENR consommées au Cameroun sont : la bagasse, les coques de noix de palme et les autres déchets agricoles.

La consommation de bagasse qui sert à l'autoproduction d'électricité, est passée de 50 KTEP en 1981/1982 à 76 KTEP en 2001/2002, marquant ainsi un taux de croissance annuel moyen de 2,11%.

La consommation de coque de noix de palme qui sert également à l'autoproduction d'électricité, est passée de 73 KTEP en 1981/1982 à 113 KTEP en 2001/2002, marquant ainsi un taux de croissance annuel moyen de 2,32%.

La consommation des autres déchets servent surtout aux usages domestiques dans certaines zones du pays, est passée de 51 KTEP en 1981/1982 à 86 KTEP en 2001/2002, marquant ainsi un taux de croissance annuel moyen de 2,21%.

4.4 - LES CONSOMMATIONS PAR USAGE

Les ENR consommées au Cameroun servent aux usages domestiques, artisanaux et à la production d'électricité.

Le tableau III.31 en annexe III et le graphique III.34 ci-dessous présentent l'évolution des usages.

GRAPHIQUE III.34 : EVOLUTION DE LA CONSOMMATION DES ENR PAR USAGE

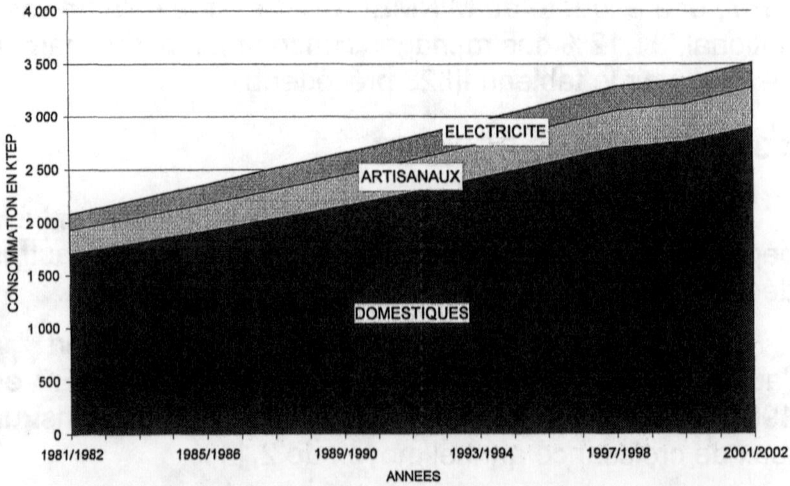

Ainsi :

- la consommation pour les usages domestiques est passée de 1.705 KTEP en 1981/1982 à 2.893 KTEP en 2001/2002, marquant ainsi un taux de croissance annuel moyen de 2,68% ;
- la consommation pour les usages artisanaux est passée de 223 KTEP en 1981/1982 à 380 KTEP en 2001/2002, marquant ainsi un taux de croissance annuel moyen de 2,70% ;
- enfin, la consommation pour la production d'électricité est passée de 148 KTEP en 1981/1982 à 232 KTEP en 2001/2002, ce qui correspond à un taux de croissance annuel moyen de 2,27%.

On constate ainsi qu'en 2001/2002, les usages domestiques ont représenté 82,54% de la consommation totale des ENR, suivis des usages artisanaux avec 10,84% et de la production d'électricité avec 6,62%.

Le graphique III.35 ci-dessous pésente cette répartition en 2001/2002.

GRAPHIQUE III.35 : REPARTITION DE LA CONSOMMATION DES ENR PAR USAGE EN 2001/2002

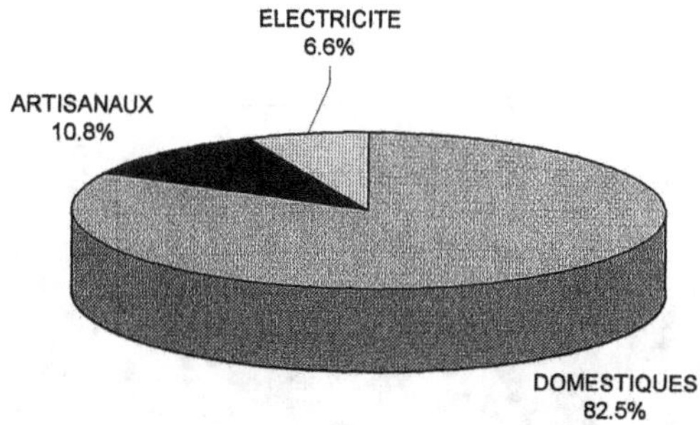

4.5 - LA CONSOMMATION PAR SECTEUR

Par secteur d'activité :

- la consommation du secteur primaire est passée de 149 KTEP en 1981/1982 à 232 KTEP en 2001/2002, évoluant ainsi à un taux de croissance annuel moyen de 2,23% ;
- la consommation du secteur secondaire est passée de 189 KTEP en 1981/1982 à 320 KTEP en 2001/2002, ce qui correspond à un taux de croissance annuel moyen de 2,66% ;
- la consommation du secteur tertiaire est passée de 35 KTEP en 1981/1982 à 60 KTEP en 2001/2002, ce qui correspond à un taux de croissance annuel moyen de 2,67% ; similaire à celle du secteur secondaire ;
- la consommation des ménages est passée de 1.705 KTEP en 1981/1982 à 2.893 KTEP en 2001/2002, augmentant ainsi un taux de croissance annuel moyen de 2,82%.

Le tableau III.32 en annexe III et le graphique III.36 ci-dessous présentent cette évolution.

GRAPHIQUE III.36 : EVOLUTION DE LA CONSOMMATION DES ENR PAR SECTEUR

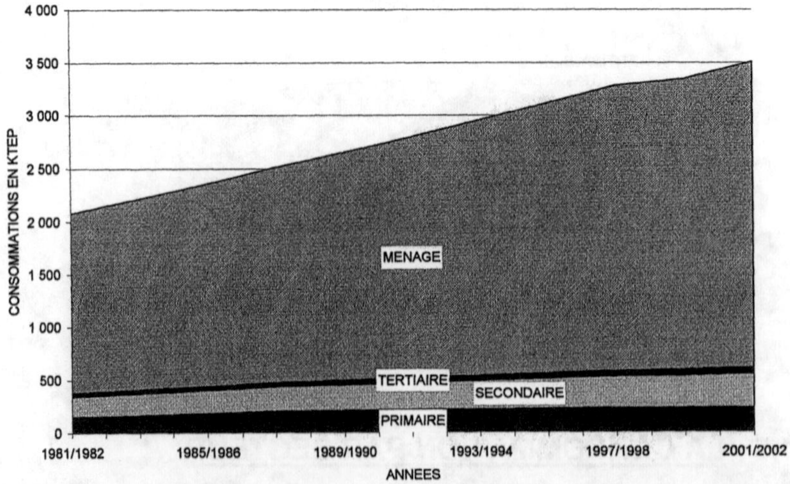

En 2001/2002, la consommation des ENR s'est répartie globalement ainsi qu'il suit :

- secteur résidentiel : 82,54% ;
- secteur secondaire : 9,13% ;
- secteur primaire : 6,62% ;
- secteur tertiaire : 1,71%.

Le graphique III.37 ci-dessous visualise cette répartition en 2001/2002.

GRAPHIQUE III.37 : REPARTITION DE LA CONSOMMATION DES ENR PAR SECTEUR EN 2001/2002

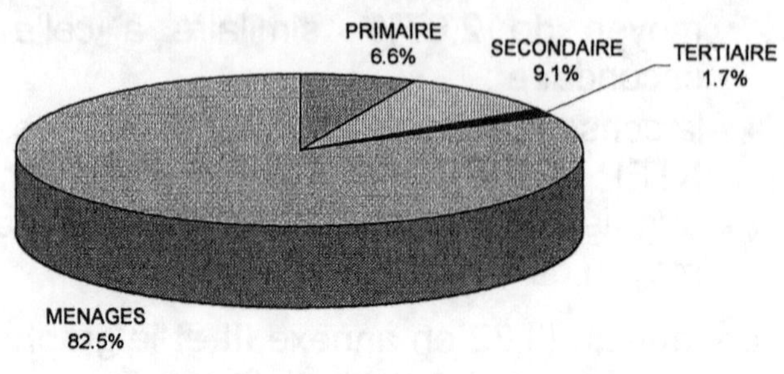

CHAPITRE 4 : LE GAZ NATUREL

Les réserves prouvées de gaz naturel au Cameroun étaient évaluées à 110 milliards de m^3 standard en 1982 dont 86% de gaz non associé et 14% de gaz cap. Il avait été mis en évidence par quatre sociétés pétrolières à savoir ELF SEREPCA, GULF, MOBIL et TEPCAM. Toutefois, les récentes évaluations techniques ont porté ces chiffres à plus de 200 milliards de m^3 dont environ 190 milliards de m^3 sont récupérables.

Ce gaz se trouve dans plusieurs structures géologiques réparties dans deux zones géographiques distantes d'environ 200 km : le Rio Del Rey et Kribi. Ces zones renferment respectivement 70% et 30% desdites réserves.

Les réserves prouvées de gaz associé s'élèvent à 1,1 TCF dont 200 BCF récupérables sous forme de gaz cap. Ce gaz associé est jusque là brûlé en grande partie à la torche et une infime partie est utilisée pour la production d'énergie électrique sur les plates-formes pétrolières et pour maintenir la pression des gisements. La plus grande partie de ce gaz associé est produite actuellement par TOTAL E. & P. au rythme de 130 millions Standard Pied Cube par jour.

La principale recommandation du Plan national Gazier était l'exploitation à court terme des réserves de gaz de la zone de Douala notamment dans les champs de MATANDA et de LOGBABA dans le but d'alimenter les industries de ladite zone. Dans cette optique, un contrat de concession a récemment été conclu entre la République du Cameroun et la société RSM PRODUCTION COORPORATION couvrant le permis LOGBABA.

CHAPITRE 5 : LES HYDROCARBURES

1 - CADRE JURIDIQUE ET REGLEMENTAIRE

1.1 - LA PRESENTATION DU SECTEUR

L'organisation du secteur pétrolier comprend trois principales classes d'acteurs :

- les administrations et services publics qui assurent la tutelle politique, administrative et technique du secteur ;
- les organismes publics impliqués dans le fonctionnement du secteur sur la base d'objectifs économiques fixés par l'Etat ;
- et les sociétés privées.

1.1.1 - LA TUTELLE

Sept structures administratives se partagent les missions de tutelle du secteur pétrolier : Il s'agit :

- de la Présidence de la République qui assure la tutelle politique de l'ensemble du secteur énergétique national ainsi que la tutelle technique et financière directe de la Société Nationale des Hydrocarbures (SNH) ;
- du Premier Ministère qui coordonne l'action de tout le Gouvernement et donc des ministères intervenant dans le secteur pétrolier ;
- du Ministère des Mines, de l'Eau et de l'Energie (MINMEE) qui assure la tutelle administrative et technique, élabore et applique la législation et la réglementation, assure le contrôle technique et administratif dudit secteur ;
- du Ministère du Développement Industriel et Commercial (MINDIC) qui signe les conventions d'établissement et homologue les prix des produits pétroliers ; il assure également la tutelle de la Caisse de Stabilisation des Prix des Hydrocarbures (CSPH) qui a pour rôle d'assurer la régulation des prix de ces produits ;

- du Ministère des Finances et du Budget (MINFIB) qui est responsable de la fiscalité et du contrôle douanier des activités du secteur, assure la tutelle financière de toutes les sociétés publiques du secteur pétrolier et coordonne les activités :
  - du Programme de Sécurisation des Recettes du Secteur des Mines, de l'Eau et de l'Energie et,
  - du Comité National de Lutte contre la Fraude ;
- du Ministère des Transports qui assure le contrôle technique des sociétés impliquées dans le transport maritime, ferroviaire et routier des produits pétroliers ;
- du Ministère de l'Environnement et des Forêts (MINEF) qui gère une partie des problèmes environnementaux du secteur.

1.1.2 - LES SOCIETES PARAPUBLIQUES

Six sociétés parapubliques interviennent dans le secteur ; il s'agit de la :

- Société Nationale des Hydrocarbures (SNH) détenue à 100% par l'Etat camerounais ;
- Société Nationale de Raffinage (SONARA) contrôlée à 66% par l'Etat et qui est chargée de gérer une raffinerie ;
- Société Camerounaise de Dépôts Pétroliers (SCDP) contrôlée à 51% par l'Etat et qui est chargée de construire et d'exploiter les dépôts pétroliers ;
- Caisse de Stabilisation des Prix des Hydrocarbures (CSPH) détenue à 100% par l'Etat et dont le rôle est la gestion de la péréquation des prix des produits pétroliers ;
- Société TRADEX détenue à 56% par l'Etat et dont le rôle est d'importer et d'exporter les produits pétroliers ;
- Société HYDRAC détenue à 51% par l'Etat qui a pour rôle de contrôler et d'analyser les hydrocarbures bruts et raffinés.

1.1.3 - LES SOCIETES PRIVEES

Elles sont présentées ci-dessous selon leur secteur de compétence.

A – Exploration-Production

Au 31/12/2003, trois sociétés assuraient la Recherche-Production au Cameroun. Il s'agit de :

- TOTAL E. P, filiale du groupe français Total après absorption des groupes Elf Serepca, et Prétro Fina ;
- PERENCO, filiale du groupe Oil and Gaz International ;
- et PECTEN, filiale du groupe anglo-néerlandais SHELL.

B - Secteur pétrolier aval

Au 31/12/2003, treize sociétés intervenaient dans le secteur pétrolier aval et pouvaient être classées en six catégories :

- les sociétés assurant la distribution de tous les produits pétroliers : TOTAL, MOBIL, TEXACO ;
- les sociétés de distribution exclusive des produits pétroliers liquides : SHELL, FIRST OIL, CAMOCO, PETROLEX ;
- les sociétés de distribution exclusive du GPL : SCTM et CAMGAZ ;
- une société de fabrication des bouteilles de gaz : SCTM ;
- la société CAMSHIP, responsable du transport maritime des produits pétroliers et la société CAMRAIL, responsable du transport ferroviaire desdits produits ;
- les sociétés de contrôle des produits pétroliers : SGS et POLYTECHNICS.

De nombreuses autres sociétés non encore opérationnelles ont été agréées par l'Administration dans le cadre de la libéralisation des activités du secteur pétrolier aval.

1.2 - LES TEXTES REGISSANT LE SECTEUR

1.2.1 - EXPLORATION-PRODUCTION

Le code pétrolier camerounais est constitué par :

- la loi n° 99/013 du 22 décembre 1999 portant Code Pétrolier ;
- le décret n° 2000/485 du 30 juin 2000 fixant les modalités d'application de la loi n° 99/013 du 22 décembre 1999 portant Code Pétrolier ;
- le décret n° 2002/032/PM du 03 janvier 2002 fixant l'assiette et les modalités de recouvrement des droits et redevances superficiaires applicables aux hydrocarbures ;
- le contrat type de concession ;
- le contrat type de partage de production ;
- les décrets d'octroi des Autorisations de Recherche (Permis de Recherche) et des Autorisations d'Exploitation (Concessions d'exploitation).

Toutefois, les sociétés ayant signé des Conventions d'Etablissement et des Contrats d'Association avec la République du Cameroun avant l'avènement du Code Pétrolier de 1999 continuent à bénéficier des avantages liés à leurs Conventions d'Etablissement sauf si elles désirent changer de régime. Les dispositions des textes antérieurs ci-après continuent à être appliquées pour ces sociétés :

- la loi n° 64/LF/3 du 6 avril 1964 portant régime des substances minérales ;
- la loi n° 78/24 du 29 décembre 1978 fixant l'assiette, les taux et mode de recouvrement des droits fixes, redevances et taxes minières ;
- le décret n° 64/DF/162 du 26 mai 1964 fixant les modalités de recherches, d'exploitation et de transport des hydrocarbures liquides ou gazeux ;
- le décret n° 64/DF/163 du 25 mai 1964 fixant les conditions d'application de la loi n° 64/LF/3 du 6

avril 1964 portant régime des substances minérales.

Au cas où les sociétés travaillant dans l'ancien régime désirent bénéficier des avantages du nouveau régime, elles doivent rentrer en négociation avec la République du Cameroun conformément aux dispositions du nouveau Code Pétrolier.

1.2.2 - PETROLE AVAL

De nombreux textes régissent le secteur pétrolier aval ; on y dénombre sept domaines réglementés qui sont : le commerce, l'industrie, l'énergie, l'environnement, les risques industriels, le transport et la fiscalité. Ils vont des textes de loi aux circulaires en passant par les décrets et arrêtés. Pour chacun des domaines ci-dessus cités, les principaux textes en vigueur sont listés dans le tableau III.33 en annexe III.

2 - LA CHAINE PETROLIERE DU CAMEROUN

2.1 - EXPLORATION-PRODUCTION

2.1.1 - LA SNH

La Société Nationale des Hydrocarbures (SNH) est placée sous la tutelle de la Présidence de la République.

Conformément au décret n° 80/086 du 12 mars 1980, la SNH a pour objet :

- de promouvoir la mise en valeur des hydrocarbures au Cameroun ;
- de gérer les intérêts de l'Etat dans ce domaine.

A ce titre, elle est notamment habilitée à :

- conduire toute étude relative aux hydrocarbures ;
- collecter et conserver toute information qui s'y rapporte ;
- suivre l'exécution des contrats d'association passés entre l'Etat et les compagnies pétrolières ;
- assurer la formation professionnelle et le perfectionnement du personnel camerounais ;
- effectuer toutes les opérations commerciales, mobilières et immobilières se rattachant directement ou indirectement à l'objet ci-dessus ;
- accomplir, en rapport avec les ministères chargés des finances, de l'économie et du plan, toutes les opérations financières ;
- en outre, elle assure un suivi et un contrôle permanents de l'application des accords d'association entre l'Etat camerounais et les compagnies pétrolières engagées dans l'exploration et la production des hydrocarbures, et détient 20% du capital social de TOTAL EXPLORATION PRODUCTION et PECTEN CAMEROON (groupe SHELL).

Elle détient également :

- 20% du capital de la Société Nationale de Raffinage (SONARA) au sein de laquelle elle est le chef de file d'une participation globale de l'Etat de 66% ;
- 15% du capital de la Société Camerounaise de Dépôt Pétroliers (SCDP) au sein de laquelle elle est le chef de file d'une participation de l'Etat de 51% ;
- 61,58% de celui de la Société Générale de Travaux Métalliques (GETRAM) au sein de laquelle la participation de l'Etat est de 70% ;
- 51% du capital social de la société HYDRAC, spécialisée dans l'analyse et le contrôle des hydrocarbures ;
- 56% du capital social de la société TRADEX qui exerce dans l'import–export des produits pétroliers.

Compte tenu de ses moyens financiers, elle est aussi chargée du financement des stocks de sécurité en produits pétroliers.

2.1.2 - <u>LES SOCIETES D'EXPLORATION-PRODUCTION</u>

Trois compagnies étrangères assurent la recherche et la production du pétrole brut au Cameroun. Il s'agit de :

- TOTAL EXPLORATION PRODUCTION, filiale du groupe français Total après absorption des groupes Elf Serepca, et Prétro Fina ;
- PERENCO, filiale du groupe Oil and Gaz International ;
- PECTEN, filiale du groupe anglo-néerlandais SHELL.

Commencée en Novembre 1977, toute la production s'opère sur des concessions offshore.

En dehors de ces trois groupes, il existent une multitudes de sociétés sous-traitantes.

2.2 - **SECTEUR PETROLIER AVAL**

La chaîne pétrolière camerounaise comprend un certain nombre d'intervenants qui vont de la fourniture du pétrole brut à la SONARA à la distribution (Marketer) en passant par le stockage (SCDP) et le transport.

2.2.1 - LE RAFFINAGE

A - **Historique**

La Société Nationale de Raffinage (SONARA) fut créée le 7 décembre 1976 et une convention d'établissement avec le Gouvernement a été signée le 11 janvier 1978. Elle est placée sous la tutelle du Ministère du Développement Industriel et Commercial. Sa tutelle technique est assurée par le Ministère des Mines, de l'Eau et de l'Energie.

Son capital social qui est de 17,8 milliards de FCFA est réparti comme suit :

- Actionnaires publics (SNH, CSPH, SNI, MINFIB) : 66% ;
- Actionnaires privés (TOTAL, MOBIL, PECTEN) : 34%.

Entrée en service en 1981, elle a vécu pendant 14 ans dans un régime de monopole SNH d'approvisionnement en pétrole brut aussi bien camerounais qu'étranger ; depuis le 1er juillet 1995, elle s'approvisionne librement sur le marché international en fonction de ses besoins en matières premières.

B - **Quelques données statistiques**

D'une capacité nominale de 2,1 millions de tonnes par an, la raffinerie de Limbé qui est de type hydroskimming représente 6,14% de la capacité de raffinage de la côte Ouest Africaine en 2002 comme le montre le tableau III.34 ci-dessous.

Il faut noter que malgré cette capacité théorique de 2,1 millions de tonnes, la raffinerie n'a fonctionné jusqu'en 2002 que sur une capacité maximale de 1,750 millions de tonnes.

C'est l'adjonction d'équipements additionnels qui a rendu possible le traitement à sa capacité maximale actuelle.

TABLEAU III.34 : PLACE DE LA SONARA DANS LE RAFFINAGE OUEST AFRICAIN EN 2002

PAYS	CAPACITE NOMINALE EN MILLIERS DE TM	POURCENTAGE
ANGOLA	1 950	5,70
CAMEROUN	2 100	6,14
COTE D'IVOIRE	3 260	9,53
GABON	865	2,53
GHANA	2 250	6,58
NIGERIA	21 938	64,12
SENEGAL	1 350	3,95
SIERRA LEONE	500	1,46
TOTAL	**34 213**	**100,00**

SOURCE : IFP / EEIC

En matière de stockage, la raffinerie a doublé ses capacités entre 1981 et 2003, en les portant de 115.715 m^3 à 257.846 m^3 comme l'indique le tableau III.35 ci-après.

TABLEAU III.35 : EVOLUTION DES CAPACITES DE STOCKAGE DE LA SONARA

EN M^3

PRODUITS	1981	1990	2003
SUPER	12 259	12 259	28 166
GASOIL	34 545	34 545	34 545
PETROLE LAMPANT	9 806	9 806	22 953
FUEL OIL 1500	3 461	3 461	3 461
FUEL OIL 3500	53 564	53 564	71 797
DISTILLAT	0	0	86 063
GPL	2 080	4 080	10 860
TOTAL	**115 715**	**117 715**	**257 845**

SOURCE : SONARA / EEIC

La lecture de ce tableau ressort les éléments suivants :

- quatre produits ont vu leurs capacités de stockage augmenter ; il s'agit :
  - du super qui a plus que doublé (multiplié par 2,3),
  - du pétrole lampant dont les capacités sont passées de 9.806 m^3 en 1981 à 22.953 m^3 en 2003 soit une augmentation de 134% en 22 ans,
  - du Fuel 3500 qui a connu une augmentation de ses capacités de 34%,
  - du GPL dont les capacités ont plus que quintuplé, passant de 2.080 m^3 en 1981 à 10.860 m^3 en 2003,
- les capacités du Gasoil et du Fuel 1.500 sont restées stables ;
- la construction des bacs de stockage de distillat a eu lieu pour une capacité de 86.063 m^3.

Le graphique III.38 ci-dessous visualise cette évolution.

GRAPHIQUE III.38 : EVOLUTION DES CAPACITES DE STOCKAGE DE LA SONARA

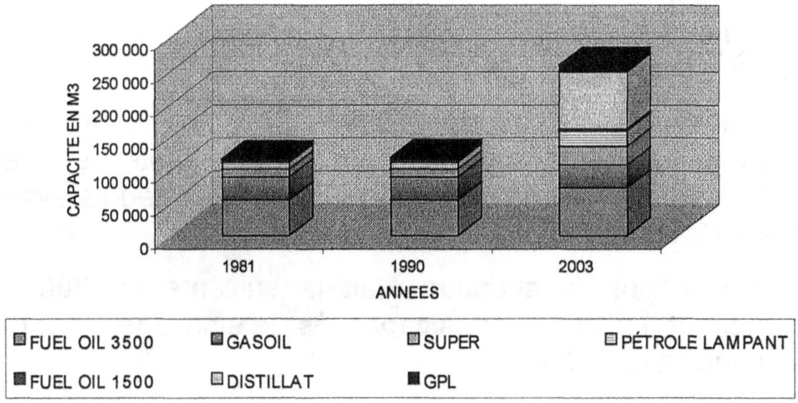

2.2.2 - LE STOCKAGE

A - Evolution des capacités

La SCDP fut créée le 1er juillet 1979 par la mise en commun des capacités de stockage des sociétés pétrolières de distribution de l'époque. Son capital est de 3,5 milliards de FCFA réparti ainsi qu'il suit :

- Actionnaires publics (SNH, CSPH, SNI, MINFIB) : 51% ;
- Actionnaires privés (sociétés pétrolières (GPP) : 49%.

La SCDP a vu ses capacités de stockage passer de 98.970 m^3 à la création à 249.310 m^3 en 2002 comme l'indique le tableau III.36 ci-après et III.37 en annexe III.

TABLEAU III.36 : EVOLUTION DES CAPACITES DE STOCKAGE DE LA SCDP

EN M^3

DEPOT	1979	1990	2002
BONABERI	0	3.000	3 .000
DOUALA	63.155	158.435	126.550
BAFOUSSAM	0	18.820	18.670
YAOUNDE	6.055	57.335	48.500
BELABO	600	6.080	33.250
NGAOUNDERE	4.120	5.540	6.540
GAROUA	22.380	23.740	12.800
MAROUA	0	0	0
TOTAL	**93.310**	**272.950**	**249.310**

SOURCE : SCDP

Il s'avère ainsi que de 1980 à 2002, la capacité de stockage a été multipliée par 2,5 ; toutefois, cet accroissement n'a pas été uniforme, certains dépôts ayant été restructurés (Douala, Yaoundé, Garoua).

Par dépôt, la situation était la suivante en 2002 : Douala détenaitt 51% des capacités de stockage, suivi de Yaoundé avec 19%.

Par zone de stockage, on observe que la Zone 1 détenaitt 59% des capacités de stockage, suivie de la zone 2 avec 33% ; la zone 3 ne disposant que de 8% des capacités totales.

Implantées dans 6 des 10 provinces du Cameroun, les installations de stockage de la SCDP sont réparties par localité et par produit comme l'indique le tableau III.38 ci-après.

TABLEAU III.38 : REPARTITION GEOGRAPHIQUE DES CAPACITES DE STOCKAGE DE LA SCDP EN 2002

EN M^3

DESIGNATION	SUPER	GASOIL	PETROLE	JET AL	FO 1500	GPL	TOTAL	%
BONABERI	0	0	0	0	0	3 000	3 000	1,20
DOUALA	33 500	45 950	25 600	0	21 500	0	126 550	50,76
BAFOUSSAM	9 000	5 000	4 300	0	0	370	18 670	7,49
ZONE 1	**42 500**	**50 950**	**29 900**	**0**	**21 500**	**3 370**	**148 220**	59,45
YAOUNDE	20 100	17 000	9 400	1 000	0	1 000	48 500	19,45
BELABO	1 000	31 000	1 250	0	0	0	33 250	13,34
ZONE 2	**21 100**	**48 000**	**10 650**	**1 000**	**0**	**1 000**	**81 750**	32,79
NGAOUNDERE	1 400	2 140	540	1 400	850	210	6 540	2,62
GAROUA	4 900	5 500	2 400	0	0	0	12 800	5,13
ZONE 3	**6 300**	**7 640**	**2 940**	**1 400**	**850**	**210**	**19 340**	7,76
CUMUL	**69 900**	**106 590**	**43 490**	**2 400**	**22 350**	**4 580**	**249 310**	100,0
%	28,04	42,75	17,44	0,96	8,96	1,84	100,00	

SOURCE : SCDP

Il apparaît que les produits blancs (super, gasoil, pétrole et Jet A1) occupent 74% de la capacité de stockage, les produits noirs (Fuel oil) 9% et les produits gazeux (GPL) 2%.

Le graphique III.39 ci-dessous visualise cette répartition.

GRAPHIQUE III.39 : REPARTITION DES CAPACITES DE STOCKAGE DE LA SCDP PAR PRODUIT EN 2002

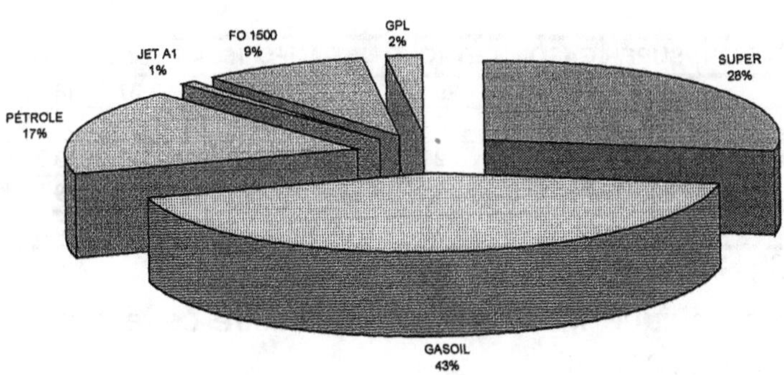

B - **Répartition des dépôts pétroliers par zone de stockage**

Pour des raisons de souplesse dans la gestion des stocks réglementaires, l'ensemble des dépôts pétroliers du Cameroun ont été classés par zone géographique de stockage ; ainsi, le respect du niveau des stocks de sécurité se fait par zone alors que celui des stocks outils se fait par dépôt.

Trois zones de stockage ont ainsi été constituées. Ce sont :

- la zone 1 qui comprend les dépôts de Bonabéri, de Douala et de Bafoussam ; sa capacité de stockage est de 148.220 m^3, représentant 59% des capacités totales de stockage du pays ;
- la zone 2 qui comprend les dépôts de Yaoundé et de Bélabo ; sa capacité de stockage est de 81.750 m^3, représentant 33% des capacités totales de stockage du pays ;
- la zone 3 qui comprend les dépôts de Ngaoundéré, de Garoua et bientôt de Maroua ; sa capacité de stockage au 30/12/2003 était de 19.340 m^3, représentant 8% des capacités totales de stockage du pays.

TABLEAU III.39 : REPARTITION DES DEPOTS PETROLIERS PAR ZONE GEOGRAPHIQUE DE STOCKAGE EN 2003

EN M^3

DESIGNATION	SUPER	GASOIL	PETROLE	JET AL	FO 1500	GPL	TOTAL	%
ZONE 1	42 500	50 950	29 900	-	21 500	3 370	148 220	59,45
ZONE 2	21 100	48 000	10 650	1 000	-	1 000	81 750	32,79
ZONE 3	6 300	7 640	2 940	1 400	850	210	19 340	7,76
CUMUL	**69 900**	**106 590**	**43 490**	**2 400**	**22 350**	**4 580**	**249 310**	100,00
%	28,04	42,75	17,44	0,96	8,96	1,84	100,00	

SOURCE : SCDP/ EEIC

Le graphique III.40 ci-dessous illustre cette répartition par dépôt et produit.

GRAPHIQUE III.40 : REPARTITION DES CAPACITES DE STOCKAGE DE LA SCDP PAR ZONE.

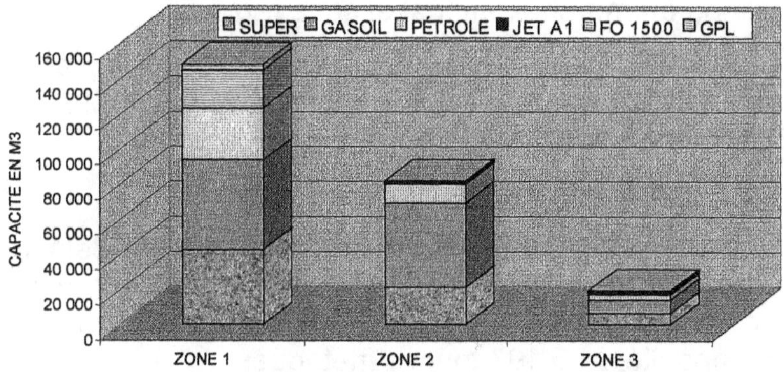

Il faut noter qu'aujourd'hui, le secteur du stockage est libéralisé et que tout opérateur économique peut créer des dépôts, sous réseve d'obtrenir les agréments du MINMEE.

2.3.3 - LE TRANSPORT

A - Structure de transport des produits pétroliers

Au Cameroun, le transport des produits pétroliers s'opère par mer, route et rail.

Au 30/12/2002, la répartition des moyens de transport (tankers, wagons-citernes et camions-citernes) était la suivante :

DESIGNATION	NOMBRE	CAPACITE DE TRANSPORT EN TM
TANKERS	1	10 000
WAGONS-CITERNES	110	6 197
CAMIONS-CITERNES	972	24 300

A.1 - Transport par mer

Par mer, seule la liaison Limbé-Douala est assurée par un caboteur de 10.000 tonnes de poids en lourd.

Cette voie assure le transfert vers les dépôts SCDP de Douala de plus de 80% de la production de la raffinerie destinée au marché national et sous régional.

CAMSHIP a, au mois de juillet 2004, remplacé le CAMETINDE par un tanker nommé CAPE LIMBE, de 15.000 tonnes de poids en lourd.

A.2 - Transport par rail

Le ravitaillement des dépôts de Yaoundé, de Bélabo et de Ngaoundéré s'opère par rail. Le parc de transport ferroviaire est composé de 110 wagons-citernes totalisant une capacité de 6.197 tonnes métriques.

A.3 - Transport par route

Les camions-citernes assurent le transfert inter-dépôt et le ravitaillement des stations-service, des points de vente et des installations privées de mise à la consommation. Sur la base des données disponibles, il existait environ 972 camions-citernes au Cameroun en 2002 répartis comme l'indique le tableau III.40 ci-après.

TABLEAU III.40 : REPARTITION DES CAMIONS-CITERNES PAR TYPE DE PRODUIT TRANSPORTE EN 2002

CAPACITE EN TM

DESIGNATION	CARBURANT	GPL	FUEL OIL	TOTAL
NOMBRE	902	62	8	972
CAPACITE MOYENNE	27	8	10	25
CAPACITE TOTALE	**24.024**	**496**	**80**	**24.600**
%	**97,7**	**2,0**	**0,3**	**100,00**

SOURCE : EEIC

B - Capacité moyenne de transport des produits pétroliers

La capacité moyenne de transport des produits pétroliers au Cameroun en 2002 était de 40.497 TM réparties comme suit :

- MER : 24,7% ;
- RAIL : 15,3% ;
- ROUTE : 60,0%.

Le tableau III.41 ci-dessous présente cette situation.

TABLEAU III.41 : CAPACITE DE TRANSPORT DES PRODUITS EN 2002

EN TM

DESIGNATION	TANKERS	WAGONS CITERNES	CAMIONS CITERNES	TOTAL
NOMBRE	1	110	972	[redacted]
CAPACITE MOYENNE	10 000	56	25	[redacted]
CAPACITE TOTALE	**10 000**	**6 197**	**24 300**	**40 497**
%	**24,7**	**15,3**	**60,0**	**100,0**

SOURCE : EEIC

C - Distance moyenne entre les dépôts pétroliers

Les distances entre les dépôts pétroliers varient de 50 km à 1.230 km.

D - Durée d'une rotation

Par mode de transport, la durée d'une rotation se présente comme suit :

D.1 - Par mer

PARCOURS	DISTANCE EN KM	DUREE MOYENNE D'UNE ROTATION
SONARA–DOUALA	50	56 h

D.2 - Par rail

PARCOURS	DISTANCE EN KM	DUREE MOYENNE D'UNE ROTATION
DOUALA – YAOUNDE	259	3 jours
DOUALA – BELABO	557	7 jours
DOUALA - NGAOUNDERE	884	8 jours

D.3 - Par route

PARCOURS	DISTANCE EN KM	DUREE MOYENNE D'UNE ROTATION
DOUALA –BAFOUSSAM	250	2 jours
SONARA – BAFOUSSAM	326	2 jours
DOUALA - NGAOUNDERE	965	Saison sèche : 6 jours Saison des pluies : 15 jours
DOUALA – GAROUA PAR BANYO	1 230	Saison sèche : 8 jours Saison des pluies : 15 jours
NGAOUNDERE - GAROUA	275	2 jours
NGAOUNDERE - MAROUA	635	4 jours

SOURCE : EEIC

Au regard des données ci-dessus, la durée d'une rotation est doublée en saison des pluies en raison du mauvais état de certains tronçons des routes concernées ; ces délais peuvent également se prolonger pour cause de déraillement.

E - Distance entre dépôts pétroliers et localités desservies

Les distances maximales entre les dépôts pétroliers et les localités desservies varient d'une zone de stockage à une autre. Elle est de 310 km en zone 1 de stockage, 618 km en zone 2 et 470 km en zone 3.

2.2.3 - LA DISTRIBUTION

La distribution des produits pétroliers s'opère au travers :

- des stations-service ;
- des installations privées de mise à la consommation ;
- et des installations gérées par des revendeurs agréés à la vente du gaz domestique ou du pétrole lampant.

A - Répartition géographique des stations–service

Au 30 janvier 2003, le Cameroun comptait 406 stations-service réparties comme l'indique le tableau III.42 en annexe III.

Le graphique III.41 ci-dessous visualise cette situation.

GRAPHIQUE III.41 : REPARTITION DES STATIONS-SERVICE AU 30/01/2003 PAR PROVINCE

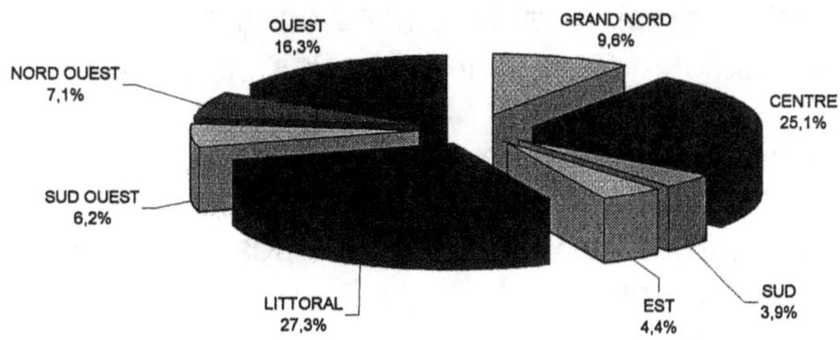

Il ressort de ce tableau que :

- 90% des points de vente des produits pétroliers sont implantés dans la partie méridionale du pays qui abrite 70% de la population contre 10% pour la partie septentrionale où réside 30% de la population ;
- les provinces du Littoral, du Centre et de l'Ouest totalisent à elles seules 68% de stations-service pour 43% de la population ;
- par zone géographique de stockage, il s'avère que la zone 1 qui regroupe les provinces du Littoral, de l'Ouest, du Nord-Ouest et du Sud-Ouest dispose de 56% de stations-service contre 34% pour la zone 2 qui regroupe les provinces du Centre, du Sud et de l'Est. La zone 3 composée des trois provinces septentrionales du pays vient en dernière position avec 10% du nombre total de stations-service.

Du point de vue de l'approvisionnement des populations des zones rurales en produits pétroliers, il importe de relever que :

- 12 des 58 chefs-lieux de département (21%) sont dépourvus de stations-service ; il s'agit de Tignère, Poli, Rey Bouba, Mfou, Ngoumou, Yabassi, Mamfé, Bangem, Batibo, Fundong, Mundemba et Fontem) ;
- près de 60% des stations sont situées dans les chefs-lieux de province (voir le tableau III.43 en annexe III).

B - Répartition des stations-service par marketer

Par marketer (voir le tableau III.42 en annexe III) :

- les filiales des multinationales implantées au Cameroun possèdent 96 % des stations-service ;
- contre 4% aux sociétés nationales apparues sur le marché depuis bientôt 3 ans à la faveur des textes gouvernementaux libéralisant les activités du secteur pétrolier aval.

Par ordre d'importance, les 96% des points de vente appartiennent à :

- TOTAL : 44% ;
- TEXACO : 20% ;
- MOBIL : 17% ;
- et SHELL : 15%.

Le graphique III.42 ci-dessous visualise cette situation.

GRAPHIQUE III.42 : REPARTITION DES STATIONS-SERVICE AU 30/01/2003 PAR MARKETER

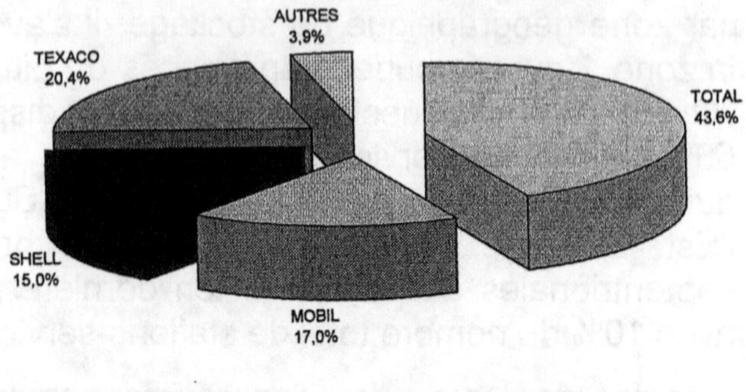

C - Evolution du nombre de stations-service

De 1988 à 2003, le nombre de stations-service est passé de 435 à 406 (voir le tableau III.44 en annexe III), soit une diminution de 29 stations ; cette réduction s'est opérée dans 8 des 10 provinces du pays, les seules provinces ayant connu un accroissement de leur parc étant le Littoral (+8) et le Centre (+5).

Cette évolution à la baisse est la conséquence de la crise économique que connaît le pays depuis 1987/1988 et qui s'est traduite dans le secteur pétrolier aval par une baisse drastique du volume des ventes.

Par province, les plus forts taux de baisse du nombre de stations-service ont été enregistrés dans le Sud (30%), le Sud-Ouest (29%), l'Adamoua (24%), l'Est (22%), le Nord (21%), et l'Ouest (11%).

Si la situation des provinces du Sud et de l'Est peut être essentiellement attribuée aux méfaits de la crise économique, celle des autres provinces (Sud-Ouest, Adamoua et l'Ouest) se justifie certainement plus par le niveau du phénomène des importations frauduleuses qui sévit dans ces provinces.

Par localité, il s'avère que le mouvement général de baisse ne concerne que trois chefs-lieux de province (Maroua : 38%, Ebolowa : 25% et Garoua : 22%). Les 7 autres chefs-lieux de province ont enregistré un accroissement du nombre de leur station-service, les plus grands taux d'accroissement ayant été enregistrés au niveau de Douala et Yaoundé (34% chacun) et de Bertoua (20%).

Finalement l'accroissement dans les plus grandes villes (+19%) s'est opéré au détriment des villes moyennes et des zones rurales qui enregistrent une baisse globale de 29% de leurs installations d'approvisionnement en produits pétroliers.

D - <u>Analyse de quelques indicateurs</u>

Le tableau III.45 en annexe III présente quelques paramètres liés à la distribution des produits pétroliers au Cameroun.

Au regard des données du tableau ci-dessus, il s'avère qu'il existe une correlation positive entre les capacités de stockage, le pourcentage de stations-service et la part de marché de chaque zone de stockage. Mais la prise en compte du poids démographique et de la superficie desservie fait ressortir que la partie septentrionale du pays qui abrite 30% de la population et couvre 35% de la superficie du pays, ne dispose que de 10% des stations-service et de 8% de la capacité de stockage.

Par ailleurs, le tableau III.46 en annexe III montre que :

- les provinces les mieux pourvues en installations de stockage et de distribution des produits pétroliers sont le Littoral (20.014 habitants/station-service), le Centre (25.595 habitants/station-service), le Sud (28.090 habitants/station-service) et l'Ouest (28.537 habitants/station-service) ;
- la province de l'Extrême Nord constitue la zone la moins desservie en installations pétrolières, le ratio d'accès étant de 226.936 habitants/station-service en 2002.

En résumé, il s'avère qu'au 30 janvier 2003 :

- le Cameroun comptait moins de stations-service qu'il y a 15 ans (1988) ;
- la répartition de ces stations n'est pas uniforme sur le territoire national, un déséquilibre existant entre les différentes provinces d'une part et entre les zones urbaines et les zones rurales d'autre part.

Cette situation s'explique principalement par :

- la crise économique que connaît le pays depuis 1987/88 ;
- le jeu de l'offre et de la demande (trafic insuffisant des véhicules) ;
- l'insuffisance ou la mauvaise qualité des routes dans certaines régions du pays ;
- le phénomène des importations frauduleuses des produits pétroliers.

E - **Parc des bouteilles de gaz domestique**

Sur la base des données disponibles collectées auprès des sociétés de distribution, il s'avère que le parc des bouteilles de GPL est passé de 346.987 emballages au 30 juin 1989 à 880.266 bouteilles au 30 juin 2002, soit un taux de croissance moyen de 7,5% par an.

Par type d'emballage, ce parc se répartit comme suit :

- 3 kg : 3% du parc ;
- 6 kg : 8% du parc ;
- 12,5 kg : 87% du parc ;
- Autres : 2% du parc.

Par marketer :

- la société SCTM viendt en tête avec 71% du parc ;
- suivie de CAMGAZ (22%) ;
- les autres distributeurs possédent chacun moins de 5% du parc.

Le tableau III.47 et le graphique III.49 ci-dessous présentent cette situation.

TABLEAU III.47: REPARTITION DU PARC DES BOUTEILLES DE GPL PAR MARKETER AU 31/12/2002

SOCIETE	3 KG	6 KG	12,5 KG	AUTRES	CUMUL	%
SCTM	0	57 700	562 830	535	621 065	70,6
CAMGAZ	27 312	0	161 492	6 430	195 234	22,2
TOTAL	0	13 768	25 628	235	39 631	4,5
TEXACO	0	0	9 290	6 713	16 003	1,8
MOBIL	0	0	8 045	288	8 333	0,9
CUMUL	**27 312**	**71 468**	**767 285**	**14 201**	**880 266**	**100,0**
%	**3,1**	**8,1**	**87,2**	**1,6**	**100,0**	

SOURCE : EEIC

GRAPHIQUE III.43 : REPARTITION DU PARC DES BOUTEILLES DE GPL PAR MARKETER AU 31/12/2002

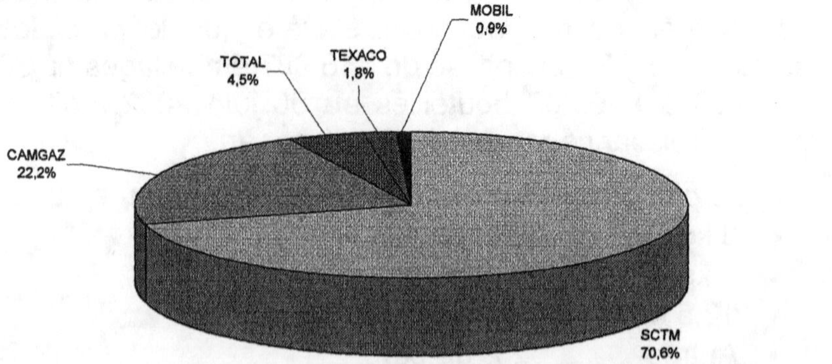

2.2.4 - CONTROLE DE QUALITE

Dans le secteur pétrolier aval, le contrôle de qualité a pour but de s'assurer que les produits et services offerts par les entreprises sont conformes aux normes et spécifications. Ce contrôle porte sur :

- la qualité des produits raffinés ou commercialisés ;
- la qualité des bouteilles de gaz domestique ;
- la fiabilité des instruments de mesures (compteurs, balances, etc.) ;
- la qualité du service rendu aux usagers (affichage des prix, etc.) ;
- la qualité des eaux rejetées dans la nature (protection de l'environnement).

Ces contrôles s'opèrent aussi bien par le producteur que par l'acheteur et en général, par le canal des structures spécialisées.

A - Cadre institutionnel du contrôle

Dans le secteur pétrolier aval, trois types de contrôle sont effectués sur les produits pétroliers ; le contrôle des produits pétroliers qui s'opère en interne au sein de la raffinerie, dans les sociétés de stockage (SCDP) et au sein des sociétés de distribution.

Ce contrôle permet de s'assurer que les produits mis sur le marché ou reçus dans les installations sont conformes aux spécifications. En dehors du contrôle complet réalisé en raffinerie, les autres structures se limitent aux mesures de densité, de la température et à la lecture de la couleur.

En plus de ce contrôle interne, les contrôles externes appelés à certifier la qualité des produits transférés d'un opérateur à un autre sont effectués par les sociétés agréées que sont HYDRAC, SGS et POLYTECHNICS.

Outre les professionnels, l'Administration s'implique également dans le contrôle, particulièrement dans le cadre de la lutte contre la fraude des produits pétroliers ; ces contrôles sont alors effectués de manière inopinée et portent sur :

- le contrôle in situ de la densité et de la couleur ;
- le contrôle en laboratoire des paramètres susceptibles de mettre en évidence les cas de pollution volontaire ou involontaire du super et du gasoil par le pétrole lampant moins cher.

Pour ce 3ème type de contrôle opéré par l'Administration, les interventions ont lieu aussi bien dans les dépôts pétroliers, les stations-service que dans les domiciles des tiers et impliquent plusieurs administrations à savoir le MINMEE, le MINFIB, le MINDEF et le MINATD.

Concernant les laboratoires, le Cameroun en dispose 11 de différents calibres.

Parmi ces laboratoires, le mieux équipé est celui de la raffinerie de Limbé (SONARA) ; viennent ensuite ceux des sociétés agréées au contrôle et enfin ceux des sociétés de stockage.

B - <u>Bases juridiques et réglementaires du contrôle</u>

Le contrôle de qualité est régi par les textes suivants :

- le décret n° 95/135/PM du 03 mars 1995 modifiant certaines dispositions du décret n° 77/528 du 23 décembre 1977 portant réglementation du stockage et de la distribution des produits pétroliers ;

- l'arrêté n° 016/MINMEE du 13 juillet 1995 fixant les modalités et la procédure de contrôle des produits pétroliers.

C - **Bilan et perspectives du contrôle**

Si les contrôles opérés par les professionnels restent irréprochables jusqu'à preuve de contraire, il n'en demeure pas moins vrai que la lutte contre la fraude qui incombe à l'administration reste à rationaliser et à pérenniser, les interventions sporadiques ayant démontré leurs limites.

2.2.5 - LA REGULATION DES PRIX

La Caisse de Stabilisation des Prix des Hydrocarbures (CSPH) est un établissement public, à caractère commercial, doté de la personnalité civile et de l'autonomie financière, créé par décret n° 74/4/458 du 10 mai 1974.

La CSPH a connu plusieurs étapes dans son évolution :

- d'abord simple organisme chargé de la régulation des prix, elle a ensuite évolué vers un comité de gestion ;
- par décret n° 98/165 du 26 août 1998, la CSPH est devenue une société dotée d'une personnalité juridique avec un conseil d'administration.

La CSPH a pour mission :

- la régulation des prix des produits pétroliers par la prise en charge totale ou partielle des augmentations des prix de ces produits ;
- l'intervention dans toutes les opérations de nature à stabiliser le prix des hydrocarbures par une prise de participation dans les secteurs :
  - de la Recherche et de l'exploitation des hydrocarbures,

- du Raffinage,
- de la Distribution.

A cet effet, la CSPH utilise deux techniques (la Stabilisation et la Péréquation) qui lui permettent de remplir au mieux sa mission. Plus précisément, la CSPH procède à :

- la régulation des prix des produits pétroliers entre les divers intervenants du circuit de distribution ;
- la prise en charge totale ou partielle des augmentations des prix des carburants ;
- des interventions dans toutes les opérations de nature à stabiliser le prix de carburants (Recherche et exploitation des hydrocarbures, Raffinage et Distribution, etc.).

La CSPH est actionnaire de la SONARA (19% du capital social) et de la SCDP (15% du capital).

La Caisse de Stabilisation des Prix des Hydrocarbures est essentiellement alimentée par des prélèvements opérés sur les hydrocarbures distribués sur le territoire national ou exportés. Ce prélèvement se fait par le biais de la péréquation et de la stabilisation. Elle peut aussi recevoir d'autres ressources provenant des dividendes des structures où elle détient des participations.

Par ailleurs, dans le cadre de ses attributions statutaires, la CSPH a étudié et mis en œuvre un programme de création de stations-service en zone rurale (Essé, Lolodorf par exemple) et financé le projet de création d'un dépôt gazier à Maroua dans l'Extrême-Nord du pays.

Enfin, à la demande des autorités, elle a contribué à la réalisation de quelques unités industrielles (SODECOTON notamment), hôtelières (l'Hôtel SAWA, le HILTON Hôtel et la Société Hôtelière du Nord Cameroun comprenant le TRANSCAM, la BENOUE Hôtel et le MIZAO) ou sociales (par exemple, les marchés du Mfoundi et de Mokolo et d'autres voiries urbaines de la ville de Yaoundé).

2.2.6 - INSTALLATION ET CONDITIONNEMENT DE LUBIRFIANTS ET DE BITUME

Bien que certaines activités du secteur pétrolier aval ne soient pas encore reglémentées, les sociétés qui y opèrent méritent d'être mentionnées. Il s'agit :

- des sociétés de gestion des déchets d'hydrocarbures telles que la SOTRADHY ;
- d'une société de production de lubrifiants (SCFEL) ;
- d'une société de gestion des bitumes (SCBCB).

A - Installations et conditionnement des lubrifiants

Ces installations appartiennent à la Société Camerounaise Equatoriale de Fabrication de Lubrifiants (SCEFL).

Elles comprennent :

- une usine de fabrication située à Bassa-Douala et ayant une surface bâtie de 3.000 m^2 ;
- un dépôt de stockage d'une capacité de 8.510 m^3 situé à Douala.

L'ensemble des matières premières nécessaires au fonctionnement de l'usine sont importées, les produits conditionnés étant ensuite distribués dans tous les pays de la CEMAC.

B - Installations de conditionnement des bitumes

Ces installations appartiennent à la société des Bitumes et de Cut-Back du Cameroun (SCBCB). Elles comprennent deux usines de fabrication installées à Bonabéri et à Ngaoundéré. Ces usines ont des capacités de stockage de 6.610 m^3 réparties comme suit :

- Bonabéri : 5.440 m^3 ;
- Ngaoundéré : 1.170 m^3.

Les capacités de transport de la SCBCB comprennent :

- 6 wagons-citernes de 35 TM ;
- 8 citernes sur skid de 26 TM.

3 - RESERVE ET PRODUCTION DE PETROLE BRUT

3.1 - LE DOMAINE MINIER

On distingue au Cameroun deux types de bassins sédimentaires répartis du Nord au Sud à savoir :

- deux bassins côtiers d'une superficie totale de 26.000 km². Ce sont :
  - le bassin du Rio Del Rey (7.000 km²),
  - et le bassin de Douala/Kribi-Campo (19.000 km²) ;
- quatre bassins intracratoniques d'une superficie totale de 35.000 km². Ce sont :
  - le bassin du Logone Birni (27.000 km²),
  - le bassin de la Bénoué (5.000 km²),
  - le bassin de Mamfé (3.000 km²),
  - et le bassin du Dja (320 km²).

Le domaine minier camerounais couvre une surface (zones sédimentaires) d'environ 65.000 km² dont 35.000 km² de zones prospectives réparties à la fois dans les bassins du Rio Del Rey et de Douala/Kribi-Campo au Sud et les bassins de Garoua et du Logone-Birni au Nord.

Au 1er mai 2004, le domaine minier camerounais comportait 11 Permis de Recherches (voir le tableau III.48 en annexe III) et 12 Concessions d'exploitation détaillées au tableau III.49 en annexe III.

3.2 - ETAT DES RESERVES

En fin 2002, les réserves restantes prouvées de pétrole brut du Cameroun s'élèvaient à 1.301 millions de barils réparties de la manière suivante entre les opérateurs :

- TOTAL E & P 972,0 MBLS ;
- PECTEN CAMEROON 255,8 MBLS ;
- PERENCO 73,2 MBLS.

Compte tenu de la production de l'exercice 2003, les réserves restantes s'élèveraient à environ 1.265,4 millions de barils.

3.3 - LA PRODUCTION

De 295.900 tonnes en 1977/1978, la production camerounaise de pétrole brut est passée à 8.942.556 tonnes en 1985/1986 pour ensuite amorcer une baisse et atteindre 5.278.898 tonnes en 2002/2003.

Le tableau III.50 en annexe III et le graphique III.50 ci-dessous visualisent cette situation.

GRAPHIQUE III.44 : EVOLUTION DE LA PRODUCTION DE PETROLE BRUT

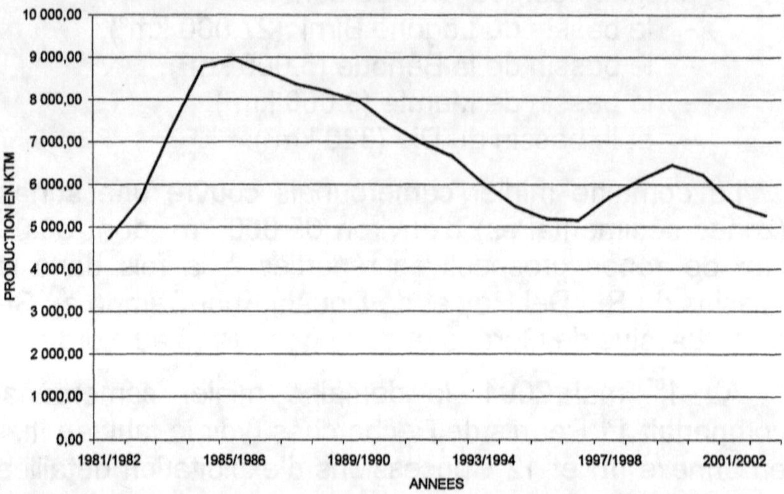

La production du pétrole brut de l'année 2003 s'est élevée à 35.612.863,5 barils répartis de la manière suivante entre le Cameroun et ses partenaires étrangers :

- CAMEROUN : 22.748.038,7 barils, soit 63,88% ;
- Partenaires étrangers : 12.864.824,8 barils, soit 36,12 %.

Cette production est répartie entre les partenaires étrangers comme suit :

- TOTAL E & P : 24.576.808,5 barils, (soit 69,0%) ;

- PECTEN CAMEROON : 7.471.480 barils, (soit 20,7%) ;
- PERENCO CAMEROON : 3.564.575 barils, (soit 10,3%).

Les prévisions de production totale de pétrole brut pour les trois prochaines années sont les suivantes :

- Prévisions 2004 : 32.917.000 barils ;
- Prévisions 2005 : 27.819.000 barils ;
- Prévisions 2006 : 22.870.000 barils.

4 - LA PRODUCTION DES PRODUITS PETROLIERS

En 2001/2002, la production nationale de produits pétroliers était de 1.453.066 TM, dont 894.962 TM destinées au marché national. La structure de cette offre se présentait comme suit :

- Super : 233.423 TM ;
- Gasoil : 394.522 TM ;
- Kérosène : 199.765 TM ;
- Fuel oil 1500 : 49.098 TM ;
- Fuel oil 3500 : 656 TM ;
- GPL : 17.498 TM.

De même, en 2001/2002, la répartition de la production par la SONARA était la suivante :

PRODUIT	PRODUCTION EN TM	RENDEMENT
BUTANE	26.080	2 %
ESSENCE	311.570	20%
KEROSENE	310.698	20%
GASOIL	432.157	28%
FO 1500	47.031	3%
FO 3500 (0,3)	133.493	9%
FO 3500 (0,7)	192.037	13%
TOTAL	**1.453.066**	**95%**
PERTES & COMBUSTIBLES	72.716	5%
TRAITEMENT DE BRUT	1.525.782	100%

SOURCE : SONARA / EEIC

Au regard du bilan matière de la SONARA, 1.525.782 TM de brut ont été traités en 2001/2002 par cette raffinerie d'une capacité nominale de 2.100.000 de TM, soit un taux de charge de 73%.

La production est constituée à 95% de produits finis et à 5% de pertes et combustibles.

Les produits blancs constitués de l'essence, du kérosène et du gasoil représentent 68% de la production ; les produits noirs constitués de Fuel oil 1500 et 3500 représentent 25% de la production et le gaz domestique 2%.

Le tableau III.51 en annexe III et le graphique III.45 ci-dessous présentent cette situation.

GRAPHIQUE III.45 : EVOLUTION DE LA PRODUCTION DE PRODUITS PETROLIERS PAR LA SONARA

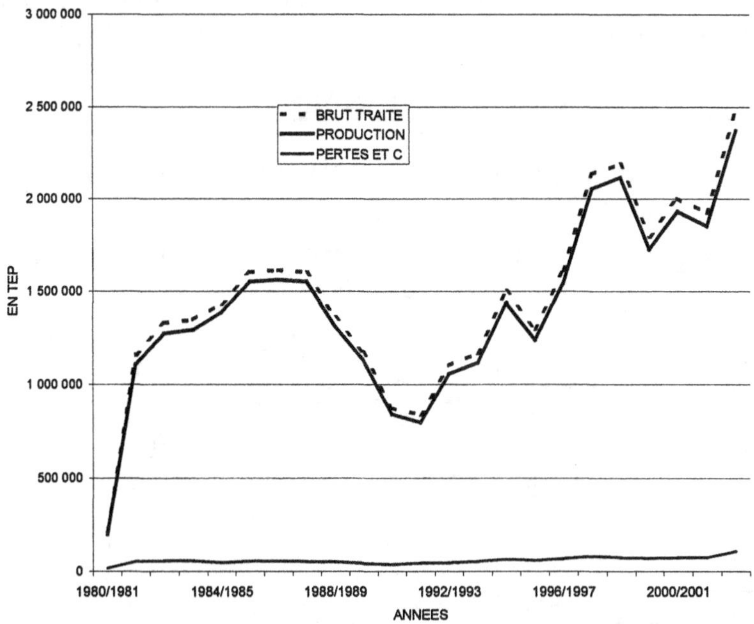

Le tableau III.52 en annexe III présente l'évolution des bilans matières de la SONARA.

5 – LES APPROVISIONNEMENTS

Le Cameroun est approvisionné en produits pétroliers par la raffinerie nationale et par les importations. En 2001/2002, la structure de l'offre était la suivante :

- Raffinerie nationale : 894.962 TM, soit 92,83% ;
- Importations : 63.079 TM, soit 7,17% ;
- Total : 964.041 TM.

A ces chiffres, il faut ajouter les importations frauduleuses estimées à 250.186 TM en 2001/2002.

5.1 - LA PRODUCTION NATIONALE

Le tableau III.53 ci-dessous présente l'offre de produits pétroliers de la SONARA en 2001/2002.

TABLEAU III.53 : OFFRE DE PRODUITS PETROLIERS SONARA EN 2001/2002

EN TM

PRODUIT	STOCK DEBUT	PRODUC-TION	IMPORT SONARA	TOTAL	%
BUTANE	434	26.080	0	26.514	1,74
ESSENCE	13.730	311.570	0	325.300	21,34
GASOIL	6.643	432.157	28.177	466.977	30,64
AVGAZ 100 LL	0	0	0	0	0,00
KEROSENE	7.273	310.698	0	317.971	20,86
FO 1500	3.382	47.031	0	50.413	3,31
FO 3500 (0,3)	2.848	133.493	0	36.341	8,95
FO 3500 (0,7)	8.519	192.037	0	200.556	13,16
TOTAL	**42.829**	**1.453.066**	**28 177**	**1.524.072**	**100,00**
%	2,81	95,34	1,85	100,00	

SOURCE : EEIC

5.2 - LES IMPORTATIONS

Les importations légales de produits pétroliers en 2001/2002 (considérées comme un différentiel entre les quantités mises à la consommation par la SCDP et SCTM d'une part et les quantités affectées au marché national par SONARA d'autre part), sont estimées à 63.880 TM réparties comme suit.:

- Super : 26.827 TM ;
- Gasoil : 0 TM ;
- Avgaz 100 LL : 801 TM ;
- Kérosène : 4.204 TM ;
- Fuel oil 1500 : 14.971 TM ;
- Fuel oil 3500 : 0 TM ;
- GPL : 17.077 TM.

Ces importations s'opèrent par appels d'offres lancés sur la base d'un programme préalablement établi et correspondant au maximum à 20% du marché intérieur des produits pétroliers. Le processus est contrôlé par un Comité interministériel créé auprès de la CSPH.

En dehors de ces importations officielles, il importe de relever qu'une partie du marché national est approvisionnée par des importations illégales en provenance du Nigeria. Les professionnels du secteur estiment que ce phénomène représente 30% des quantités mises en consommation par la SCDP. Sur cette base, les quantités concernées ont été estimées à 228.715 TM réparties comme suit :

- Super : 78.075 TM ;
- Gasoil : 110.920 TM ;
- Kérosène : 39.720 TM.

Toutefois, il ne sera pas tenu compte de ces importations frauduleuses dans la suite de l'analyse, compte tenu de leur caractère non maîtrisable.

5.3 - LES EXPORTATIONS

En 2001/2002, la SONARA a commercialisé 1.441.221 TM de produits pétroliers dont 38% (546.259 TM) à l'exportation ; par destination, ces exportations se répartissent comme suit :

- CEMAC : 81.567 TM, soit 15% ;
- HORS CEMAC : 446.963 TM, soit 82% ;

- SOUTES MARITIMES : 17.398 TM, soit 3%.

Il est à noter que ces chiffres ne tiennent pas compte des statistiques TRADEX d'import et d'export au profit des pays de la sous région.

Le tableau III.54 ci-dessous présente la répartition des exportations des produits pétroliers en 2001/2002.

TABLEAU III.54 : REPARTITION DES EXPORTATIONS DES PRODUITS PETROLIERS EN 2001/2002

EN TM

PRODUIT	EXPORT CEMAC A TRAVERS SCDP	EXPORT HORS CEMAC MARITIME	SOUTAGE MARITIME PAR SONARA	EXPORT CEMAC PCCC	TOTAL EXPORT = A
BUTANE	8723	0	0	48	8 771
ESSENCE	26 394	54 113	0	1 928	82 435
GASOIL	901	33 286	17 639	10 675	62 501
AVGAZ 100 LL	0	0	0	0	0
KEROSENE	28 241	70 909	0	4 677	103 827
FO 1500	0	0	0	70	70
FO 3500 (0,3)	0	88 230	0	0	88 230
FO 3500 (0,7)	0	200 425	0	0	200 425
TOTAL	**64 259**	**446 963**	**17 639**	**17 398**	**546 259**
%	11,8	81,8	3,2	3,2	100,0

SOURCE : EEIC

NB : POUR L'AVGAZ 100 LL, LES MISES A LA CONSOMMATION CORRESPONDENT AUX DECLARATIONS DU GPP.

5.4 - CONSOMMATION NATIONALE

5.4.1 - ESTIMATION DE LA CONSOMMATION

La consommation nationale des produits pétroliers se définit comme étant le volume des produits pétroliers vendus au Cameroun pour la consommation locale.

Ainsi, elle est composée :

- des mises à la consommation opérées par la SCDP ;
- des ventes de GPL par SCTM ;
- et des ventes directes opérées par la SONARA à certains opérateurs agréés tels que AES SONEL.

En 2001/2002, la consommation nationale des produits pétroliers était estimée à 934.256 TM et répartie comme suit :

- Mises en consommation par SCDP : 918.339 TM ;
- Ventes de GPL par SCTM : 15.059 TM ;
- Ventes directes SONARA : 656 TM.

Le tableau III.55 en annexe III présente la consommation par produit.

5.4.2 - REPARTITION GEOGRAPHIQUE DE LA CONSOMMATION NATIONALE

La répartition géographique de la consommation nationale des produits pétroliers en tonnes métriques se présente comme l'indique le tableau III.56 en annexe III.

Le tableau III.57 en annexe III présente cette répartition géographique en TEP.

Le graphique III.46 ci-dessous visualise cette répartition.

GRAPHIQUE III.46 : REPARTITION DE LA CONSOMMATION DES PRODUITS PETROLIERS EN 2001/2002 PAR ZONE DE STOCKAGE

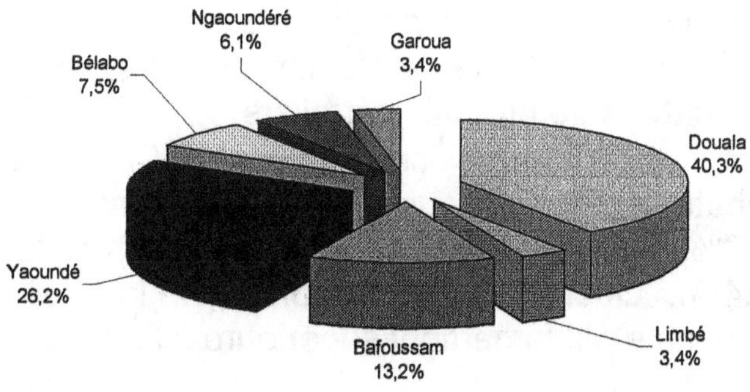

Il ressort de ce tableau que les carburants automobile (super et gasoil) représentent 70% des produits pétroliers consommés au Cameroun ; le fuel oil : 5%, le Jet A1 : 6%, le pétrole lampant : 15% et le GPL : 3%.

Par zone de stockage, la consommation nationale des produits en 2001/2002 se présente comme suit :

- la zone 1 qui regroupe les provinces du Littoral, de l'Ouest, du Nord-Ouest et du Sud-Ouest absorbe 55,8% des produits pétroliers consommés au Cameroun ;
- la zone 2 qui regroupe les provinces du Centre, du Sud et de l'Est, vient en 2ème position avec 34,6% du marché des produits pétroliers ;
- la zone 3 qui regroupe les 3 provinces septentrionales du Cameroun, occupe la dernière place avec 9,5% des produits pétroliers consommés.

5.5 - TAUX DE DEPENDANCE EN PETROLE

Sur la base des accords entre le Cameroun et les institutions financières internationales, une proportion de 20% de la consommation nationale des produits pétroliers doit être importée même si la raffinerie est en mesure de satisfaire l'ensemble de la demande actuelle.

Si tel n'était pas le cas, le calcul du taux de dépendance, défini par la formule : T_d = (Importation-Exportation) / Consommation nationale montre que :

- de manière globale, le Cameroun est excédentaire en matière de produits pétroliers ;
- par produit, l'approvisionnement du Cameroun est tributaire de l'extérieur en ce qui concerne le Super (+7%), le gasoil (8%), l'Avgaz (100%) et le GPL (24%). Quant aux autres produits, la production nationale est largement supérieure à la demande.

Le tableau III.58 en annexe III et le graphique III.47 ci-dessous présentent cette situation.

GRAPHIQUE III.47 : EVOLUTION DU TAUX D'INDEPENDANCE EN PETROLE

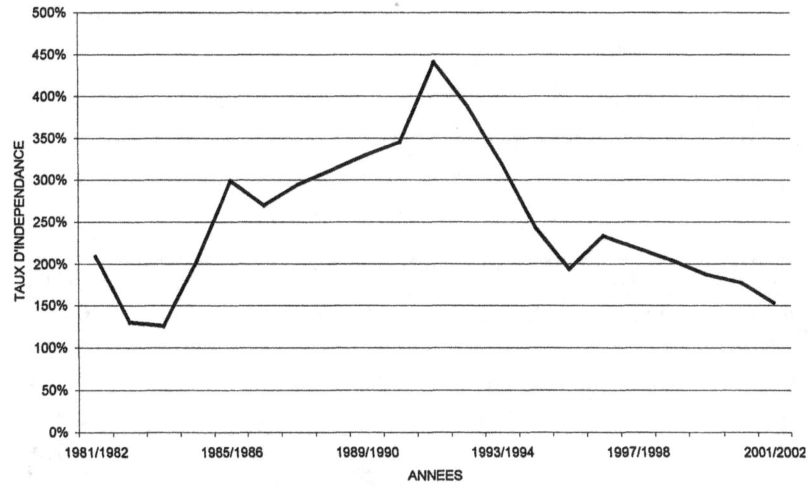

5.6 - STRUCTURE DU MARCHE NATIONAL

En se référant aux statistiques obtenues auprès des professionnels du secteur pétrolier aval, il s'avère que le marché national des produits pétroliers a été de 932.056 TM en 2001/2002 réparti comme suit :

- Ventes sur réseau : 54,45% ;
- Revendeurs agréés : 03,38% ;
- Ventes aux consommateurs : 42,17%.

Le tableau III.59 en annexe III et le graphique III.48 ci-dessous présentent cette structure.

GRAPHIQUE III.48 : STRUCTURE DU MARCHE DES PRODUITS PETROLIERS EN 2001/2002

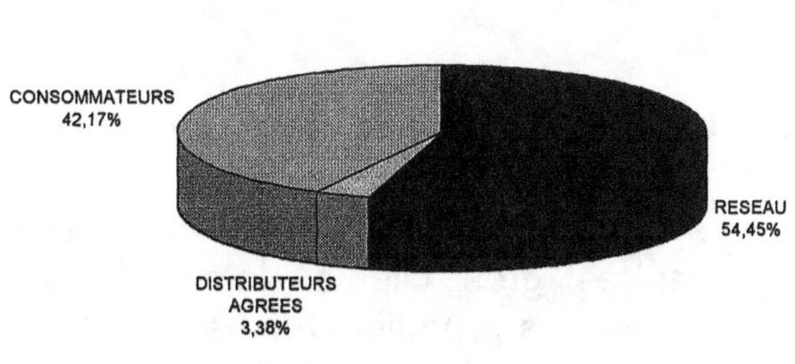

5.6.1 - VENTES SUR RESEAU

Les ventes sur réseau concernent les ventes en stations-service.

Le tableau III.60. ci-dessous présente la répartition des ventes sur réseau par marketer.

TABLEAU III.60 : REPARTITION PAR MARKETER DES VENTES SUR RESEAU EN 2001/2002

EN TM

PRODUIT	TOTAL	MOBIL	SHELL	TEXACO	FIRST O	CUMUL	%
SUPER	111 037	43 215	43 161	48 782	22	246 217	49
PETROLE	50 676	14 256	21 662	17 596	1 027	105 217	21
GASOIL	69 176	26 461	24 180	29 269	30	149 115	29
GPL	4 794	1 059	-	1 103	-	6 955	1
TOTAL G.	**235 682**	**84 992**	**89 003**	**96 749**	**1 078**	**507 504**	**100**
%	**46,4**	**16,7**	**17,5**	**19,1**	**0,2**	**100**	

SOURCE : GPP / EEIC

Le graphique III.49 ci-dessous visualise cette répartition.

GRAPHIQUE III.49 : REPARTITION PAR MARKETER DES VENTES SUR RESEAU EN 2001/2002

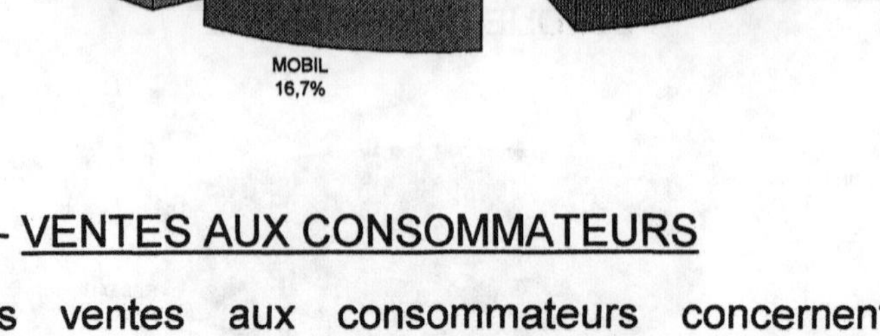

5.6.2 - VENTES AUX CONSOMMATEURS

Les ventes aux consommateurs concernent les industriels et autres gros clients dotés d'installations privées de stockage des produits pétroliers. Cette activité est dominée par TOTAL et MOBIL qui disposent respectivement de 37% et 24% dudit marché. Viennent ensuite SHELL avec 16% et TEXACO avec 15%. Les autres sociétés occupent une position marginale avec 8% du marché.

5.6.3 - DISTRIBUTEURS AGREES

En dehors des ventes sur réseau et des ventes aux consommateurs industriels, il existe un troisième segment du marché constitué de distributeurs indépendants agréés par les sociétés pétrolières.

Ces opérateurs gèrent 3% du marché constitué essentiellement de gaz domestique et de pétrole lampant.

5.6.4 - PART DE MARCHE DE CHAQUE MARKETER

Par marketer, le marché se répartit en 2001/2002 comme l'indique le tableau III.61 en annexe III.

Le graphique III.50 ci-dessous visualise cette répartition.

GRAPHIQUE III.50 : PART DU MARCHE PAR MARKETER EN 2001/2002

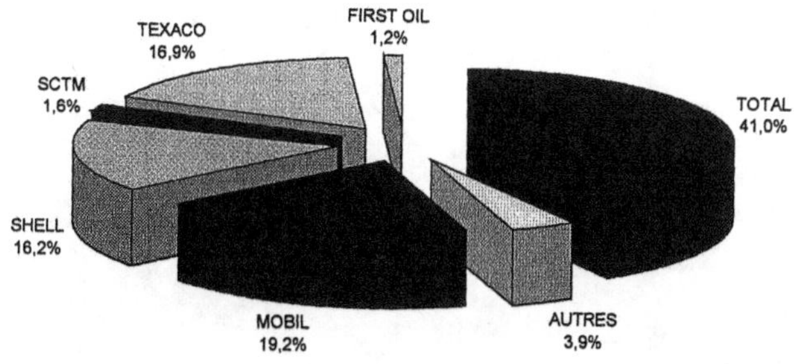

Du tableau III.61 donc, il s'avère que le marché des produits pétroliers reste dominé par les filiales des multinationales opérant au Cameroun, leur classement par ordre d'importance décroissante étant le suivant : TOTAL (42% du marché) : MOBIL (19%), TEXACO et SHELL (17% chacun).

Toutes les autres sociétés agréées qui sont déjà en activité (FIRST-OIL, CAMOCO et PETROLEX) n'occupent que 4% du marché.

Une comparaison entre les parts de marché et le pourcentage de stations-service détenues montre que pour 3 des 4 filiales de multinationales implantées au Cameroun, les parts de marchés sont fonction du nombre de stations gérées.

6 - EVOLUTION DU MARCHE NATIONAL

Le marché national des produits pétroliers énergétiques (hors lubrifiants et bitumes) est passé de 341.058 tonnes métriques en 1975/1976 à 946.795 TM en 2002/2003, soit un taux annuel moyen de croissance de 3,85% (voir les tableaux III.62 et III.63 en annexe III).

Cette consommation est passée par trois étapes comme l'indique le graphique III.51 ci-dessous.

GRAPHIQUE III.51 : EVOLUTION DE LA CONSOMMATION GLOBALE DES PRODUITS PETROLIERS DE 1975/1976 A 2002/2003

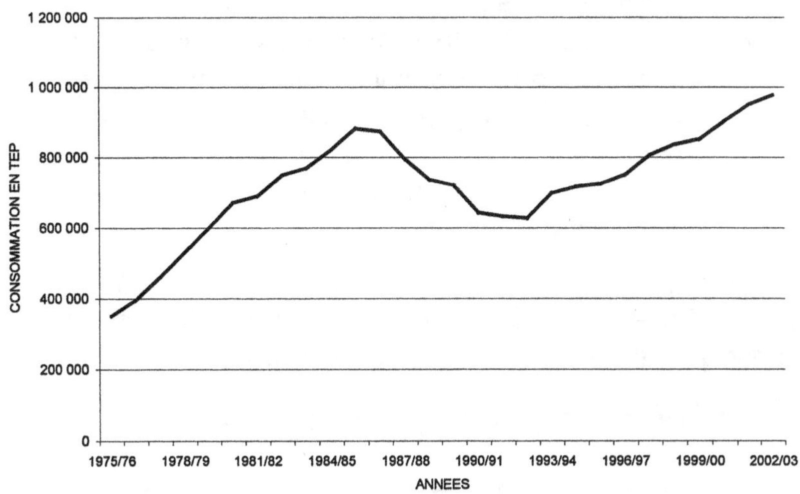

6.1 - PERIODE DE 1975/1976 A 1985/1986

Pendant cette période, la consommation des produits pétroliers est en croissance soutenue, passant de 341.058 TM en 1975/1976 à 842.889 TM en 1985/1986, soit un taux moyen de croissance de 9,46% par an. Cette évolution s'explique par une croissance économique importante, des programmes de grands travaux, la mise en service d'une raffinerie au Cameroun.

6.2 - PERIODE DE 1986/1987 A 1992/1993

Cette période se caractérise par un effondrement des ventes des produits pétroliers, le niveau en 1992/1993 étant même inférieur à celui de 1980/1981.

Les ventes passent en effet de 766.134 TM en 1986/1987 à 603.747 TM en 1992/1993, soit une baisse cumulée de 32,7% en 7 ans.

Cette situation est la conséquence de :

- la crise économique que traverse le pays avec l'arrêt des grands travaux publics et la fermeture des entreprises ;
- la restructuration des entreprises de l'Etat ;
- la maîtrise des dépenses publiques exécutées en application du programme d'ajustement structurel ;
- l'instauration d'une taxe spéciale sur les produits pétroliers, qui a eu pour conséquence de renchérir le prix des carburants.

Aux causes suscitées, s'est ajouté le phénomène des importations frauduleuses de produits pétroliers, conséquence de l'augmentation des prix.

6.3 - PERIODE DE 1993/1994 A NOS JOURS

Au cours de cette période, la consommation des produits pétroliers est en croissance moyenne de 3,5% par an, reflet d'un début de redressement de l'économie nationale.

La consommation a évolué comme suit par produit :

- la consommation de l'essence super, utilisé essentiellement pour le transport routier, est passée de 62.563 TM en 1975/1976 à 259.743 TM en 1987/1988, année de retournement de tendance de l'économie. Ensuite, cette consommation a baissé jusqu'à 184.884 TM en 1990/1991, avant de reprendre le chemin d'une lente croissance ; avec une consommation de 262.808 TM en 2002/2003, le taux annuel moyen de croissance sur cette période de 27 ans est 5;46% ;

- pour le gasoil utilisé pour le transport de marchandises, la consommation a suivi la même tendance, passant de 127.914 TM en 1975/1976 à 386.814 TM en 2002/2003, après une période de baisse entre 1985/1986 et 1992/1993. Le taux moyen annuel de croissance de la consommation de ce produit sur 27 ans est de 4,18% ;
- pour le fuel oil 1500 consommé exclusivement par le secteur industriel, la consommation est passée de 43.099 TM en 1975/1976 à 55.390 TM en 2002/2003, après avoir culminé à 65.566 TM en 1985/1986. Le taux annuel moyen de croissance de la consommation de ce produit sur 27 ans est de 1,56%.

Le graphique III.52 ci-après visualise l'évolution de la consommation de ces trois produits pétroliers.

GRAPHIQUE III.52 : EVOLUTION DE LA CONSOMMATION DE QUELQUES PRODUITS PETROLIERS DE 1975/1976 A 2002/2003

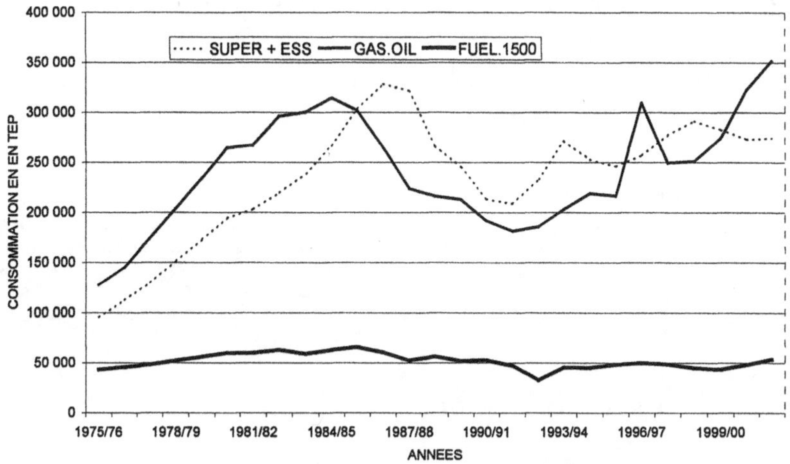

Concernant le pétrole lampant utilisé par les ménages pour la cuisson des repas et l'éclairage, sa consommation est passée de 17.434 TM en 1975/1976 à 135.096 TM en

2002/2003, soit une augmentation de 7,88% par an, largement supérieure au taux de croissance démographique qui est de 3% par an.

Enfin, la consommation du gaz domestique est passée de 2.804 TM en 1975/1976, à 35.792 TM en 2002/2003, enregistrant le plus grand taux de croissance qui est de 9,89%. Il importe de relever qu'au Sénégal qui est un pays plus pauvre et moins peuplé que le Cameroun, la consommation nationale du gaz est supérieure à 100.000 TM par an.

Le graphique III.53 ci-après visualise l'évolution de la consommation du GPL.

GRAPHIQUE III.53 : EVOLUTION DE LA CONSOMMATION DU GPL DE 1975/1976 A 2002/2003

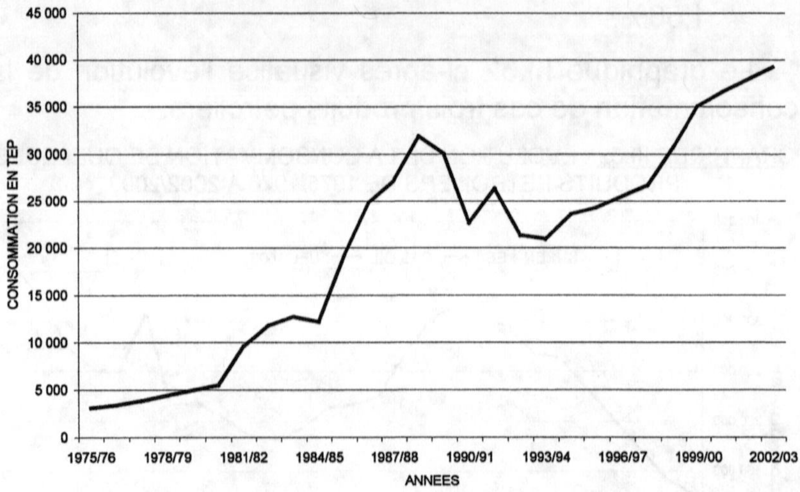

7 – LES USAGES DES PRODUITS PETROLIERS

En 2001/2002 les usages des produits pétroliers au Cameroun sont dominés par les transports (57,43%), suivis des usages domestiques et artisanaux 27,71% et industriels (12,85%).

Le tableau III.64 en annexe III et le graphique III.54 ci-dessous illustrent cette situation.

GRAPHIQUE III.54 : PART DE LA CONSOMMATION DES PRODUITS PETROLIERS PAR USAGE

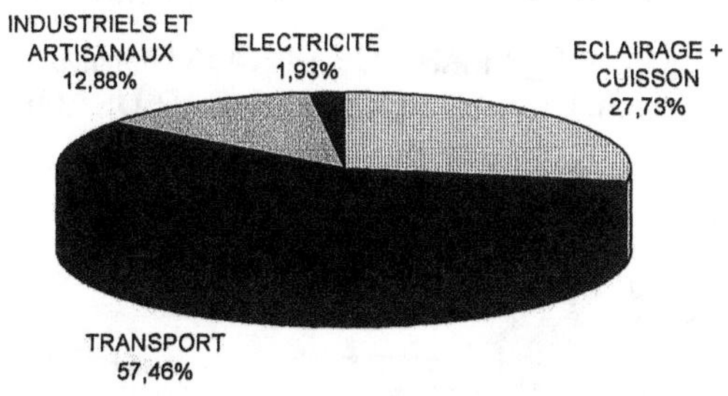

On constate que cette structure a évolué avec le temps :

- les usages de transport ont crû à un rythme annuel moyen de 1,58% passant de 398 KTEP en 1981/1982 à 545 KTEP en 2001/2002 ; ce taux de croissance faible en comparaison au taux moyen annuel du parc automobile national (3,79%) ressort bien le phénomène d'importation frauduleuse de carburant (super et gasoil) consommé par les véhicules et qui n'est pas comptabilisé ;
- les usages domestiques et artisanaux sont passés de 173 KTEP en 1981/1982 à 263 KTEP en 2001/2002 traduisant ainsi un taux de croissance moyen de 2,12%/an.
- les consommations pour les besoins industriels spécifiques ont augmenté à un rythme annuel moyen de 1,47% (13,22% de la consommation)

passant de 91 KTEP en 1981/1982 à 122 KTEP en 2001/2002 ;

- enfin la consommation aux fins de production énergétique a régressé, traduisant ainsi le déclassement des autres thermiques par AES SONEL après la mise en exploitation des barrages de SONG LOU-LOU et de LAGDO ; la légère remontée observée en 2001/2002 est surtout le fait des producteurs autonomes et le recours aux moyens thermiques par AES SONEL pour faire face au déficit de production.

Le graphique III.55 ci-dessous visualise cette évolution.

GRAPHIQUE III.55 : PART DE LA CONSOMMATION DES PRODUITS PETROLIERS PAR USAGE

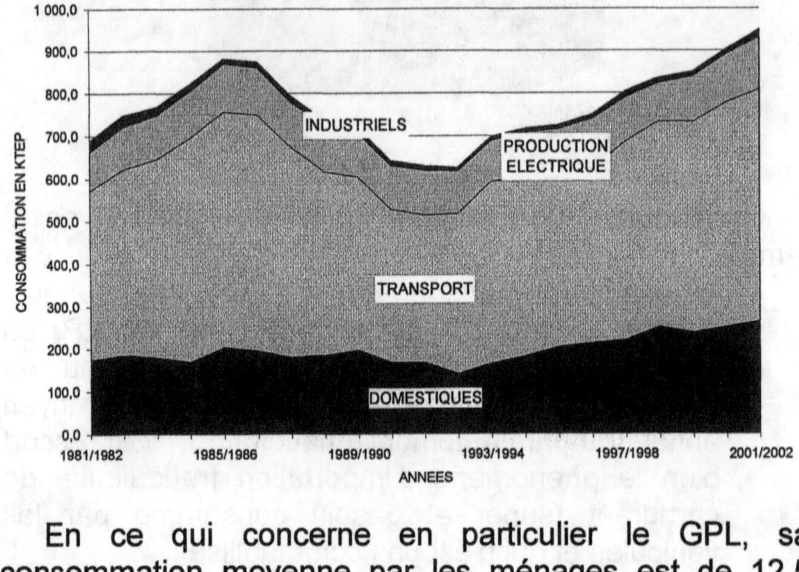

En ce qui concerne en particulier le GPL, sa consommation moyenne par les ménages est de 12,5 kg/25 jours, soit 14,6 bouteilles de GPL de 12,5 kg/an ; ce qui donne une consommation annuelle moyenne de 182,5 kg/ménage utilisant ce produit.

Le nombre de ménages consommateurs de GPL était d'environ 200.000 en 2001/2002, soit 6,25% des ménages camerounais. Le taux de rotation moyen des bouteilles équivalant 12,5 KG est de 3,05/an.

8 - CONSOMMATION PAR SECTEUR

Le secteur tertiaire est le plus gros consommateur (essentiellement le transport) de produits pétroliers au Cameroun (soit 59,64% en 2001/2002).

Le secteur résidentiel vient en seconde position avec 24,24% en 2001/2202, cette consommation étant essentiellement composée de pétrole lampant et de GPL.

Le secteur secondaire occupe la troisième position avec 15,81%, avec une consommation composée surtout de fuel et de gasoil.

Enfin, le secteur primaire a une consommation marginale, avec 0,31% de la consommation totale en 2001/2002.

Le tableau III.65 en annexe III et le graphique III.56 ci-dessous présentent cette situation.

GRAPHIQUE III.56 : PART DE LA CONSOMMATION DES PRODUITS PETROLIERS PAR USAGE

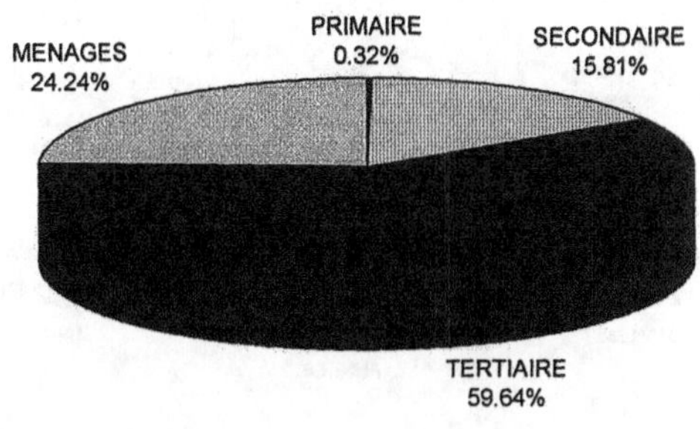

Par secteur :

- le tertiaire occupe une part prépondérante (57,25% en 2001/2002) avec une consommation de 550 KTEP, contre 530 KTEP en 1981/1982 (77,03%), marquant ainsi une quasi stagnation sous l'effet des importations frauduleuses de carburant dans le sous secteur des transports ;

- la part du secteur secondaire qui a évolué en dents de scie est passée de 80 KTEP en 1981/1982 à 150 KTEP en 2001/2002 soit un taux de croissance de 3,19%/an ;
- le secteur résidentiel a connu un taux de croissance annuel moyen de 5,62% reflétant la croissance importante du GPL (9,89 %/an) et celle du pétrole lampant (7,88%) et l'équipement massif des ménages aisés en groupe électrogène pour faire face aux délestages de AES SONEL ;
- le secteur primaire a une consommation marginale.

Le graphique III.57 ci dessous présente cette situation.

GRAPHIQUE III.57 : EVOLUTION DE LA CONSOMMATION DES PRODUITS PETROLIERS PAR SECTEUR

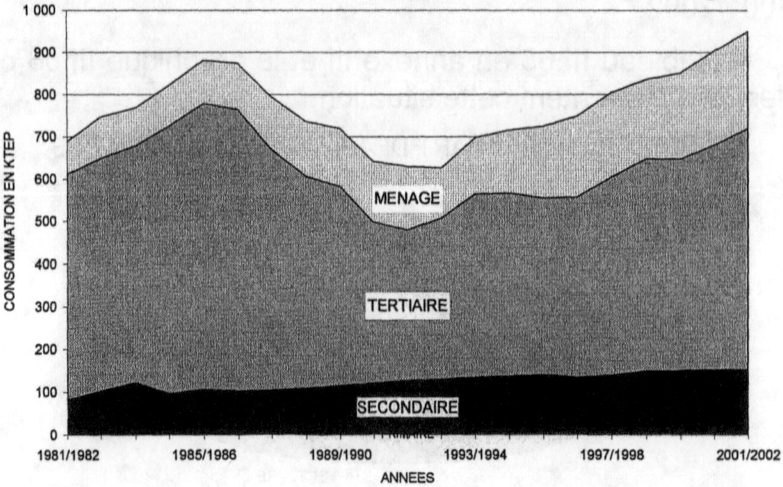

CHAPITRE 6 : L'UTILISATION RATIONNELLE DE L'ENERGIE

INTRODUCTION

Ce n'est qu'avec l'apparition des pénuries d'électricité que tous les acteurs du secteur énergétique et les consommateurs ont ressenti la nécessité de l'utilisation rationnelle de l'énergie et de la mise en œuvre des mesures d'économie d'énergie.

En l'absence d'une politique énergétique nationale, le secteur énergétique camerounais se caractérise par :

- les ressources considérables en hydroélectricité, importantes en ENR et marginales en hydrocarbures ;
- l'existence sur le sol national de la chaîne complète de production et de distribution de chaque forme d'énergie ;
- l'absence d'une politique de promotion des usages efficaces de l'énergie caractérisée par des gaspillages à tous les niveaux (Industrie, Services, Habitats.).

Le présent chapitre qui traite spécialement des problèmes d'économie d'énergie au Cameroun abordera successivement les points suivants :

- l'analyse de l'intensité énergétique ;
- et la situation en matière d'économie d'énergie.

1 - INTENSITE ENERGETIQUE

1.1 - VUE D'ENSEMBLE

Alors que la consommation d'énergie a crû de 2,76%/an de 1981/1982 à 2001/2002, le PIB des secteurs marchands en FCFA constant (1979/1980) a augmenté de 5,08%/an en moyenne et de 269,37% en terme réel, la décroissance de l'intensité énergétique[3]qui en a résulté (31,86% sur la période, soit 1,90%/an en moyenne) n'est pas le fruit d'une politique de maîtrise de l'énergie (d'ailleurs inexistante).

Le tableau III.66 en annexe III et le graphique III.58 ci-dessous visualisent cette évolution.

GRAPHIQUE III.58 : EVOLUTION DE L'INTENSITE ENERGETIQUE (INDICE BASE 100 : 1981/1982)

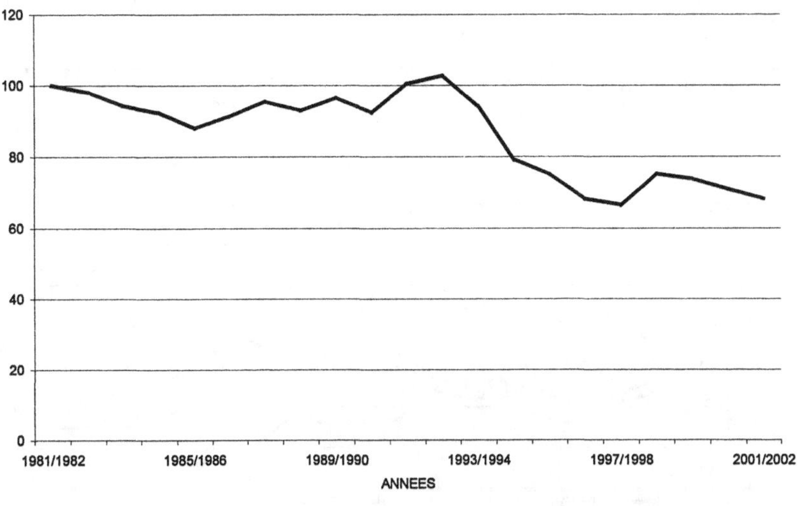

En fait, cette amélioration de l'efficacité économique globale de l'utilisation de l'énergie dans un pays sans

[3] Intensité énergétique = Consommation d'énergie par unité monétaire du PIB ou de la valeur ajoutée sectorielle.

politique énergétique est le fruit de la combinaison de plusieurs facteurs :

- la prépondérance, dans le PIB, de l'industrie extractive (production pétrolière) qui a crû jusqu'en 1983/1984, année où elle a représenté 20,48% du PIB global, à 2001/2002 où elle s'est élevée à 10,8% ;
- l'accroissement rapide du PIB du secteur primaire 259% en terme réel et 5,13%/an en moyenne de 1981/1982 à 2001/2002 sous l'effet de l'essor des activités de l'exploitation forestière, alors que la consommation d'énergie du secteur n'a crû que de 158% en terme réel et de 2,43% en moyenne par an sur la période ;
- le phénomène des importations frauduleuses de carburant qui n'est pas pris en compte dans les statistiques de consommation.

Le graphique III.59 ci-dessous présente l'évolution de l'intensité énergétique par secteur.

GRAPHIQUE III.59 : EVOLUTION DE L'INTENSITE ENERGETIQUE PAR SECTEUR (BASE 100 : 1981/1982)

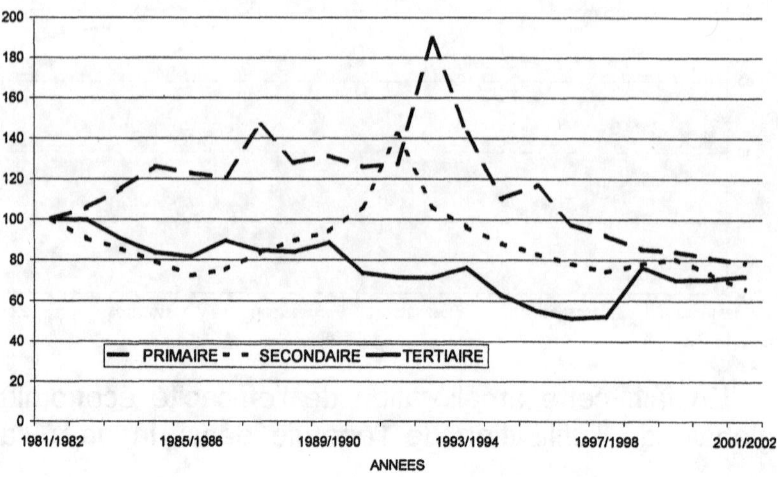

1.2 - INTENSITE ENERGETIQUE DU SECTEUR PRIMAIRE

L'examen de l'évolution de l'intensité énergétique du secteur primaire (voir le tableau III.67 en annexe III et le graphique III.60 ci-dessous) montre que :

- après une décrue, l'intensité de l'électricité a connu une remontée ;
- l'intensité des ENR a suivi le même trend que celui de l'électricité ;
- la décroissance n'est prononcée que pour les produits pétroliers.

GRAPHIQUE III.60 : EVOLUTION DE L'INTENSITE ENRGETIQUE DU SECTEUR PRIMAIRE (BASE 100 : 1981/1982)

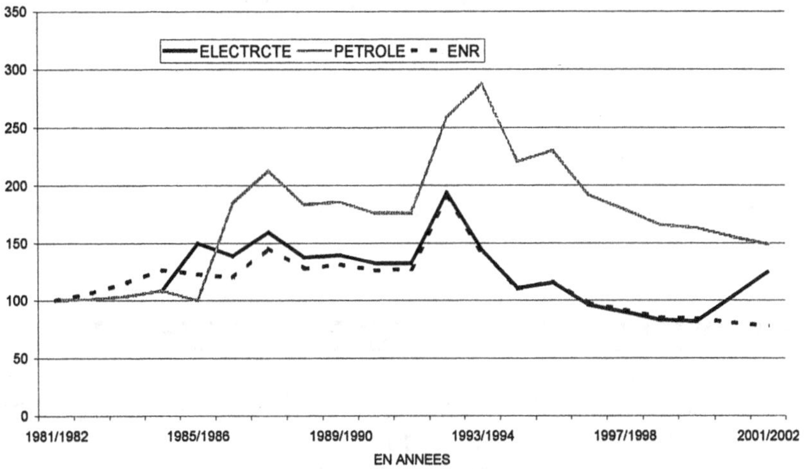

1.3 - INTENSITE ENERGETIQUE DU SECTEUR SECONDAIRE

Le tableau III.68 en annexe III et le graphique III.61 ci-dessous présentent l'évolution pour le secteur secondaire, de l'intensité pour l'électricité, les produits pétroliers et les ENR.

La remontée de l'intensité énergétique observée de 1990/1991 à 1992/1993 résulte des effets de la crise politique qui a affecté l'activité économique.

On constate que l'allure des trois courbes épouse presque celle de la consommation globale ; ce qui tendrait à confirmer l'hypothèse émise plus haut quant à l'influence de la valeur ajoutée de la branche «Exploration-Production d'Hydrocarbures».

GRAPHIQUE III.61 : EVOLUTION DE L'INTENSITE ENERGETIQUE DU SECTEUR SECONDAIRE (BASE 100 : 1981/1982)

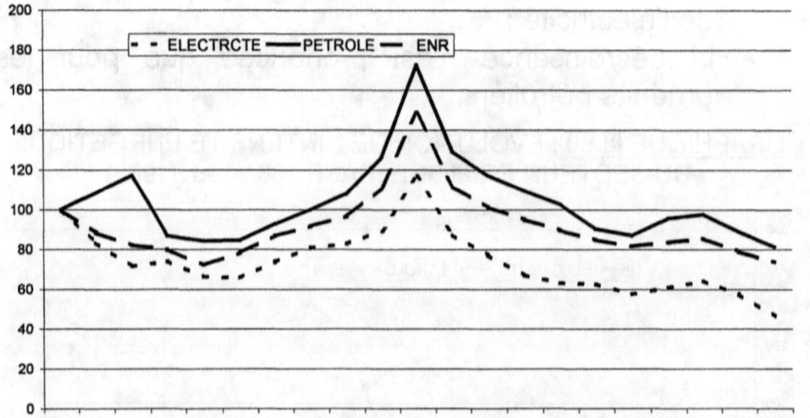

1.4 - INTENSITE ENERGETIQUE DU SECTEUR TERTIAIRE

L'examen par type d'énergie de l'intensité énergétique du secteur tertiaire montre que :

- l'intensité de l'électricité a évolué en dents de scie, mais a connu globalement une augmentation importante et se situait en 2001/2002 à l'indice 140,54, reflétant ainsi de manière non équivoque, l'absence des mesures d'utilisation rationnelle de l'énergie au Cameroun ;
- l'intensité des produits pétroliers a connu une baisse prononcée pour ne représenter en 2001/2002 que le tiers environ de celle de l'année 1981/1982 ; cette situation, a priori paradoxale alors que le parc automobile croissait, est, comme on le

verra ci-dessous, la conséquence des importations frauduleuses des carburants ;

- enfin, on constate que l'intensité des ENR suit le même trend que celle de l'électricité, mais a une remontée moins prononcée ces dernières années.

Le tableau III.71 en annexe III présente cette évolution.

Le graphique III.62 ci-dessous visualise cette situation.

GRAPHIQUE III.62 : EVOLUTION DE L'INTENSITE ENERGETIQUE DU SECTEUR TERTIAIRE (BASE 100 : 1981/1982)

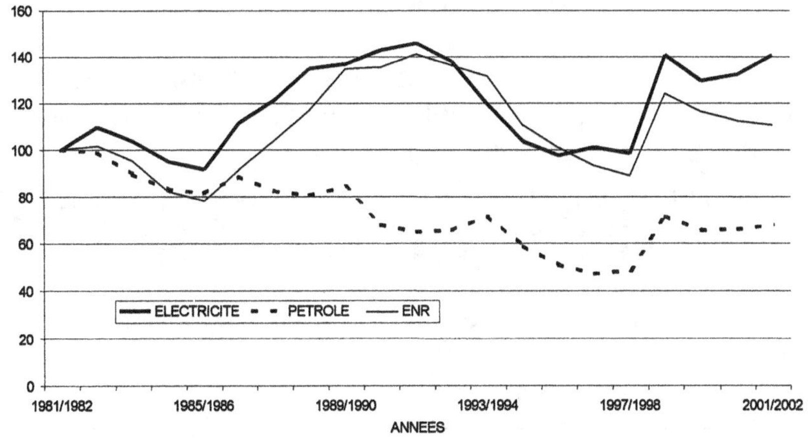

Enfin le graphique III.62 ci-dessous qui présente la consommation de carburant par véhicule montre que cette consommation unitaire baisse de 4,85 TEP/véhicule en 1981/1982 à 3,27 TEP/véhicule en 2001/2002, alors que le parc automobile augmente et que 95% de nouvelles immatriculations sont des véhicules d'occasion, ce qui devrait plutôt accroître cette consommation ; en fait, l'effet des importations frauduleuses de carburant ressort pleinement à ce niveau.

GRAPHIQUE III.62 : EVOLUTION DE LA CONSOMMATION D'ENERGIE PAR VEHICULE

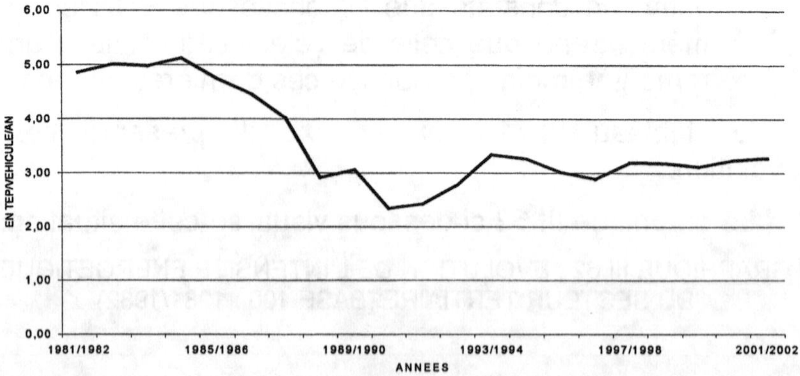

L'examen comparé de cette évolution de la consommation par véhicule et du taux de motorisation confirme un peu plus cette situation.

GRAPHIQUE III.63 : EVOLUTION DE LA CONSOMMATION D'ENERGIE PAR VEHICULE DU TAUX DE MOTORISATION ET DE L'INTENSITE DES PRODUITS PETROLIERS (BASE 100 : 1981/1982)

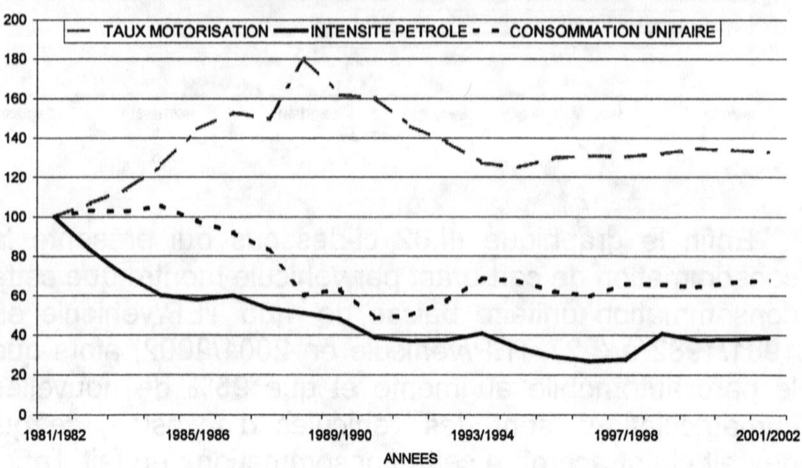

Enfin, le graphique III.64 ci-dessous présente l'évolution de l'intensité énergétique et de la consommation unitaire du secteur résidentiel.

GRAPHIQUE III.64 : EVOLUTION DE L'INTENSITE ENRGETIQUE ET DE LA CONSOMMATION UNITAIRE DU SECTEUR RESIDENTIEL (BASE 100 : 1981/1982)

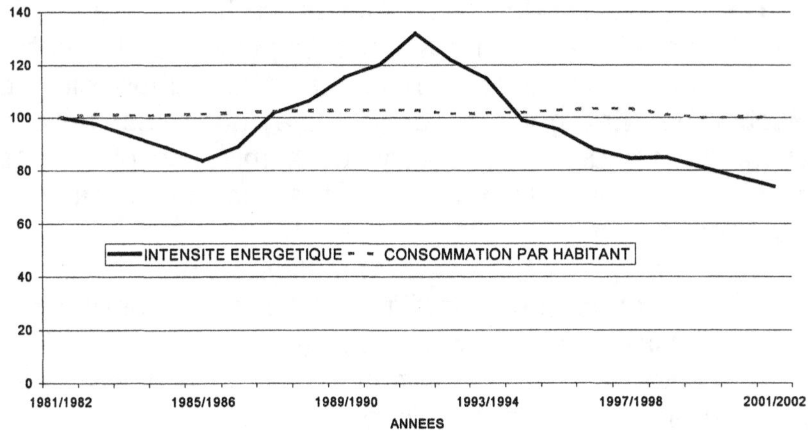

2 - LES ECONOMIES D'ENERGIE

Dans la période des années 1980 à 1991, le gouvernement camerounais, sous l'impulsion du Ministère des Mines, de l'Eau et de l'Energie et du Laboratoire de Recherche Energétique, avait initié quelques actions ayant pour finalité l'élaboration et la mise en place des mesures d'économie d'énergie. Dans ce cadre, on peut citer notamment :

- le projet de foyers améliorés qui visait le développement et la diffusion des foyers permettant d'utiliser de manière efficiente le bois de feu ; l'enquête de la consommation d'énergie des ménages ayant démontré que le taux de pénétration des foyers améliorés dans les ménages utilisateurs de bois n'était que de 5,28% ;
- un séminaire de sensibilisation aux principes d'économie d'énergie dans les bâtiments publics et parapublics avait été organisé par le MINMEE en 1990 et a abouti à des recommandations qui malheureusement n'ont jamais été mises en œuvre ;
- plusieurs études et audits énergétiques qui ont été réalisés dans le but d'évaluer le potentiel d'économie d'énergie réalisable au Cameroun ; on peut citer :
  - l'étude ADS qui avait estimé le gisement d'économie d'énergie dans l'industrie en 1989 à 84,6 GWh en électricité et à 31 KTEP en produits pétroliers,
  - l'audit énergétique effectué par le groupement TRANS ENRG et EARTH CAMEROUN en 1993 pour les Hôpitaux Généraux de Douala et de Yaoundé et qui avait montré que la mise en place des mesures adéquates pouvait générer des économies de l'ordre de 20% à 30%,

- le rapport réalisé par le bureau d'études GET INGENIERIE en 1982 sur l'évaluation du potentiel d'économie d'énergie dans sept bâtiments représentatifs du secteur tertiaire (hôtels, banques, bâtiments publics) qui avait montré que des gisements d'économie d'énergie existaient et représentaient environ 37% de la consommation totale de l'échantillon.

D'autres audits ont été réalisés, notamment par EEIC et la société CETEF Inc., dans des structures privées et toujours dans le but d'évaluer le potentiel d'économie d'énergie.

Il faut noter toutefois que dans le secteur des transports routiers, l'état des routes et des véhicules, essentiellement d'occasion, ne facilite pas la prise de mesure d'économie des produits pétroliers.

La réalisation des mesures préconisées par toutes les différentes études devrait davantage résulter d'une politique énergétique nationale avec des objectifs quantifiés que des actions éparses.

CHAPITRE 7 - L'ENERGIE ET L'ENVIRONNEMENT

1 - LA DEGRADATION DE L'ENVIRONNEMENT

Avec la prépondérance du bois-énergie dans le bilan énergétique national, le rythme de déforestation et les efforts très limités de régénération, le Cameroun peut être considéré comme étant aussi concerné par le phénomène de l'effet de serre.

Il est important d'observer que, pour le cas du Cameroun, les feux de savane et de forêts, la combustion du bois dans les foyers à trois pierres, la carbonisation du bois, la torréfaction, les animaux domestiques (ruminants), le torchage du gaz associé à la production pétrolière, sont responsables d'émissions de méthane et de monoxyde de carbone, gaz connexes au $C0_2$.

Avec le troisième potentiel forestier au Sud du Sahara après l'Angola et le Botswana, le Cameroun connaît un rythme de déboisement relativement très élevé.

En effet, la crise économique qui sévit dans la région septentrionale contraint les populations au déboisement et l'abattage d'arbres aux fins commerciales pour la survie, contribuant ainsi à la désarticulation de l'espace vital des populations alors acculées à l'errance, à l'exode transfrontalier et à la contrebande.

Depuis 1972/1973 et surtout depuis les années 1980, le Nord-Cameroun doit faire face à la plus sévère sécheresse jamais enregistrée de mémoire d'homme (sauf à MAROUA, GUIDER et YAGOUA).

Si au Sud et dans les montagnes, la pluviométrie s'est plus ou moins maintenue jusqu'en 1985, dans les Yaérés et dans les plaines, les isohyètes annuelles ont reculé vers le Sud d'une manière inquiétante, celle de 1.100 mm s'établissant désormais sur la "falaise" de Ngaoundéré alors qu'elle courait auparavant au Nord de Garoua. Il tombe moins de 200 mm sur les rives du Tchad. Conséquence, les sources tarissent, les crues faiblissent, l'inondation ne submerge plus les Yaérés, d'autant plus que le barrage de la SEMRY à Maga isole presque 110.000 hectares de la crue. Le lac Tchad a atteint son plus bas niveau historique.

On doit également noter la vulnérabilité des côtes camerounaises en matière de pollution marine par les hydrocarbures. En effet, la configuration naturelle du Golfe de Guinée réduit les courants marins susceptibles de favoriser la dispersion des polluants dans la mer. Aussi, convient-il de privilégier la prévention des risques de pollution dans le Golfe lors des opérations d'exploration et d'exploitation des gisements pétroliers.

L'électricité, quoique étant considérée comme une énergie propre, n'en présente pas moins d'importants risques environnementaux au niveau de la production (impacts socio-économiques des ouvrages hydroélectriques, cas de la MAPE et BAMEDJIN, où les populations ont dû être déplacées et la pollution liée au fonctionnement des centrales thermiques), du transport et de la distribution (agression du paysage par les réseaux électriques aériens).

On peut également relever des risques de pollution avec le passage du pipe-line TCHAD-CAMEROUN

Néanmoins, une prise de conscience du volet environnement commence à trouver sa place dans les sphères camerounais de décision, notamment sous l'impulsion des bailleurs de fonds. Les nouveaux textes de lois dans le domaine de l'énergie (code gazier, code pétrolier et loi sur l'électricité) prévoient un volet environnement ; même, le problème reste leur application.

2 - LA SECURITE

Le problème de la sécurité des personnes et des biens est très perceptible dans les domaines des hydrocarbures et de l'électricité au Cameroun.

L'exploration, la production, le raffinage, le transport, le stockage et la distribution des hydrocarbures présentent, au Cameroun, la même classe de risques que dans les autres pays : incendie, explosion, pollution, etc.

L'entreposage, le transport et la distribution de produits pétroliers, en marge des règles et des normes établies, ont engendré par le passé de graves accidents au Cameroun : morts et brûlés dus à des mélanges accidentels du pétrole lampant et de l'essence, incendie déclenché dans les stockages clandestins au voisinage du dépôt pétrolier primaire de Bassa-Douala mettant en péril tout l'approvisionnement national et enfin l'incendie encore récent à côté du dépôt pétrolier de NSAM à Yaoundé qui a provoqué la mort et des brulures gravess sur des centaines de victimes.

L'effondrement du pont sur le fleuve Moungo des suites d'un accident suivi d'un incendie d'un camion-citerne illustre parfaitement les conséquences du non respect des consignes en matière de sécurité lors du transport des matières inflammables, notamment les hydrocarbures.

Le contexte actuel de l'électrification confère une dimension critique au problème de la sécurité. En effet, dans les habitations, dans les établissements publics, à l'usine, au bureau, les équipements et appareils électriques ont une place prépondérante dans la vie quotidienne. Ils peuvent compromettre la qualité du service et la sécurité de l'usager.

Entre les points de production et d'utilisation, l'énergie électrique est transportée par des réseaux de distribution privés ou publics exploités par les particuliers et AES SONEL d'une part, et les installations électriques intérieures des différents abonnés d'autre part.

La responsabilité de AES SONEL n'est pas engagée au-delà du compteur et les incidents qui peuvent survenir dans les installations intérieures ont des conséquences graves sur les personnes et les biens (électrocution, chocs électriques, brûlures, incendies, mise hors tension du réseau de distribution publique, etc.). Ces incidents entraînent la perte de productivité économique du pays.

En outre, l'importance de la consommation d'énergie électrique produite par voie autonome soit 251 GWh en 2001/2002 avec une prépondérance de l'équipement des ménages pour faire face aux délestages et la précarité de ces installations électriques traduisent davantage les risques encourus par les usagers de l'électricité dans le pays.

On peut citer de nombreux cas d'incendies et de décès par électrocution, qui illustrent l'ampleur des dégâts imputables à la déficience des installations électriques intérieures (Assemblée Nationale, Ministères, marchés, etc.).

Ce problème présente un second volet. Les appareils domestiques importés, fabriqués ou montés localement ne font l'objet d'aucun contrôle et les usagers sont exposés à tous les risques de malfaçon. Il s'agit de : climatiseurs, réfrigérateurs, machines à laver, lave-vaisselle, aspirateurs de poussières, moulins à café, ventilateur, fers à repasser, cuisinières, luminaires, chauffe-eau, etc., l'appareillage pour installations domestiques (interrupteurs, commutateurs, coupe-circuit, prises de courant, prolongateurs, douilles, appareils à fonctions multiples, baladeuses, blocs de commande, chargeurs de batteries, stabilisateurs et onduleurs, etc.).

Le faible niveau actuel de l'électrification du pays et la tendance, irréversible à long terme, à l'accroissement de la demande en électricité, exigent que des mesures soient prises dès maintenant pour éviter de consolider l'anarchie qui prévaut dans la réalisation des installations électriques intérieures et d'en aggraver les conséquences pour l'économie et pour la société. Les règlements, normes et structures de contrôle mis en oeuvre dans les pays industrialisés et certains pays d'Afrique (la Côte d'Ivoire par exemple) devraient inspirer une action urgente des pouvoirs publics dans cette direction.

En outre, l'usage des bougies lors des délestages de AES SONEL occasionne des incendies des biens et très souvent la mort des personnes.

QUATRIEME PARTIE : LES PRIX DE L'ENERGIE

CHAPITRE 1 : VUE D'ENSEMBLE

La tarification de l'énergie au Cameroun n'est pas fondée sur une volonté :

- de promouvoir l'allocation optimale des ressources entre les différentes formes d'énergie ;
- de promouvoir la gestion de la cohérence entre le niveau des investissements, de la production et de la consommation ;
- de permettre aux consommateurs d'arbitrer entre ses besoins énergétiques, les disponibilités et les prix de l'énergie ;
- de promouvoir des énergies qui concourent à la protection de l'environnement ;
- d'utiliser le secteur pour impulser la croissance économique ;
- d'inciter à une utilisation rationnelle de l'énergie.

Pourtant, il existe plusieurs structures chargées de la gestion des énergies :

- le Ministère des Mines de l'Eau et de l'Energie qui est habilité à coordonner cette activité, mais qui est hors des circuits de décision ;
- l'ARSEL qui est chargée de fixer les prix de l'électricité ;
- la CSPH qui élabore les structures de prix des produits pétroliers ;
- la SNH qui gère les prix du pétrole brut.

Aucun cadre n'existe pour la gestion des prix des ENR.

Ce schéma de fonctionnement caractérisé entre autres par une absence totale de coordination des activités de tarification des différentes formes d'énergie entraîne des situations paradoxales où pour l'électricité, le tarif appliqué à un client est inférieur au coût de production de cette énergie (cas d'ALUCAM) notamment en ces périodes de délestages où le recours à l'énergie thermique est systématique, notamment aux heures de pointe.

CHAPITRE 2 : L'ELECTRICITE

1 - SITUATION ACTUELLE

1.1 - OBJECTIF TARIFAIRE

Les tarifs appliqués par AES SONEL visent deux objectifs majeurs :

- la recherche de l'équilibre financier de l'entreprise ;
- et la péréquation générale des tarifs sur toute l'étendue du territoire en basse et moyenne tension.

Si la péréquation des tarifs se justifie compte tenu de la configuration du territoire et des niveaux différents des revenus (urbains et ruraux), le mode de calcul desdits tarifs pose un nombre d'interrogations surtout dans un contexte où AES SONEL, quoique partiellement privatisée, est obligée de recourir aux moyens thermiques pour satisfaire la demande.

1.2 - LES TARIFS

Les tarifs appliqués aux clients AES SONEL varient selon les catégories de consommateurs, les usages et les tensions d'alimentation (HT, MT et BT) et les saisons 'sèche et humide).

1.2.1 - CLIENTS BASSE TENSION

A - Usages domestiques

Il existe trois types de tarif suivant les configurations :

- pour les consommations inférieures ou égales à 50 kWh dans le mois : 50 FCFA/kWh ;
- pour les consommations comprises entre 51 kWh et 200 kWh dans le mois, les tarifs appliqués sont fonction de la saison (sèche ou humide) :
  - le tarif applicable du 1er juillet au 31 décembre (saison humide) est de 60 FCFA/ kWh,
  - le tarif applicable du 1er janvier au 30 juin (saison sèche) est de 67 FCFA/ kWh ;

- pour les consommations supérieures à 200 kWh, les tarifs sont aussi fonction des saisons :
  - le tarif applicable du 1er juillet au 31 décembre (saison humide) est de 65 FCFA/ kWh,
  - le tarif applicable du 1er janvier au 30 juin (saison sèche) est de 75 FCFA/kWh.

Ainsi, pour les usages domestiques, il existe une multiplicité de prix qui sont progressifs en fonction des niveaux de consommation.

B - <u>Usages professionnels</u>

Pour les usages professionnels, le tarif est composé de deux termes qui s'ajoutent :

- une prime fixe de 2.000 FCFA par KVA de puissance souscrite ;
- un tarif proportionnel qui est fonction de la consommation d'énergie mensuelle par puissance souscrite (kWh/kVA), et de la saisonnalité (saison sèche et saison humide) et s'applique ainsi qu'il suit :
  - pour les consommations inférieures ou égales à 180 kWh/kVA, le tarif applicable du 1er juillet au 31 décembre (saison humide) est de 63 FCFA/kVA et le tarif applicable du 1er janvier au 30 juin (saison sèche) de 68 FCFA/kVA,
  - pour les consommations supérieures à 180 kWh/kVA, le tarif applicable du 1er juillet au 31 décembre (saison humide) est de 55 FCFA/kVA et le tarif applicable du 1er janvier au 30 juin (saison sèche) de 60 FCFA/kVA.

A ces prix, il faut ajouter un montant pour la location et l'entretien des compteurs. La grille de ces forfaits figure au tableau IV.1 en annexe IV.

C - <u>Eclairage public</u>

Le tarif applicable pour l'éclairage public pour autant que les consommations se fassent de 18 heures 30 à 6 heures 00 sont également fonction de la saison :

- le tarif applicable du 1er juillet au 31 décembre (saison humide) est de 40 FCFA/kWh ;
- et le tarif applicable du 1er janvier au 30 juin (saison sèche) est de 46,50 FCFA/kWh.

1.2.2 - CLIENTS MOYENNE TENSION

A - Régime général

Le tarif appliqué aux clients de la moyenne tension est composé de deux termes qui s'ajoutent :

- une prime fixe mensuelle par kW de puissance souscrite en fonction de l'heure :

NOMBRE D'HEURES	MONTANT
De 0 à 200 h	2.500 FCFA/kW
Au-delà de 200 h	4.200 FCFA/kW

- et un tarif proportionnel par kWh consommé et qui est fonction du nombre d'heures d'utilisation mensuelle de la puissance souscrite et s'applique conformément aux tableaux ci-dessous suivant les saisons :

Le tarif applicable du 1er juillet au 31 décembre (saison humide) est le suivant :

NOMBRE D'HEURES	ENTRE 23 HEURES ET 18 HEURES	ENTRE 18 HEURES ET 23 HEURES
De 0 à 200 h	43 FCFA/kWh	54 FCFA/kWh
Au-delà de 200 h	40 FCFA/kWh	49 FCFA/kWh

Le tarif applicable du 1er janvier au 30 juin (saison sèche) est de :

NOMBRE D'HEURES	ENTRE 23 HEURES ET 18 HEURES	ENTRE 18 HEURES ET 23 HEURES
De 0 à 200 h	53,75 FCFA/kWh	67,50 FCFA/kWh
Au-delà de 200 h	50 FCFA/kWh	61,25 FCFA/kWh

B - Régime des zones franches industrielles et des points francs industriels

Le tarif appliqué aux clients moyenne tension installés en zone franche est composé de deux termes qui s'ajoutent :

- une prime fixe mensuelle par kW de puissance souscrite qui est la suivante :

NOMBRE D'HEURES	MONTANT
De 0 à 200 h	2.500 FCFA/kW
Au-delà de 200 h	4.200 FCFA/kW

- un tarif proportionnel par kWh consommé et variable suivant les saisons et qui est fonction du nombre d'heures d'utilisation mensuelle de la puissance souscrite, et s'applique conformément aux tableaux ci-dessous :

Le tarif applicable du 1er juillet au 31 décembre (saison humide) est le suivant :

NOMBRE D'HEURES	ENTRE 23 HEURES ET 18 HEURES	ENTRE 18 HEURES ET 23 HEURES
De 0 à 200 H	30 FCFA/KWH	35 FCFA/KWH
Au-de-là de 200 H	25 FCFA/KWH	32 FCFA/KWH

Le tarif applicable du 1er janvier au 30 juin (saison sèche) est le suivant :

NOMBRE D'HEURES	ENTRE 23 HEURES ET 18 HEURES	ENTRE 18 HEURES ET 23 HEURES
De 0 à 200 H	37,50 FCFA/KWH	43,75 FCFA/KWH
Au-de-là de 200 H	31,25 FCFA/KWH	40 FCFA/KWH

1.2.3 - CLIENTS HAUTE TENSION

Les tarifs de vente d'électricité de la haute tension aux nouveaux abonnés sont fixés dans le cadre des contrats passés entre AES SONEL et lesdits abonnés, après avis de l'Agence de Régulation du Secteur de l'Electricité, suivant les dispositions du cahier des charges du contrat cadre de concession et de licence de AES SONEL.

Les tarifs de vente d'électricité de la haute tension aux abonnés existants à la date de signature des contrats de concession et de licence de AES SONEL restent en vigueur et sont révisés suivant les dispositions du cahier des charges du contrat cadre de concession et de licence AES SONEL.

A toutes ces sommes, il faut inclure les montants de TVA sur les consommations et les locations de compteurs dont le taux s'élèvent à 18,7% du montant hors taxes.

2 - EVOLUTION PASSEE DES TARIFS

A sa création, la SONEL avait continué à appliquer les tarifs hérités de EDC. Depuis lors, plusieurs augmentations ont eu lieu pour permettre à AES SONEL :

- de financer des ouvrages de production ;
- de financer l'électrification rurale ;
- d'améliorer sa situation financière dans le cadre des contrats de performance signés avec l'Etat.

2.1 - EVOLUTION DES TARIFS

Le tableau IV.2 en annexe IV présente l'évolution des tarifs appliqués aux clients AES SONEL. On y observe que le prix moyen du kWh (ventes totales en valeur/vente totale en volume) est passé de 11,94 FCFA/kWh en 1981/1982 à 26,83 FCFA/kWh en 2000/2001, marquant ainsi un taux de croissance annuel moyen de 4,60% et de 224% en terme réel.

Le graphique IV.1 ci-dessous visualise cette évolution.

GRAPHIQUE IV.1 : EVOLUTION DU TARIF MOYEN D'ELECTRICITE DE AES SONEL

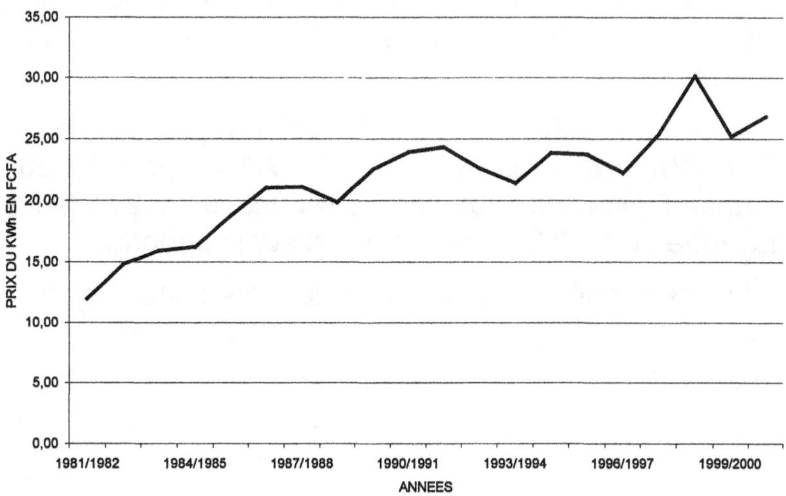

Cette situation cache des disparités importantes par tension d'alimentation.

2.1.1 - EVOLUTION PAR TENSION

A - Basse Tension

Les tarifs moyens BT sont passés de 37,85 FCFA/kWh en 1981/1982 à 53,28 FCFA/kWh en 2000/2001 marquant ainsi un taux de croissance de 1,91%/an en moyenne et de 140% en terme réel sur la période.

Cette faible augmentation relative des niveaux de tarifs BT ne masque pas le fait que dès 1981/1982, le tarif moyen BT était 14,67 fois supérieur à celui d'ALUCAM.

B - Moyenne Tension

Les tarifs moyens MT sont passés de 21,39 FCFA/kWh en 1981/1982 à 38,98 FCFA/kWh en 2000/2001, soit un taux de croissance de 3,39%/an en moyenne et de 182% en terme réel sur la période.

C - Haute Tension

Les tarifs moyens appliqués à ALUCAM ont augmenté de 2,58 FCFA/kWh en 1981/1982 à 6,71 FCFA/kWh en 2000/2001, ce qui correspond à un taux de croissance de 5,45%/an en moyenne et de 262% en terme réel sur la période.

Quant aux tarifs moyens HT, ils sont passés de 3,03 FCFA/kWh en 1981/1982 à 7,66 FCFA/kWh en 2000/2001 marquant ainsi un taux de croissance de 5,28%/an en moyenne et de 252% en terme réel sur la période.

Le graphique IV.2 ci-dessous visualise cette évolution.

GRAPHIQUE IV.2 : EVOLUTION DES TARIFS AES SONEL PAR TENSION D'ALIMENTATION

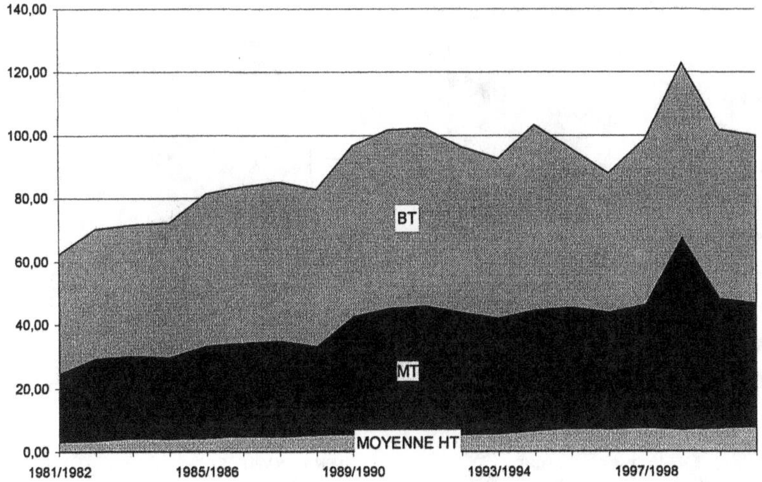

2.1.2 – EVOLUTION DE LA STRUCTURE DES VENTES

L'examen du tableau IV.3 en annexe IV qui présente l'évolution comparée de la structure des ventes d'électricité et de la consommation montre que :

- les clients H.T (essentiellement ALUCAM) ont consommé 51,04% de l'énergie électrique vendue en 2000/2001 et n'ont généré que 14,57% des recettes ;
- les clients M.T qui ont consommé la même année 22,12% de l'énergie vendue ont contribué pour 32,15% aux recettes ;
- les clients B.T ont contribué pour 53,28% aux recettes alors que leur consommation n'a représenté que 28,83%.

Le graphique IV.3 ci-dessous visualise cette répartition en 2000/2001.

GRAPHIQUE IV.3 : EVOLUTION DE LA STRUCTURE DES VALEURS DES VENTES D'ELECTRICITE AES SONEL

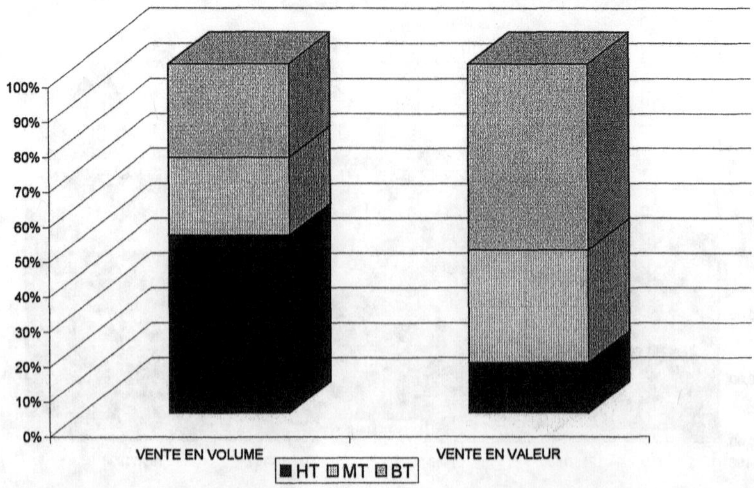

On constate donc que de 1981/1982 à 2000/2001 :

- les ventes totales en valeur ont enregistré une évolution croissante et se sont multipliées par un facteur de 3,11, passant de 24,10 milliards de FCFA à 75,17 milliards de FCFA, soit un taux de croissance annuel moyen de 6,52% ;
- ce sont les clients de la basse tension qui contribuent pour plus de la moitié du total des recettes de AES SONEL ;
- la société ALUCAM qui a consommé pourtant 47,71% de l'énergie vendue en 2000/2001, n'a contribué que pour 11,93% aux recettes.

Enfin, il faut noter qu'avec les nouveaux tarifs de saison sèche, 2001, pour un prix du KWh de 75 FCFA en basse tension, on arrive à un taux d'augmentation de 41% par rapport au tarif moyen en 2000/2001.

CHAPITRE 3 : LES ENR

Les ENR (essentiellement le bois et le charbon de bois) se caractérisent par une absence de tarification connue et codifiée.

Pour le bois par exemple, le conditionnement des fagots est variable et ne permet pas une estimation rationnelle du prix fondée sur l'utilisation des unités internationales de mesure (Kilogramme, stère, etc.). En outre, l'autoproduction est de grande ampleur dans la majeure partie du pays.

On constate donc qu'il n'existe pas de prix établi et normalisé relatif à la commercialisation du bois et du charbon de bois.

1 - LE BOIS

Le bois arrive de la brousse généralement en fût de diamètres variables et de longueur allant également de 80 à 100 centimètres.

Ces fûts de bois sont fendus en petits morceaux par les détaillants et vendus généralement en tas de deux à 4 morceaux à 100 FCFA. Le tableau ci-dessous récapitule les conditions de vente suite aux données collectées le 8 août 2004 dans les quartiers de Yaoundé.

CONDITIONNEMENT	POIDS (EN KG)	PRIX (EN FCFA)	PRIX MOYEN DU KG
Tas de 2 morceaux	4,5	100	22
Tas de 2 morceaux	5,0	100	20
Tas de 3 morceaux	4,0	100	25
Tas de 3 morceaux	2,5	100	40
Tas de 4 morceaux	3,0	100	33
Tas de 3 morceaux	18,0	500	28
Tas de 4 morceaux	19,5	500	26
MOYENNE			**28**

SOURCE : EEIC

Il faut dire que la mesure est tributaire de plusieurs facteurs : le type de bois, l'état sec ou pas, la subjectivité du vendeur, etc., toutes choses qui rendent la normalisation de l'unité de mesure quasiment impossible.

2 - LE CHARBON DE BOIS

Une collecte de données sur la commercialisation de charbon de bois à Yaoundé révèle que cette source d'énergie est vendue sous trois types de conditionnement, comme le montre le tableau ci-dessous.

CONDITIONNEMENT	POIDS (EN KG)	PRIX (EN FCFA)	PRIX MOYEN DU KG
Sac Bandjock	30,0	2 500	83
Sac Bandjock	35,0	2 500	71
Sac Bandjock	29,0	2 500	86
MOYENNE	**31,33**	**2 500**	**80**
Seau de 10 litres	3,0	500	167
Seau de 10 litres	4,0	500	125
MOYENNE	**3,5**	**500**	**146**
Seau de 5 litres	1,0	300	300
Seau de 5 litres	1,5	300	200
MOYENNE	**1,2**	**300**	**250**

SOURCE : EEIC

D'un sac à l'autre ou d'un seau à l'autre, on constate que le poids varie, bien que les prix par conditionnement restent stables, ce qui illustre bien la difficulté à maîtriser l'unité de mesure du charbon vendu.

En ce qui concerne les autres ENR, on peut noter que la bagasse, les coques de noix de palme et les déchets de scierie sont autoconsommés ; toutefois, dans les villes de Yaoundé et de Douala essentiellement, la sciure de bois est en partie commercialisée.

Enfin, pour le solaire, les prix des modules vendus sont fixés librement par les distributeurs.

CHAPITRE 4 : LES HYDROCARBURES

Les prix des hydrocabures se repartissent en deux types distincts, ceux du pétrole brut et ceux des produits pétroliers.

1 - LE PETROLE BRUT

Les prix du pétrole brut acheté ou vendu au Cameroun dépendent de la situation du marché international et des négociations entre les intervenants de la filière (contrats à terme, etc.).

Le tableau IV.4 en annexe IV et le graphique IV.4 ci-dessous présentent l'évolution des prix moyens de vente du pétrole brut camerounais.

GRAPHIQUE IV.4 : EVOLUTION DES PRIX MOYEN DE VENTE DU PETROLE BRUT CAMEROUNAIS SUR LE MARCHE INTERNATIONAL

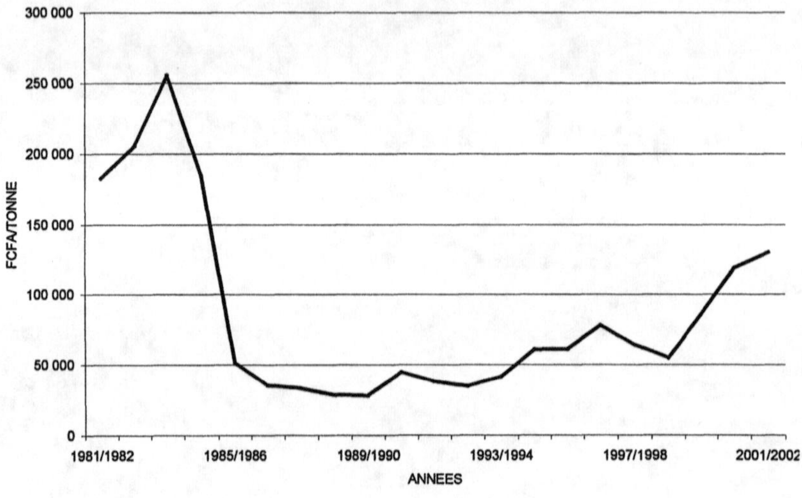

En outre, le tableau IV.5 en annexe IV et le graphique IV.5 ci-dessous présentent l'évolution des cours moyens de brut sur le marché international

GRAPHIQUE IV.5 : EVOLUTION DES COURS MOYENS DE PETROLE BRUT (BRENT) SUR LE MARCHE INTERNATIONAL

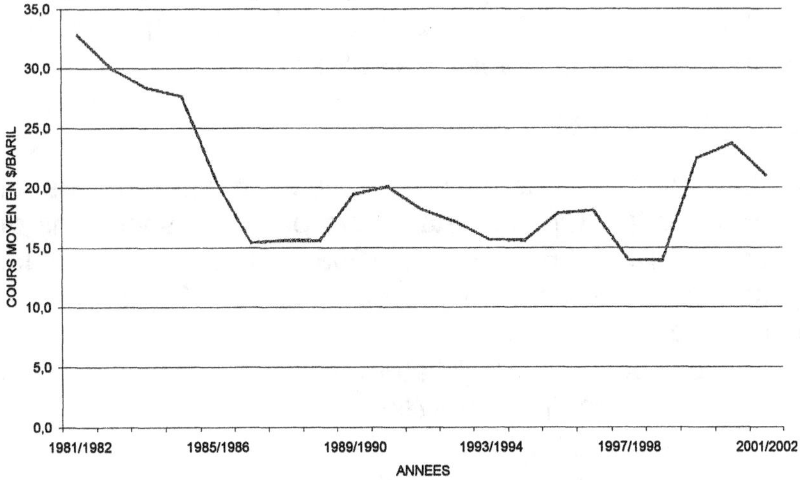

Enfin, le tableau IV.6 en annexe IV et le graphique IV.6 ci-dessous présentent l'évolution comparée des cours moyens de pétrole brut et du prix moyens de vente du pétrole brut camerounais sur le marché international (indice base 100 : 1981/1982).

GRAPHIQUE IV.6 : EVOLUTION DES COURS MOYENS DE PETROLE BRUT SUR LE MARCHE INTERNATIONAL (BASE 100 : 1981/1982)

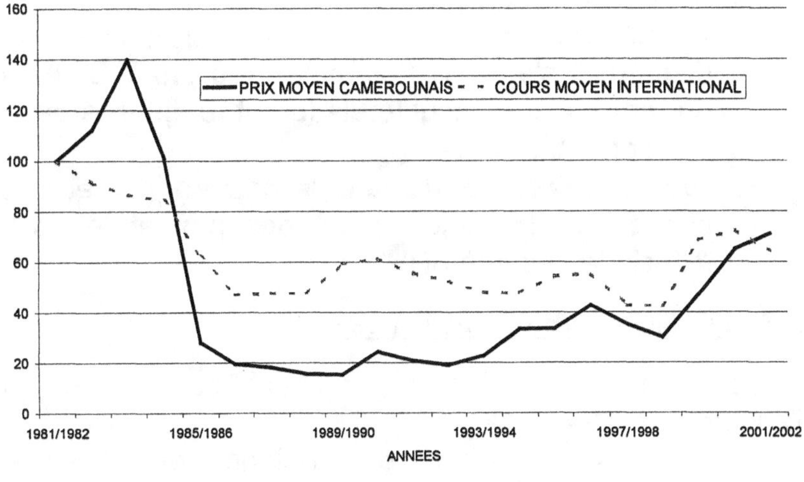

2 - LES PRODUITS PETROLIERS

Au Cameroun, les prix des produits pétroliers sont passés par quatre étapes majeures :

2.1 - AVANT 1982

La structure des prix applicables avant la mise en service de la SONARA était régie par les dispositions du décret 69/DF/1 66 du 6 Mai 1969 portant création d'une commission nationale des hydrocarbures. Cette structure comprenait des postes :

- révisables immédiatement en fonction des variations des coûts réels ;
- révisables trimestriellement ;
- révisables annuellement.

2.2 - DE 1982 A 1991

Après la mise en service de la SONARA, une nouvelle structure des prix est mise en place pour s'adapter à la nouvelle situation de production locale des produits raffinés.

Les caractéristiques évolutionnelles des structures des prix qui pour l'essentiel allaient dans le sens de leur allégement étaient les suivantes :

- les éléments de prix relatifs à l'importation avaient disparu. Il s'agissait notamment du prix SOGARA, du remorquage sécurité. Ils furent remplacés par le prix sortie SONARA ;
- avaient également disparu, le poste additif et celui concernant le réajustement des prix et le poste "Stock de sécurité SNH".

2.3 - DE NOVEMBRE 1991 A 1998

Les prix des carburants ont été harmonisés sur l'ensemble du territoire :

- le poste "transport prix unique" est l'élément nouveau de cette structure ;

- le poste des "moins values" a disparu.

2.4 - DEPUIS 1999 : LIBERALISATION DES MARGES DE DISTRIBUTION

Depuis le 1er juillet 1999, certains postes de la structure des prix sont libéralisés ; ce sont ceux se rapportant aux distributeurs : Frais Généraux, Frais financiers, Bénéfice, Coulage, Prix de détail, etc.

A l'exception des prix sortie SONARA et sortie Dépôt, les prix de la distribution sont libéralisés et les marketers sont libres de fixer les prix à leur guise ; ils ont juste l'obligation d'afficher lesdits prix dans les stations-service.

Avant la libéralisation, la demande de révision des prix était introduite par l'un des intervenants de la filière (SONARA, SCDP, Marketers) et comportait le ou les postes objet de réajustement, accompagnés des pièces justificatives.

Pour l'analyse des coûts enregistrés par les marketers, les investigations de la CSPH étaient assises sur les déclarations statistiques et fiscales des sociétés de distribution et les comptes d'exploitation.

Pour les postes Frais Généraux, Amortissement et Entretien et Bénéfice, le réajustement des prix tenait compte du :

- rapport entre le chiffre d'affaires des carburants terrestres et le chiffre d'affaires global qui pouvait être reconsidéré lorsqu'il s'agissait de rechercher la partie afférente aux produits blancs ;
- ratio ramené aux volumes des ventes globales ou des carburants pour déterminer le prix unitaire moyen.

L'examen du poste Frais Financiers était fonction :

- de la dette ou découvert moyen mensuel de l'année ;
- et du taux bancaire du découvert réescomptable.

3 - EVOLUTION DES PRIX

Le tableau IV.7 en annexe IV présente l'évolution des prix des différents produits de 1978 à 2004.

Il ressort de ce tableau que de 1978 à 2004, les prix des produits pétroliers ont évolué de la manière suivante :

- le super a vu son prix presque quintupler, passant de 91 FCFA/litre à 444 FCFA/litre ;
- le prix du pétrole est passé de 35 FCFA/litre en 1978 à 237 FCFA/litre en 2004, soit une augmentation de 675% en 25 ans ;
- le gasoil a vu son prix multiplier par un facteur de 5,8, passant de 66 FCFA/litre à 383 FCFA/litre ;
- enfin, le prix du GPL a presque doublé dans la même période, passant de 222 FCFA/kg en 1978 à 400 FCFA/kg en 2004.

Le graphique IV.5 ci-dessous visualise cette évolution.

GRAPHIQUE IV.5 : EVOLUTION DU PRIX DES PRODUITS PETROLIERS DE 1978 A 2004

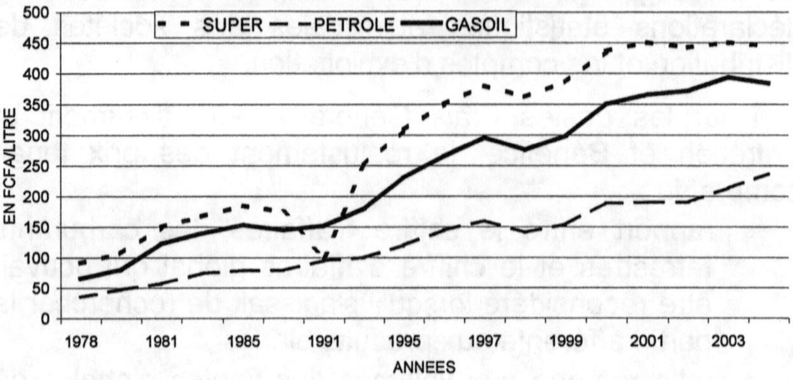

De même, le graphique IV.6 ci-dessous visualise l'évolution des prix du GPL

GRAPHIQUE IV:6 : EVOLUTION DU PRIX DU GPL DE 1978 A 2004

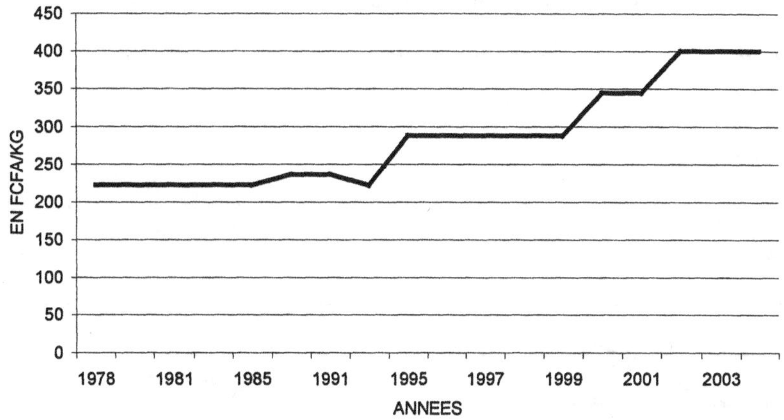

L'on peut aussi observer que le prix du GPL a très peu augmenté, comparativement aux prix des autres produits, traduisant ainsi la volonté des pouvoirs publics de fournir cette énergie à des prix abordables pour lutter contre la déforestation et le déboisement causés par les besoins de bois-énergie.

L'on relève également le creux de l'année 1991 où le prix du super a connu une chute drastique, passant de 175 FCFA/litre en 1989 à 100 FCFA/litre en 1991, soit une baisse de près de 43%, ceci pour lutter contre les effets conjugués de la crise économique et des importations frauduleuses de produits pétroliers.

Enfin, l'on constate aussi que depuis l'indexation des prix sortie SONARA en 1998 sur les cotations internationales de produits pétroliers et la libéralisation des marges de distribution, les prix connaissent des fluctuations à la hausse ou à la baisse, reflètant ainsi les situations des prix sur le marché international, quoique très partiellement.

Le graphique IV.7 ci-dessous présente l'évolution des prix des produits pétroliers (Base 100 : 1978).

GRAPHIQUE IV.7 : EVOLUTION DES PRIX DES PRODUITS PETROLIERS (BASE 100 : 1978)

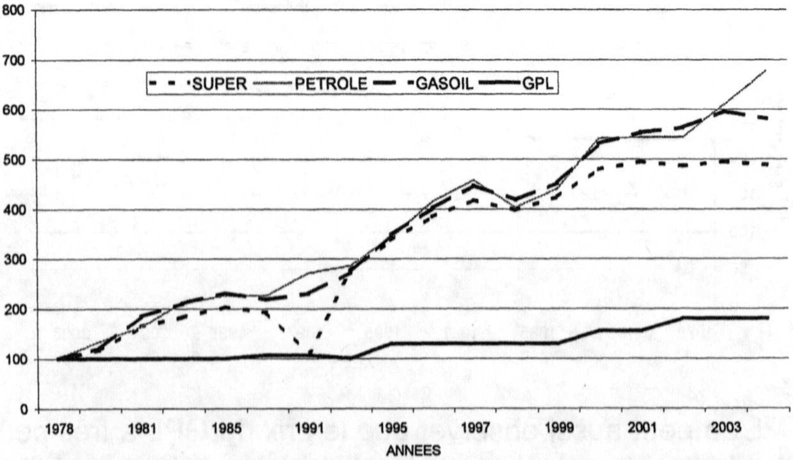

4 - EVOLUTION DE LA FISCALITE DES HYDROCARBURI

4.1 - LES HYDROCARBURES LIQUIDES

Dans le secteur de la recherche et de la production des hydrocarbures liquides ou gazeux, les sociétés sont soumises à deux régimes fiscaux :

- le régime relevant du code général des impôts ;
- le régime fiscal spécifique au secteur minier.

4.1.1 - AVANT LA REFORME

Les textes essentiels de la fiscalité dans le secteur de la recherche et de la production pétrolières avant la réforme étaient :

- la loi n° 78/14 du 29 décembre 1978, complétant en ce qui concerne les hydrocarbures la loi n° 64/LF/4 du 6 avril 1964 portant régime des substances minérales ;
- la loi n° 78/24 du 29 décembre 1978 fixant l'assiette, les taux et le mode de recouvrement des droits fixes, des redevances et des taxes minières ;

- les conventions d'établissement signées entre les compagnies pétrolières et l'Etat camerounais.

Avant cette réforme, la loi minière comportait trois parties essentielles relatives à la répartition :

- de la production ;
- des charges de production ;
- de la rente minière (bénéfice net tiré d'une concession mise en exploitation).

A - <u>Répartition de la production</u>

Cette répartition variait en fonction de la production cumulée :

- jusqu'à 15.000.000 de TM, elle était de 60% pour l'Etat et 40% pour les partenaires étrangers ;
- entre 15.000.000 de TM et 30.000.000 de TM de production cumulée, elle était de 65% pour l'Etat et 35% pour les partenaires étrangers ;
- au delà de 30.000.000 de TM, elle était de 70% pour l'Etat et 30% pour les partenaires étrangers.

B - <u>Répartition des charges de production</u>

Ces charges comportaient les dépenses liées :

- à la recherche pétrolière ;
- au développement des champs ;
- à l'exploitation des installations.

Selon la loi minière, ces coûts étaient d'abord entièrement supportés par les compagnies pétrolières. Ensuite, la moitié des dépenses engagées sur les concessions exploitées étaient remboursées par l'Etat.

Les dépenses engagées sur les permis et sur les concessions non exploitées n'étaient pas remboursées et devaient donc être considérées comme des pertes sèches pour les sociétés de ce secteur.

Les 50% des charges de production imputables à l'Etat étaient remboursées sur le produit de la vente d'un volume de pétrole, au prix du marché mondial. Toutefois, ce volume vendu ne devait pas faire baisser la part de production revenant à l'Etat en-dessous de 40% de la production totale.

C - Répartition de la rente minière

Par définition, la rente minière constitue, pour un permis de recherche donné, la différence constatée, au cours d'un exercice fiscal, entre le chiffre d'affaires en hydrocarbures et le coût technique afférent à ce permis.

La répartition de la rente minière variait d'une compagnie à l'autre :

- pour les concessions exploitées par ELF SEREPCA, elle était de 87% pour l'Etat camerounais contre 13% pour ELF SEREPCA ;
- pour les concessions exploitées par PECTEN, elle était de 74,69% pour l'Etat contre 25,31% pour la compagnie.

De ce qui précède, il ressort que dans le secteur de la recherche et de la production, l'ensemble des impôts, droits, taxes et redevances ne constituait que des avances de trésorerie consenties à l'ETAT par les compagnies pétrolières.

De ces textes, il ressort que les compagnies pétrolières étaient soumises à deux régimes fiscaux :

- le régime relevant du code général des impôts : dans ce cadre, elles devaient payer "un impôt direct calculé sur la base de leurs bénéfices imposables". Le taux de cet impôt est de 57,5% pour ELF SEREPCA et 48,64% pour PECTEN.
- le régime fiscal spécifique au secteur minier : ce régime comportait les impôts superficiaire, redevance minière proportionnelle, production, bonus de production :
  - la taxe superficiaire : elle était de 5.000 FCFA par km^2 pour un permis de recherche et de 100.000 FCFA par km^2 pour une concession. Le paiement de cette taxe est annuel,

- la redevance minière proportionnelle (Royalties) payée trimestriellement en dollars américains : cette redevance se calcule à partir de la formule suivante :

  A = 0,85 Q T V 0,95 où :

  A = redevance proportionnelle en dollars US ;

  Q = production pétrolière en barils du trimestre considéré ;

  T = taux d'imposition appliqué conformément à l'article 13 de la Convention d'Etablissement ;

  V = prix affiché du brut en dollars US.

La redevance minière sus-définie représentait 85 % des sommes dues. C'est pour cela qu'une liquidation complète doit être effectuée. Sa formulation est la suivante :

$$S = \frac{Al + A2 + A3 + A4}{0,85} \, 0,15$$

où Al, A2, A3, et A4 représentaient les redevances successives des 4 trimestres de l'année.

- Bonus de production : régi par la convention d'établissement, ce bonus variait en fonction du rythme de production enregistré pendant 90 jours consécutifs.

4.1.2 - <u>APRES LA REFORME</u>

Les textes essentiels de la fiscalité dans le secteur de la recherche et de la production pétrolière après la réforme sont :

- la loi n° 99/013 du 22 décembre 1999 portant code pétrolier ;
- la loi fixant l'assiette, les taux et mode de recouvrement des droits fixes, redevances et taxes minières ;

- les conventions d'établissement signées entre les compagnies pétrolières et l'Etat camerounais.

Le nouveau code pétrolier comporte trois parties essentielles régissant :

- le contrat de concession ;
- le contrat de partage de production ;
- et la rente minière.

A - Contrat de concession

Le titulaire d'un contrat de concession assume le financement des opérations pétrolières et dispose des hydrocarbures extraits pendant la période de validité dudit contrat, conformément aux stipulations du contrat de concession, sous réserve des droits de l'Etat de percevoir la redevance en nature.

B - Contrat de partage de la production

Par le Contrat de Partage de Production, l'Etat directement ou par l'entremise d'un établissement public dûment mandaté à cet effet, contracte les services d'un Titulaire en vue d'effectuer pour son compte et de façon exclusive, à l'intérieur du périmètre défini, les activités de Recherche et, en cas de découverte d'un gisement d'Hydrocarbures commercialement exploitable, les activités d'Exploitation.

Le Titulaire assure le financement de ces Opérations Pétrolières. Les Opérations Pétrolières d'un Contrat de Partage de Production font l'objet, selon leur nature, d'une autorisation exclusive de Recherche ou d'une autorisation exclusive d'Exploitation couvrant l'Exploitation d'un gisement d'Hydrocarbures commercialement exploitable.

Dans le cadre d'un Contrat de Partage de Production, la production d'Hydrocarbures est partagée entre l'Etat et le Titulaire, conformément aux stipulations dudit Contrat. Le Titulaire reçoit alors une part de la production au titre du remboursement de ses coûts et de sa rémunération en nature, selon les modalités suivantes :

- selon un rythme défini au Contrat Pétrolier, une part de la production totale d'Hydrocarbures est affectée au remboursement des coûts pétroliers effectivement supportés par le Titulaire au titre du Contrat pour la réalisation des Opérations Pétrolières. Cette part, couramment appelée “cost oil” ou "Production pour la récupération des coûts", ne peut être supérieure au pourcentage de la production fixé dans le Contrat de Partage de Production, qui définit les coûts pétroliers récupérables, leurs modalités particulières d'amortissement, ainsi que les conditions de leur récupération par prélèvement sur la production ;
- le solde de la production totale d’hydrocarbures, après déduction de la part prélevée au titre du paragraphe ci-dessus, couramment appelé “profit oil” ou “production pour la rémunération”, est partagé entre l'Etat et le Titulaire, selon les modalités fixées dans le Contrat Pétrolier.

Le Contrat de Partage de Production peut également prévoir une rémunération en espèces du Titulaire au lieu d'une rémunération par une partie de la production d’hydrocarbures. Dans ce cas, le Contrat est considéré comme un contrat de services à risques.

Le Titulaire doit réaliser les Opérations Pétrolières de telle manière que soit assurée, en toutes circonstances, la conservation des ressources naturelles, notamment celle des gisements d’hydrocarbures et que soient dûment protégées les caractéristiques essentielles de l'environnement. A ce titre, il doit prendre toutes mesures destinées à préserver la sécurité des personnes et des biens et à protéger l'environnement, les milieux et écosystèmes naturels.

Le Titulaire dont les Opérations Pétrolières sont susceptibles de porter atteinte à l'environnement, en raison de leur dimension, de leur nature ou de leur incidence sur le milieu naturel, est tenu de réaliser, à ses frais, une étude d'impact environnemental.

Cette étude permet d'évaluer les incidences directes ou indirectes des Opérations Pétrolières sur l'équilibre écologique du périmètre contractuel et de toute autre zone avoisinante, ainsi que sur le cadre et la qualité de vie des populations et des incidences sur l'environnement en général.

Les Titulaires de Contrats Pétroliers ainsi que les entreprises qui leur sont associées dans le cadre des protocoles ou accords sont assujettis, en raison de leurs activités de Recherche et d'Exploitation sur le Territoire Camerounais, au paiement des impôts, taxes et redevances prévus au présent chapitre, notamment ceux prévus au Code Général des Impôts, sous réserve des dispositions dudit chapitre applicables aux Opérations Pétrolières.

Les demandes d'attribution, de renouvellement, de cession, de transmission ou de renonciation de Contrats Pétroliers et des Autorisations en dérivant, sont soumises au paiement de droits fixes dont les montants et modalités de règlement sont précisés dans la loi de Finances annuelle de la République du Cameroun applicable à la date d'entrée en vigueur du Contrat Pétrolier. Il en est de même des demandes d'attribution ou de renouvellement des Autorisations de Prospection.

Les Titulaires de Contrats Pétroliers et d'Autorisations qui en dérivent sont soumis à une redevance superficiaire annuelle dont les montants et modalités de règlement sont précisés dans la loi de Finances annuelle de la République du Cameroun applicable à la date d'entrée en vigueur du Contrat Pétrolier.

Les Titulaires de Contrats de Concession s'acquittent mensuellement d'une redevance proportionnelle à la production. Le taux de cette redevance, ainsi que ses règles d'assiette et de recouvrement, qui peuvent être différents pour les Hydrocarbures liquides et pour les Hydrocarbures gazeux, sont précisés dans le Contrat de Concession.

Le bénéfice net est établi après déduction de toutes les charges supportées pour les besoins des Opérations Pétrolières. Celles-ci comprennent notamment :

- les frais généraux de toute nature, les dépenses de personnel et les charges y afférentes, les loyers des immeubles, les coûts des fournitures, les coûts des prestations de service fournies aux Titulaires ;
- la fraction raisonnable des dépenses administratives du siège social du Titulaire à l'étranger pouvant être imputée aux Opérations Pétrolières sur le Territoire Camerounais, conformément au Contrat Pétrolier ;
- les amortissements portés en comptabilité par le Titulaire, dans la limite des taux définis au Contrat y compris les amortissements qui auraient été différés au cours d'exercices antérieurs déficitaires. L'amortissement commence à la date d'utilisation des biens et se poursuit jusqu'à ce que ces biens soient amortis ;
- les intérêts des capitaux mis par des tiers à la disposition du Titulaire pour les besoins des opérations pétrolières de développement de gisements et de Transport des Hydrocarbures, dans la mesure où ils n'excèdent pas les taux normaux en usage sur les marchés financiers internationaux pour des prêts de nature similaire ;
- les intérêts servis aux associés ou aux sociétés affiliées en raison des sommes qu'ils mettent à la disposition du Titulaire en sus de leur part de capital, à condition que ces sommes soient affectées à la couverture d'une quote-part raisonnable des investissements de développement de gisements d'Hydrocarbures et de Transport de leur production sur le Territoire Camerounais, et que les taux d'intérêt n'excèdent pas ceux

mentionnés au paragraphe précédent. En outre, lorsque les emprunts auprès des tiers sont effectués à l'étranger, ils doivent être préalablement déclarés au Ministère chargé des finances ;

- les pertes de matériels ou de biens résultant des destructions ou d'avaries, les biens auxquels il est renoncé ou qui sont mis au rebut en cours d'année, les créances irrécouvrables et les indemnités versées aux tiers à titre de dommages ;
- le montant total de la redevance sur la production acquittée à l'Etat en espèces ou en nature, le cas échéant, en ce qui concerne les Contrats de Concession ;
- les provisions justifiables constituées pour faire face à des pertes ou charges et que des événements en cours rendent probables, en particulier la provision pour l'abandon des gisements, constituée conformément à la réglementation en vigueur et au Contrat Pétrolier ;
- sous réserve des stipulations contractuelles contraires, toutes autres pertes ou charges directement liées aux Opérations Pétrolières, à l'exception du montant de l'impôt sur les sociétés.

Le taux de l'impôt sur les sociétés applicable aux revenus tirés des Opérations de Recherche et d'Exploitation est fixé par le Contrat Pétrolier. Ce taux doit être compris entre le taux de droit commun prévu au Code Général des Impôts et 50%.

Le Contrat Pétrolier peut prévoir les règles comptables spécifiques aux Opérations Pétrolières, en particulier les modalités de recouvrement de l'impôt sur les sociétés.

Le Contrat Pétrolier peut prévoir une prime dénommée "bonus de signature" que son Titulaire s'oblige à verser à l'Etat pour la conclusion de son Contrat Pétrolier, ainsi qu'une prime dénommée "bonus de production" que le Titulaire a l'obligation de verser à l'Etat en fonction des quantités d'Hydrocarbures produites.

Le Titulaire du Contrat de Concession peut être assujetti à un prélèvement pétrolier additionnel calculé sur les bénéfices tirés des Opérations Pétrolières, dont les modalités sont fixées, le cas échéant, dans le Contrat.

Le Titulaire est redevable, dans les conditions de droit commun, des droits d'enregistrement de timbre, de péage, de publicité foncière et de la taxe sur les véhicules à moteur, à l'exception des droits d'enregistrement relatifs aux prêts, cautionnements et contrats liés directement aux Opérations Pétrolières.

4.2 - LES PRODUITS PETROLIERS

Au Cameroun comme partout dans le monde, l'énergie constitue un important support de collecte d'impôts et de taxes. Dans le secteur aval de l'industrie pétrolière, les entreprises sont assujetties au paiement d'une dizaine de taxes classées en deux catégories :

- celles qui apparaissent directement dans la structure des prix ;
- et celles qui n'y apparaissent pas.

Les taxes inscrites dans la structure des prix des produits pétroliers sont :

- les droits de douane ;
- la taxe sur la valeur ajoutée (TVA) ;
- le prélèvement de péréquation ;
- la taxe spéciale sur les produits pétroliers.

Les taxes non inscrites dans la structure des prix sont :

- les patentes ;
- les timbres fiscaux ;
- les vignettes et cartes grises ;
- les taxes sur contrat d'assurance ;
- les impôts sur les résultats des sociétés.

Comme le montre le tableau IV.6 ci-dessous, la part de la fiscalité dans le prix des produits pétroliers est la suivante, dans la structure des prix applicable en février 2004 :

- super : 39,18% ;
- pétrole : 10,58% ;
- gasoil : 31,34%.

TABLEAU IV.7 : PART DE LA FISCALITE SUR LES PRIX DES PRODUITS PETROLIERS EN 2004

PRIX EN FCFA/LITRE

DESIGNATION	SUPER	%	PETROLE	%	GASOIL	%
DOUANE	20,32	4,59	0,00	0,00	21,08	5,49
TVA	33,23	7,50	4,13	1,73	34,27	8,92
TAXE SPECIALE	120,00	27,09	-29,41	-12,31	65,00	16,93
TOTAL ETAT	**173,55**	**39,18**	**-25,28**	**-10,58**	**120,35**	**31,34**
PRIX DETAIL	443,00	100,00	239,00	100,00	384,00	100,00

SOURCE : CSPH / EEIC

On constate que les trois taxes perçues par l'Etat sur le prix de vente des carburants, représentent plus du tiers du prix pour le super et le gasoil ; par contre, le prix du pétrole est soutenu.

Le tableau IV.8 en annexe IV présente l'évolution des prélèvements perçus par l'Etat et la CSPH de 1978 à 2004.

Le graphique IV.8 ci-dessous visualise cette évolution.

GRAPHIQUE IV.8 : EVOLUTION DU MONTANT DES PRELEVEMENTS PERCUS PAR L'ETAT ET LA CSPH SUR LES CARBURANTS EN FCFA/LITRE

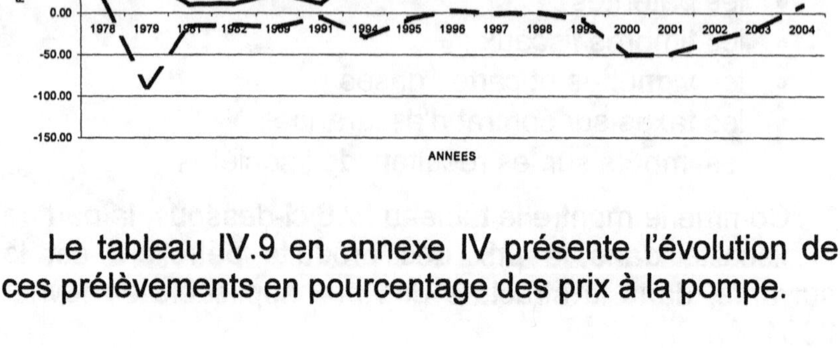

Le tableau IV.9 en annexe IV présente l'évolution de ces prélèvements en pourcentage des prix à la pompe.

De ces deux tableaux, on observe que :

- les prélèvements sur le super qui représentaient 38,6% du prix à la pompe en 1978, ont connu une baisse continue pour tomber à 13,71% en 1989, avant d'amorcer une remontée pour atteindre 46,6% en 2004 ;
- le pétrole a été soutenu jusqu'en 2003 ; en 2004, les prélèvements ont représenté 4,11% du prix ;
- les prélèvements sur le gasoil ont représenté 39,13% en 2004, contre 31,52% en 1978.

Le tableau IV.10 en annexe IV et le graphique IV.9 ci-dessous présentent l'évolution des prélèvements sur le super.

GRAPHIQUE IV.9 : EVOLUTION DES PRELEVEMENTS SUR LE SUPER

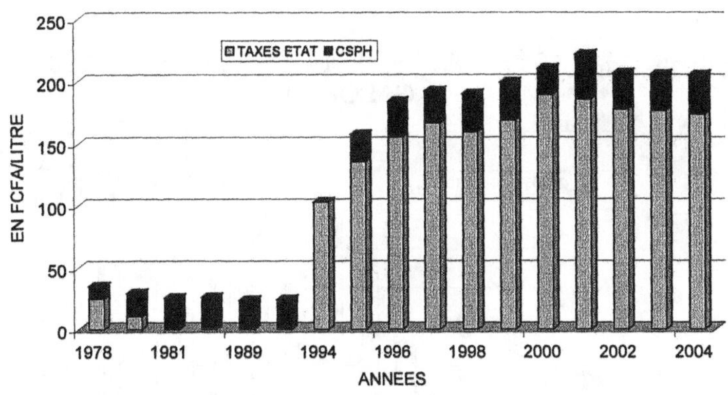

Le tableau IV.11 en annexe IV et le graphique IV.10 ci-dessous présentent l'évolution des prélèvements sur le pétrole lampant.

GRAPHIQUE IV.10 : EVOLUTION DES PRELEMENTS SUR LE PETROLE

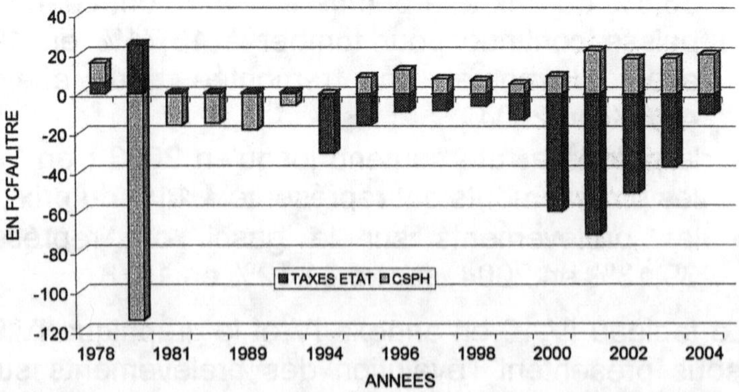

Le tableau IV.12 en annexe IV et le graphique IV.10. ci-dessous présentent l'évolution des prélèvements sur le gasoil.

GRAPHIQUE IV.10 : EVOLUTION DES PRELEVEMENTS SUR LE GASOIL

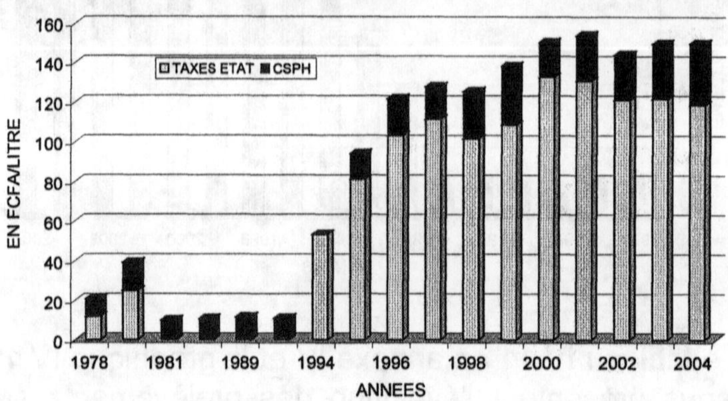

La fiscalité pétrolière se présente comme suit en 2004 :

- un droit de douane applicable sur les prix des produits SONARA à hauteur de 15% du prix du produit à la sortie de la raffinerie, ou du prix CAF à l'importation ;
- une TVA applicable sur les prix des produits SONARA majorés des droits de douane ;

- une taxe spéciale applicable sur les prix à la pompe (120 FCFA/l pour le super et 65 FCFA/l pour le gasoil) ;
- une TVA applicable sur toutes les prestations et marges liées à la distribution ;
- un impôt sur les sociétés (IS) au taux général de 38,5%.

Le pétrole lampant et le Gaz de Pétrole Liquéfié (GPL) sont exonérés d'impôts (droit de douane et TVA) compte tenu de la spécificité des consommateurs cibles et de la nécessité de préserver l'environnement (lutte contre le déboisement).

Le pétrole lampant bénéficie par ailleurs d'un soutien du Trésor Public déterminé en fonction des cours des produits finis.

Les prix des produits pétroliers pouvaient être par le passé exceptionnellement subventionnés par l'Etat dans le cas d'une flambée des cours internationaux, en vue de maintenir le niveau des prix de ces produits à la portée des consommateurs cibles, compte tenu de leur pouvoir d'achat peu élevé.

Actuellement, dans le cadre de son programme économique négocié avec les partenaires financiers internationaux, l'Etat s'est engagé à supprimer toute subvention sur les produits pétroliers, en dehors jusqu'ici du pétrole lampant et du GPL à cause des consommateurs cibles de ces produits.

Le tableau IV.13 en annexe IV présente l'évolution des prélèvements opérés par l'Etat sur les prix des carburants au titre de la TCA/TVA de 1978 à 2004.

Le graphique IV.11 ci-dessous visualise cette situation.

GRAPHIQUE IV.11 : EVOLUTION DE LA TCA/TVA SUR LES PRODUITS PETROLIERS

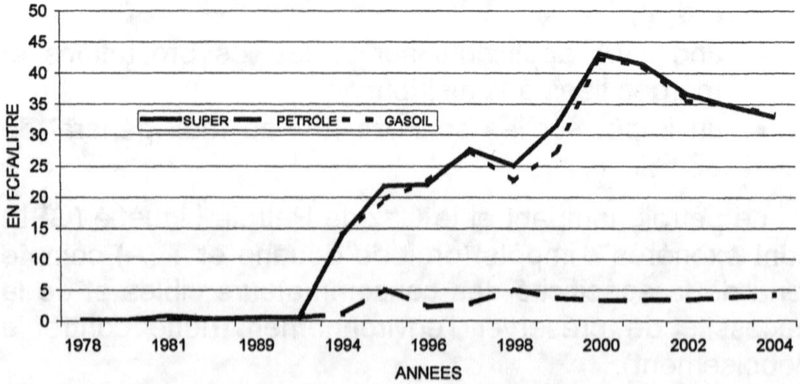

Parallèlement, des mesures ont été prises en vue de réglementer les procédures d'exportation des produits pétroliers, notamment à travers l'Instruction Ministérielle n° 01539/MINEFI/D du 17 juillet 2000 portant procédures d'exportation des produits pétroliers, en vue de s'assurer de la sortie effective de ces produits défiscalisés du territoire national, des cautions bancaires couvrant toutes les taxes exigibles par les services des impôts (TSPP, TVA, etc.), les droits de douane étant dus.

Les prix du Fuel oil 1.500, des bitumes et du Jet A1 étant libéralisés, seuls les prix du Super, du Gasoil, du pétrole lampant et du Gaz de pétrole liquéfié (GPL) sont suivis et actualisés mensuellement par la CSPH.

La structure des prix desdits produits comporte les huit principaux postes ci-après :

- le prix sortie raffinerie (SONARA) ;
- le coût de transport par CAMSHIP entre la raffinerie (Limbe) et le port de Douala ;
- les frais de déchargement à Douala par le Port Autonome de Douala (PAD) ;
- les frais de stockage (SCDP) ;
- les frais de distribution par les opérateurs ;
- les marges des revendeurs ;
- les taxes de péréquation perçues par la CSPH ;

- les diverses taxes versées à l'Etat.

Les tableaux IV.14 et IV.15 ci-dessous présentent la structure actuelle des prix à Douala pour les trois produits que sont : le super, le pétrole lampant et le gasoil.

TABLEAU IV.14 : STRUCTURE DES PRIX EN VIGUEUR AU DEPOT DE DOUALA EN MARS 2004

EN FCFA/LITRE

POSTE	SUPER	PETROLE	GASOIL
SONARA	139,02	144,32	129,34
CAMSHIP	6,80	6,88	6,95
ETAT	194,41	11,04	151,67
SCDP	8,97	9,73	8,97
CSPH	31,00	19,82	29,87
MARKETER	48,00	29,41	37,40
REVENDEUR	14,00	10,00	11,00
TRANSPORT	6,80	6,80	6,80
TOTAL	**449,00**	**238,00**	**382,00**

SOURCE : EEIC

TABLEAU IV.15 : STRUCTURE DES PRIX EN VIGUEUR AU DEPOT DE DOUALA EN MARS 2004

EN %

POSTE	SUPER	PETROLE	GASOIL
SONARA	30,96%	60,64%	33,86%
CAMSHIP	1,51%	2,89%	1,82%
ETAT	43,30%	4,64%	39,70%
SCDP	2,00%	4,09%	2,35%
CSPH	6,90%	8,33%	7,82%
MARKETER	10,69%	12,36%	9,79%
REVENDEUR	3,12%	4,20%	2,88%
TRANSPORT	1,51%	2,86%	1,78%
TOTAL	**100,00%**	**100,00%**	**100,00%**

SOURCE : EEIC

De ces deux tableaux, il se confirme que :

- le super et le gasoil constituent pour l'Etat d'importants supports de collecte de taxes ;

- si à cette taxe on ajoute les frais de douane, les prélèvements de péréquation, la TVA perçue à tous les niveaux de la filière, ainsi que les impôts sur les sociétés, l'Etat se retrouve comme étant le principal bénéficiaire des activités de distribution des carburants au Cameroun, sa quote-part étant au minimum de 43,30% dans le prix d'un litre de super carburant vendu à la pompe et de 39,70% pour le gasoil ;
- en 2004, le GPL est faiblement taxé (8%) et le pétrole subventionné ;
- quatre des huit postes de la structure représentent en moyenne 91,85% du prix de détail de chaque produit. Il s'agit :
  - du prix sortie raffinerie,
  - du coût de distribution par les marketers,
  - des prélèvements de péréquation,
  - des taxes reversées à l'Etat.

Les autres postes sont presque marginaux et n'ont qu'une influence mineure sur l'évolution de la structure des prix.

4.3 - <u>SECTEUR GAZIER AVAL</u>

Les activités de transport, de distribution et de vente de gaz naturel sont assujetties aux impôts, taxes et redevances prévus par le Code général des impôts sous réserve des dispositions, mais bénéficient des avantages suivants :

- pendant la phase d'installation qui ne peut excéder cinq (5) ans à compter de la date de notification, de publication des actes d'attribution ou de la signature des contrats selon les cas :
  - exonération des droits d'enregistrement des actes de création ou d'augmentation du capital,
  - exonération des droits d'enregistrement des baux d'immeubles à usage exclusivement professionnel faisant partie intégrante du programme d'investissement,

- exonération des droits de mutation sur l'acquisition des immeubles, terrains et bâtiments indispensables à la réalisation du programme d'investissement,
- exonération des droits d'enregistrement des contrats de fourniture des équipements et de construction des immeubles et installations nécessaires à la réalisation de leur programme d'investissement,
- exonération de la taxe spéciale d'enregistrement des contrats d'assurance de l'entreprise,
- exonération des droits d'enregistrement des contrats de concession ;
- pendant les dix premières années d'exploitation, l'entreprise bénéficie de la déduction des amortissements, normalement comptabilisés pendant les trois premiers exercices sur le revenu imposable des cinq exercices suivants ;
- pendant la même période, les personnes exerçant des activités de transport, de distribution, de stockage et de transformation de gaz sont exemptées des droits, taxes, redevances de douane, sur les importations de biens d'équipement destinés à être affectés et utilisés pour les activités visées ci-dessus.

Toute demande relative à l'attribution, renouvellement ou au transfert d'une concession, d'une licence ou d'une autorisation conformément aux dispositions de la nouvelle loi est soumise au paiement d'un droit fixe dont les taux sont fixés comme suit :

- concession de transport ou de distribution :
  - attribution : cinq millions (5.000.000) de FCFA,
  - renouvellement : sept millions cinq cent mille (7.500.000) de FCFA,
  - transfert : dix millions (10.000.000) de FCFA ;
- licence de transformation, stockage, importation et exportation :
  - attribution : deux millions (2.000.000) de FCFA,

- renouvellement : deux millions cinq cent mille (2.500.000) de FCFA,
- transfert : trois millions (3.000.000) de FCFA ;

- autorisation de vente :
  - attribution : trois cent mille (300.000) de FCFA,
  - renouvellement : cinq cent mille (500.000) de FCFA,
  - transfert : sept cent mille (700.000) de FCFA.

Tout exploitant du secteur gazier aval est soumis au versement d'une redevance dont le taux est propre à chacun des régimes. Ces redevances fixées ci-après sont payables annuellement selon des modalités propres à chacune des activités :

- pour le transport : 5% du chiffre d'affaires annuel ;
- pour la distribution : 5% du chiffre d'affaires annuel ;
- pour la transformation : 5% du chiffre d'affaires annuel ;
- pour la stockage : 5% du chiffre d'affaires annuel ;
- pour l'importation et l'exportation : 5% du chiffre d'affaires annuel.

Les redevances sont payables trimestriellement à terme échu, le premier paiement intervenant six mois après la fin de l'exercice comptable concerné.

CINQUIEME PARTIE : LES PROBLEMES DU SECTEUR

CHAPITRE 1 : SECTEUR DE L'ENERGIE ELECTRIQUE

1 - CADRE INSTITUTIONNEL ET REGLEMENTAIRE

Quoique privatisée, l'Etat continue d'avoir une participation importante (44%) dans le capital de AES SONEL et cela pose des problèmes de responsabilité notamment en ces périodes de délestages.

En rappel, deux Organismes interviennent dans le secteur de l'électricité : l'Agence de Régulation de l'Electricité et l'Agence de l'Electrification Rurale. Malgré l'existence de ces deux structures, de nombreux problèmes demeurent non solutionnés dans ce secteur, notamment :

- le contrôle des installations électriques intérieures ;
- la promotion des économies d'énergie ;
- la gestion d'une banque de données régulièrement actualisées ;
- etc.

Et la question que l'on pourrait se poser est l'opportunité de la création de deux agences pour gérer le seul secteur électrique.

2 - DISPONIBILITE DE L'OFFRE

La puissance hydraulique installée ne représente que 3,66% du potentiel hydroélectrique du Cameroun, ce qui démontre que le pays dispose d'un potentiel hydroélectrique insuffisamment développé ; situation résultant principalement de l'indisponibilté des ressources financières par la SONEL avant sa privatisation : en effet, plusieurs aménagements projetés en son temps par la SONEL ont été différés faute de ressources (NATCHIGAL, NDJOCK, NGOILA, etc.).

Généralement en saison sèche, à cause de l'insuffisance de l'offre d'électricité par AES SONEL, ALUCAM est amenée à réduire sa consommation d'énergie électrique durant les périodes d'étiage sévère, les groupes de secours de AES SONEL sont mis en fonctionnement pour satisfaire la demande du secteur public. Cette situation est un handicap pour la société d'aluminium qui doit fonctionner à très haut facteur de charge, voire même à charge constante 24 heures sur 24.

3 - TRANSPORT ET DISTRIBUTION

L'exploitation des centrales est confrontée à des difficultés qui ont pour origine :

- la vétusté des groupes ;
- les délais importants d'approvisionnement en pièces de rechange ;
- l'insuffisance du personnel qualifié ;
- l'irrégularité de l'approvisionnement en combustible dans certaines zones, le mauvais état de certains axes routiers et le manque de moyens de télécommunication ;
- la vétusté des automatismes et des combinés de mesure ;
- la saturation des capacités de transformation à Douala et à Yaoundé ;
- des retards dans la remise en état des postes de Koumassi et de Bassa dans lesquels étaient survenus des incendies ;
- la mauvaise tenue de la tension sur la ligne 90 kV de l'Ouest ;
- la vétusté de certains réseaux MT et BT notamment dans le Littoral et le Centre ;
- l'absence d'une cartographie à jour des réseaux MT et BT ;
- la surcharge des postes sources à Yaoundé et à Douala ;
- l'insuffisance ou le manque de matériel et de l'équipement d'intervention ;
- l'insuffisance des moyens de transport affectés à l'exploitation des réseaux ;

- l'insuffisance en qualité et en nombre du personnel d'intervention ;
- l'insuffisance des moyens de télécommunication qui se traduit notamment par des temps de recherche des défauts très longs pour des réseaux longs tels que ceux des réseaux du sud et de l'est ;
- l'insuffisance de l'entretien préventif ;
- un nombre important de postes sans transformateurs à cause desquels de nombreuses localités sont restées dans le noir ;
- de nombreux transformateurs et appareils de coupure sont dépassés en capacité ;
- des chutes de tension permanentes à Yaoundé ;
- des réseaux ruraux très longs qui entraînent des chutes de tension dans certaines régions ;
- un grand nombre de poteaux pourris et la mauvaise tenue des poteaux dans l'environnement de l'Extrême-nord et du Nord (vents violents et foudres fréquentes) ;
- l'absence de protection sur des transformateurs notamment dans l'Adamaoua ;
- de nombreux coffrets haut de poteaux des postes H61 brûlés ou shuntés.

Face à cette situation, l'entreprise a dû renoncer dans certaines centres AES SONEL à recevoir les paiements des frais de branchements par les abonnés, situation qui perdure encore actuellement.

4 - PERTES SUR LES RESEAUX

Les pertes sur les réseaux HT et MT sont dans les limites des pertes généralement admises ailleurs c'est-à-dire de 1% à 4% en HT et de 2% à 7% en MT.

Les pertes sur le réseau BT sont trop élevées par rapport à la moyenne admise qui est de 7% à 15% au maximum. Les pertes sur le réseau BT se décomposent en deux catégories : les pertes techniques d'une part et les pertes non techniques d'autre part. Les pertes non techniques sont dues aux branchements clandestins et à l'utilisation frauduleuse d'électricité, tandis que les pertes techniques sont essentiellement dues à la non normalisation de la longueur des réseaux BT urbains et ruraux, à une absence d'optimisation du système de distribution et au vieillissement du réseau de distribution.

5 - BRANCHEMENTS CLANDESTINS

On constate l'importance des branchements clandestins dans les quartiers populaires et périphériques. Les branchements clandestins sont de deux types : ceux qui sont faits à partir des compteurs des abonnés de AES SONEL et dont l'énergie électrique consommée est effectivement comptabilisée ; dans ce premier cas, seul le nombre réel de bénéficiaires reste inconnu. Il y a ensuite les branchements avant compteurs qui représentent les pertes non techniques réelles.

La réalisation de ces branchements clandestins soulève des problèmes de sécurité du fait qu'ils sont réalisés de façon artisanale sans aucune sécurité. Souvent, le raccordement est fait sur des lignes à leur limite maximale d'exploitation. Des surcharges peuvent donc surgir, occasionnant des pannes de courant et des risques d'incendie.

6 - TARIFICATION

Les tarifs d'électricité appliqués notamment en basse tension sont très élevés ; ce niveau de tarif élevé cumulé avec les délestages posent de vrais problèmes d'efficacité du système.

De 1981/1982 à 2000/2001, les tarifs appliqués à ALUCAM ont augmenté de 5,25%/an en moyenne et de 252% en terme réel. On remarque aussi que cette société a consommé plus de 45% de la consommation nationale en 2000/2001 mais n'a généré que 11,93% des recettes de AES SONEL. Cette situation s'explique par le niveau relativement bas des tarifs appliqués à ALUCAM, principal client en HT de AES SONEL, soit 6,71 FCFA/KWh.

Il s'avère ainsi que les clients BT subventionnent ALUCAM. Cette situation ne permet pas d'équilibrer les finances de AES SONEL étant donné que ALUCAM seule consomme plus de la moitié de la production nationale.

La tarification actuelle n'est pas basée sur une estimation des coûts marginaux de développement à long terme des réseaux. Elle n'intègre pas les variations du coût entre les diverses périodes de la journée (période de pointe, période hors pointe) ou entre les saisons.

De plus, elle n'est même pas basée sur les coûts car il y a une absence (de maîtrise de beaucoup d'éléments des coûts (câbles, pylônes métalliques, compteurs, isolateurs en verre trempé, etc.) du fait de l'extraversion de l'approvisionnement.

Il en résulte une politique tarifaire irrationnelle et paradoxale où certains abonnés paient beaucoup plus cher que leur coût marginal de fourniture et d'autres consomment presque gratuitement.

Les principaux problèmes auxquels AES SONEL est confrontée pour une gestion clientèle efficace sont les suivants :

- la qualité insuffisante de l'outil informatique de gestion de la clientèle ;
- l'insuffisance en qualité et en quantité du personnel notamment pour les caisses et le relevé des compteurs ;
- l'insuffisance des moyens de lutte contre la fraude qui continue à se développer ;
- la mauvaise qualité de la relève qui explique près de la moitié des annulations de factures dans certaines unités ;

- la mauvaise qualité des portefeuilles clients pour lesquels des actions de justification apparaissaient nécessaires ;
- l'inadéquation entre le profil des agents et les postes qu'ils occupent notamment dans la distribution ;
- un taux de vieillissement élevé du personnel, particulièrement dans la relève des compteurs et des métiers techniques exigeants en termes de condition physique des agents.

CHAPITRE 2 : ENR

1 - CADRE INSTITUTIONNEL ET REGLEMENTAIRE

Du fait de la diversité des organismes qui interviennent dans le secteur des Energies Nouvelles et Renouvelables (ENR), les opérations entreprises dans ce domaine devraient être coordonnées de manière très rigoureuse. Il n'en est rien et ce manque de coordination constitue une des difficultés majeures du secteur.

La filière Bois-énergie est totalement informelle et non contrôlée. Du fait de son caractère "diffus", les actions sur la filière sont plus difficiles à mettre en œuvre.

La coupe du bois de chauffage est soumise à l'obtention préalable d'un permis de coupe institué par décret n° 83/169 du 12 avril 1983. Cette disposition du décret n'est pas respectée par les exploitants à cause d'une procédure d'obtention de permis très longue et complexe. Ainsi, certains exploitants provoquent les feux de brousse afin de bénéficier des facilités de cette disposition. Le Ministère de l'Environnement et des Forêts n'ayant pas les moyens humains et matériels pour assurer les contrôles réglementaires, l'exploitation clandestine s'est généralisée.

Le transport et la distribution du bois de chauffe demeurent au stade artisanal et ne font à l'heure actuelle l'objet d'aucune réglementation.

En définitive, on peut noter : l'inadaptation de la législation forestière essentiellement axée sur la préservation de la forêt et ne prenant pas suffisamment en compte son exploitation à des fins énergétiques, et une coordination insuffisante entre la Direction des Forêts surtout concernée par l'exploitation du bois d'œuvre et la Direction de l'Energie chargée de la mise en valeur du bois-énergie.

Il n'existe pas non plus de réglementation définissant les modalités d'utilisation de l'énergie solaire, photovoltaïque ou thermique.

On peut noter que les taxes et droits de douane sur ces produits constituent un élément limitant pour leur diffusion.

Pour la micro-hydraulique, malgré l'évolution de la législation, aucun aménagement n'a été réalisé et les anciens sites déclassés n'ont pas été réhabilités.

En définitive, il convient de repréciser le cadre institutionnel et réglementaire des ENR et de l'URE au Cameroun, en prenant en compte les spécificités de chacune des filières et en veillant à leur intégration dans la politique énergétique nationale.

2 - RESERVES ET PRODUCTION

Les ressources forestières naturelles du Cameroun n'ont pas fait l'objet, à ce jour, d'une reconnaissance systématique.

Les inventaires réalisés ne concernent que la zone forestière et avaient pour objectif l'évaluation des ressources en bois d'œuvre.

Il faudrait effectuer des études pour une valorisation en bois-énergie.

Au Cameroun, la reconstitution du patrimoine forestier a connu un démarrage modeste dans les années 30 puis 50. Par ailleurs elle s'est focalisée essentiellement dans les zones de forêts denses du Sud.

Dans les industries du bois, des petits gazogènes pour l'auto-production d'énergie ou des chaudières à bois pour la production d'électricité à l'échelle locale permettraient une valorisation des déchets de bois inutilisés.

La densification de la balle de riz dans les rizières, pour l'alimentation en combustibles domestiques des centres urbains du nord, constitue aussi un exemple de projet envisageable à court terme.

La méthanisation est aussi une solution à étudier dans le cas des grandes fermes agro-pastorales isolées, des abattoirs et de certaines industries polluantes (brasseries par exemple).

La valorisation énergétique des déchets s'inscrit dans une perspective de développement local ou sectoriel.

Une meilleure connaissance de la situation de l'énergie dans les différents centres agro-industriels disposant de déchets est nécessaire pour préciser les potentialités énergétiques de la biomasse agro-industrielle.

Il est nécessaire de procéder à un repérage plus fin des sites, permettant de dégager les couples "sites potentiels/centres d'utilisation à proximité".

Il existe très peu de données sur les ressources en ENR. Par exemple, en ce qui concerne les déchets, il faudrait connaître leurs pouvoirs calorifiques réels, les quantités disponibles, leur situation géographique, etc.

On ne dispose pas non plus de rapports sur le comportement des installations existantes. Une description de leur fonctionnement et une connaissance des difficultés rencontrées permettraient de mieux étudier les projets à venir.

Les ressources en énergie solaire, éolienne et géothermique ne sont pas maîtrisées.

3 - RESEAU DE TRANSPORT ET DE DISTRIBUTION

Le transport du bois de chauffe est effectué au Cameroun par les commerçants commanditaires de l'exploitation ou par des transporteurs occasionnels. Il est ensuite commercialisé dans le circuit informel.

Le secteur du bois énergie se caractérise par la multiplicité des intervenants dans la production-distribution : après le producteur en brousse, il y a un premier intermédiaire (acheteur grossiste souvent associé au transporteur) ; arrivé au marché, un détaillant ambulant livre le bois à l'échelle du quartier ; un second micro-détaillant dont la zone de distribution se limite généralement à quelques rues vend effectivement le bois aux consommateurs. A MAROUA par exemple, la population a surtout recourt aux micro-détaillants qui approvisionnent les 2/3 des consommateurs.

4 - TARIFICATION

Il n'existe aucune structure tarifaire pour le bois-énergie ; à chaque site, correspond un prix particulier : du plus cher, chez les détaillants de quartier, au moins onéreux (en brousse), en passant par des valeurs intermédiaires pour les ambulants et les commerçants de marché.

La facture du bois de feu s'avère lourde pour les gens les plus défavorisés et aggrave la pauvreté dans certains quartiers urbains.

Le secteur bois-énergie se caractérise donc par une absence de structure tarifaire et de programmes de régénération de la matière ligneuse.

5 - INFORMATION ET VULGARISATION

La population est mal informée sur les ENR et les possibilités qu'elles offrent pour la solution de leurs problèmes énergétiques.

La formation dans ce domaine s'est cantonnée au niveau de l'enseignement supérieur, et les artisans qui devraient être les agents de vulgarisation ne bénéficient encore d'aucune attention.

CHAPITRE 3 : SECTEUR DES HYDROCARBURES

1 - EVOLUTION DU SECTEUR

1.1 – RECHERCHE-PRODUCTION

Avant la réforme du code pétrolier, les opérateurs de la filière trouvaient les textes régissant le secteur un peu trop complexes, notamment la loi minière. Cette situation est un des justificatifs de la faiblesse des opérations de prospection dans les années 1990. En outre, les textes ne prenaient pas totalement en compte le gaz naturel.

1.2 - LES PRODUITS PETROLIERS AVAL

Avant la mise en oeuvre des réformes dans ce secteur pétrolier aval, le paysage se présentait ainsi qu'il suit :

- sur le plan structurel :
  - un seul fournisseur de pétrole brut : la Société Nationale des Hydrocarbures (SNH), établissement public qui représente les intérêts de l'Etat dans le secteur pétrolier amont (Exploration et Production du pétrole brut), qui commercialise la part de pétrole brut revenant à l'Etat, qui détenait jusque là le monopole de l'approvisionnement de la raffinerie nationale en pétrole brut, et qui subventionnait les prix de cession de ce produit à la raffinerie,
  - un seul raffineur : la Société Nationale de Raffinage (SONARA) dont le capital est détenu à 66% par l'actionnariat public, et à 34% par l'actionnariat privé constitué des filiales des grandes sociétés pétrolières internationales de distribution opérant au Cameroun,
  - une seule société de stockage : la Société Camerounaise de Dépôts Pétroliers (SCDP), dont le capital est composé à 51% par l'actionnariat public et à 49% par l'actionnariat privé,

- un seul transporteur chargé d'approvisionner la raffinerie en pétrole brut et les dépôts pétroliers de DOUALA en produits finis : la Cameroon Shipping Lines (CAMSHIP), montée en partenariat entre l'Etat et le secteur privé,
- une seule société chargée du contrôle de la qualité : Hydrocarbures Analyse et Contrôle (HYDRAC), filiale à 100% de la Société Nationale des Hydrocarbures,
- quant à la distribution des produits finis, elle était assurée par cinq filiales locales des grandes sociétés internationales du secteur pétrolier, à savoir TOTAL Cameroun, MOBIL OIL Cameroun, ELF OIL Cameroun, TEXACO Cameroun et SHELL Cameroun, regroupées au sein d'une organisation professionnelle appelée le Groupement Professionnel des Pétroles (GPP), qui exerçait un monopole corporatif.

- sur les plans institutionnel et réglementaire :
  - le raffinage était régi par une convention d'établissement, et le stockage par un protocole d'accord liant le secteur privé au Gouvernement,
  - le régime des importations des produits pétroliers était soumis à un système d'autorisation préalable nécessitant l'obtention d'un certificat de carence délivré par la raffinerie nationale qui détenait le monopole de l'approvisionnement du marché local,
  - le régime des prix des produits pétroliers était quant à lui assujetti à une procédure d'homologation et de fixation administrative des marges bénéficiaires,
  - l'accès à la profession de distributeur des produits pétroliers n'était pas réglémenté et seules les filiales des multinationales pouvaient y opérer,
  - les tarifs de transport étaient fixés par l'administration,

- un système de péréquation des prix des produits pétroliers était en vigueur, à savoir une péréquation inter-produits, et une péréquation inter-régionale.

La rigidité des procédures administratives et les effets des situations monopolistiques décrites ci-dessus ont induit une non-compétitivité, tant pour les entreprises du secteur pétrolier que pour l'ensemble de l'économie nationale.

2 - LES REFORMES MISES EN ŒUVRE

2.1 - RECHERCHE-PRODUCTION

Le nouveau code pétrolier :

- permet de rassembler, dans un texte unique toutes les dispositions légales nécessaires pour régir les activités de prospection, de recherche et de production d'hydrocarbures au Cameroun ;
- procède à la simplification du régime pétrolier grâce à l'abandon du système complexe et controversé de la «Rente Minière Garantie» avec l'introduction de la possibilité pour le Cameroun de conclure des contrats modernes de type «Partage de Production» ou de type «Concession», à l'instar de la pratique désormais courante dans tous les pays pétroliers du monde ;
- propose un cadre juridique, contractuel et fiscal dont le régime attractif et équilibré préserve les intérêts de l'Etat en lui permettant d'intervenir efficacement dans le secteur pétrolier ;
- prend en considération les aspects modernes de l'activité pétrolière en rapport avec les problèmes de l'environnement.

Le code gazier quant à lui a reglémenté le secteur aval de l'activité des hydrocarbures gazeux (Transport, distribution, etc.).

2.2 - LES PRODUITS PETROLIERS

2.2.1 - SUR LES PLANS INSTITUTIONNEL ET REGLEMENTAIRE

Cinq mesures ont été mises en application :

- Abolition du monopole de la SNH en matière de livraison de pétrole brut à la SONARA ;

- Elimination du monopole de la SONARA en matière de fourniture de produits pétroliers au marché local ;
- Elimination du monopole de la SCDP en matière de stockage des produits pétroliers ;
- Libéralisation des marges de distribution ;
- Réglementation des conditions d'accès aux activités du secteur pétrolier aval.

A - <u>Abolition du monopole de la SNH en matiere de livraison de petrole brut</u>

Dès le 1er juillet 1995, le monopole naguère accordé à la SNH en matière de livraison du pétrole brut à la SONARA a été supprimé, ce qui a permis à la raffinerie nationale de se déconnecter de la SNH et de s'approvisionner librement de manière compétitive en pétrole brut, tant sur le marché local que sur le marché international.

Par la même occasion, la subvention accordée par la SNH sur les prix de cession du pétrole brut à la raffinerie a été abolie.

Ces mesures ont particulièrement permis de mettre la raffinerie en situation réelle d'exploitation, sans système de stabilisation des prix du brut, ni subvention.

La raffinerie pouvait désormais bénéficier des fluctuations favorables des cours de sa matière première, et s'ajuster en vue d'opérer dorénavant dans un environnement concurrentiel.

La mise en oeuvre de ces mesures a été exécutée progressivement :

- dans un premier temps, par la signature de la Circulaire n° 02344/MINEFI/SG/CSPH du 31 décembre 1997, qui mettait en place dès le 1er janvier 1998, une formule de révision mensuelle des prix des produits pétroliers pratiqués à la sortie de la raffinerie, en les indexant sur l'évolution des cours internationaux des produits finis (Platt's), de manière à préparer la raffinerie à affronter la concurrence internationale ;

- dans un second temps, à travers le réajustement automatique des prix des produits pétroliers à la sortie de la SONARA en fonction de l'ensemble des paramètres du marché pétrolier international, à savoir notamment, l'évolution des cours internationaux du Brent et des produits pétroliers, de la parité du Dollar par rapport au Franc CFA, et des conditions commerciales concurrentielles.

B - Elimination du monopole de la SONARA en matiere de fourniture de produits petroliers

La deuxième série de mesures a porté sur l'élimination progressive du monopole de la raffinerie nationale pour l'approvisionnement du marché local en produits pétroliers finis à partir du 1er juillet 1998, avec la modification de la convention d'établissement signée entre l'Etat et la SONARA en 1980.

Le marché intérieur des produits pétroliers a été ainsi ouvert progressivement aux importations par voie maritime, à concurrence de 20% de la consommation nationale, les importations devant être réalisées par voie d'appels d'offres lancés à l'intention de toutes les sociétés agréées aux opérations d'importation des produits pétroliers conformément à la réglementation en vigueur, sous l'égide de la Caisse de Stabilisation des Prix des Hydrocarbures (CSPH), et moyennant une taxe à l'importation de 15% reversée au Trésor Public.

Cette mesure a été mise en place à travers deux textes réglementaires, à savoir :

- l'Arrêté Conjoint MINEFI-MINDIC N°00126 du 30 juin 1998 définissant certaines conditions et modalités d'importation des produits pétroliers ;
- et la Circulaire Conjointe MINDIC/MINEFI du 28 septembre 1998 portant composition et fonctionnement de la Commission ad hoc chargée des Importations des Produits Pétroliers.

C - Elimination du monopole de la SCDP en matiere de stockage des produits petroliers

Dans le même cadre de la libéralisation du secteur pétrolier aval, le monopole de la SCDP en matière de stockage des produits pétroliers a été supprimé, à compter du 1er juillet 1998, en vue notamment :

- de donner la possibilité à tout opérateur économique du secteur, d'accéder aux installations de la SCDP moyennant le paiement d'un taux de passage fixé par le Conseil d'Administration de ladite société ;
- d'optimiser l'utilisation des capacités de stockage installées ;
- d'assurer l'approvisionnement régulier du pays en diversifiant les sources d'approvisionnement (approvisionnement local ou par importation).

Pour la mise en oeuvre de cette mesure préparatoire à la libéralisation, le protocole d'accord signé entre le Gouvernement et les sociétés de distribution partenaires a été modifié le 30 juin 1998.

D - Liberalisation des marges de distribution

La libéralisation des prix de détail à la pompe et des marges de distribution des produits pétroliers est intervenue à partir du Ier juillet 1999, à la faveur de l'Arrêté n° 00245/MINEFI du 30 juin 1999 portant libéralisation des prix et marges de distribution des produits pétroliers au Cameroun.

Ces nouvelles dispositions ont donné la possibilité aux sociétés de distribution de fixer librement les prix des produits pétroliers à la pompe.

Cette mesure a :

- réaffirmé le mécanisme de réajustement automatique des prix à la sortie de la raffinerie en fonction de l'évolution des cours internationaux du Brent et des produits pétroliers, de la parité du

Dollar par rapport au Franc CFA, ainsi que des conditions commerciales concurrentielles ;

- préservé le régime des prix harmonisés à la sortie de chaque dépôt pétrolier, grâce à une péréquation des coûts de transport des produits pétroliers vers les différentes régions de consommation, de même que le mécanisme de péréquation inter-produits ;
- libéré les marges de distribution ainsi que les tarifs de transport pour l'approvisionnement des stations-service ;
- établi un mécanisme de surveillance de la concurrence dans les localités connaissant une situation de monopole, grâce à un système de déclaration à l'administration, des prix pratiqués par les distributeurs dans lesdites localités en vue de préserver les intérêts des consommateurs ;
- rendu obligatoire l'affichage des prix au niveau de chaque station-service sur panneaux lisibles à distance afin de permettre aux consommateurs d'apprécier le niveau des prix dans chaque point de vente.

E - <u>Reglementation des conditions d'accès aux activites du secteur pétrolier aval</u>

Dans le cadre de cette libéralisation, des textes réglementaires ont été signés en vue de fixer les conditions d'exercice des activités du secteur pétrolier aval, notamment en ce qui concerne :

- le raffinage du pétrole brut ;
- le stockage des produits pétroliers ;
- le transport des produits pétroliers ;
- la distribution des produits pétroliers ;
- les importations et exportations de produits pétroliers ;
- le contrôle de la qualité des produits pétroliers.

Il s'agit notamment des textes ci-après :

- le Décret n° 2000/935/PM du 13 novembre 2000 fixant les conditions d'exercice des activités du secteur pétrolier aval ;
- l'Arrêté n° 022/MINMEE du 28 septembre 2001 précisant certaines conditions d'exercice des activités du secteur pétrolier aval ;
- l'Arrêté n° 023/MINMEE du 28 septembre 2001 fixant les conditions de gestion et de contrôle des stocks réglementaires des produits pétroliers ;
- l'Arrêté Conjoint n° 025/MINMEE/MINEFI/MINDIC du 05 octobre 2001 fixant le niveau de cautionnement destiné à la couverture des engagements des opérateurs du secteur pétrolier aval vis-à-vis de l'Etat.

Lesdits textes définissent les conditions d'investissement, les règles de sécurité à respecter, tant au niveau de la réalisation des installations qu'à celui de leur exploitation, ainsi que les règles de protection de l'environnement et des intérêts des consommateurs.

Les dispositions de ces textes consacrent et réglementent l'ouverture du secteur pétrolier aval aux nouveaux investisseurs locaux et étrangers qui en font la demande, en vue notamment d'améliorer la compétitivité dans ce secteur grâce à une saine concurrence entre un plus grand nombre d'opérateurs.

Par ailleurs, ces dispositions permettent une meilleure couverture du territoire national par le réseau de distribution des produits pétroliers, en astreignant les sociétés pétrolières distributrices agréées, à installer 20% de leurs structures de distribution (stations-service) en dehors des chefs-lieux de départements, c'est à dire dans les zones considérés comme rurales où habitent la majorité de la population.

2.2.2 - SUR LES PLANS FISCAL ET DOUANIER

D'importantes modifications sont intervenues ces dernières années au niveau de la fiscalité pétrolière, en vue notamment de reverser le secteur pétrolier dans le régime fiscal de droit commun, ledit secteur obéissant jusque là à un régime fiscalo-douanier particulier, et d'améliorer les recettes publiques.

Avant la réforme fiscalo-douanière, le secteur pétrolier était assujetti aux principaux impôts et taxes ci-après :

- l'impôt sur le chiffre d'affaires intérieur (ICAI) à concurrence de 9,65% du chiffre d'affaires au niveau du raffinage, et de 4,5 % pour le transport ;
- l'impôt sur les sociétés (IS), à hauteur de 33% du résultat au niveau du raffinage, et de 38,5% pour la distribution ;
- la taxe spéciale sur les produits pétroliers (TSPP) prélevée sur le gasoil et le supercarburant ;
- un soutien fiscal pour le pétrole lampant, notamment par la circulaire n° 2344/MINEFI/SG/CSPH du 31 décembre 1997, relative à la détermination des éléments constitutifs des prix des produits pétroliers.

3 - LES PROBLEMES DU SECTEUR

3.1 - EXPLORATION-PRODUCTION DE PETROLE BRUT

Les réserves pétrolières nationales sur lesquelles le Cameroun pourrait tabler pour son développement économique et social sont faibles. Toutefois, la retrocession au Cameroun de la presqu'île pétrolière de Bakassi et les nouveaux développements peuvent inverser la tendance.

3.2 - SECTEUR PETROLIER AVAL

Les problèmes du secteur pétrolier aval sont multiformes et touchent l'ensemble des segments dudit secteur.

3.2.1 - RAFFINERIE

Construite il y a vingt ans, la raffinerie de Limbé approvisionne 80% du marché national en produits pétroliers ; sa rentabilité économique n'est pas établie et seule une tarification artificielle lui permettrait de survivre dans un contexte libéralisé.

3.2.2 - TRANSPORT

Le tirant d'eau est insuffisant au port de Douala pour permettre l'affrètement de grands bateaux ; en conséquence, certaines solutions à long terme ont été étudiées et attendent d'être mises en œuvre ; il s'agit :

- de la création des ports en eau profonde à Kribi et à Limbé ;
- et de la construction d'un pipeline entre Limbé et Douala.

3.2.3 - STOCKAGE

Les principaux problèmes du secteur du stockage sont les suivants :

- concentration des dépôts dans la partie méridionale du pays ;
- absence de périmètre de sécurité autour des dépôts pétroliers ;
- insuffisance de la capacité de stockage en GPL ;
- absence de stock de sécurité en GPL.

3.2.4 - DISTRIBUTION

Les problèmes qui se rapportent à la distribution sont entre autres :

- le fait que les points de vente des produits pétroliers soient concentrés dans les grandes villes (95%) ;
- l'absence d'interchangeabilité des bouteilles de GPL ;
- le parc de bouteilles de GPL est insuffisant :
- la concurrence de certains produits pétroliers de contrebande notamment dans les zones frontalières du Nigeria ;
- les problèmes de mauvaise qualité de certains produits pétroliers (carburants mélangés).

3.2.5 - ADMINISTRATION

Pour l'Administration, les problèmes majeurs sont les suivants :

- l'absence d'un cadre légal de coordination des interventions des différentes administrations dans le secteur pétrolier aval ;
- l'insuffisance des ressources humaines, matérielles et financières nécessaires au suivi et au contrôle des activités du secteur (recrutements interrompus dans les administrations depuis 10 ans ; budget de fonctionnement insignifiant) ;
- le GPL demeure subventionné contrairement aux recommandations du Conseil Mondial de l'Energie ;
- les textes du secteur sont incomplets, notamment en ce qui concerne la réglementation de certaines activités liées à la distribution du gaz domestique

(interchangeabilité des bouteilles, parc tampon de bouteilles dans les centres emplisseurs, les modalités de prise en charge des victimes des accidents liés à la consommation de l'énergie, etc.) ;

- il y a l'absence d'une banque de données régulièrement actualisée.

3.2.6 - IMPORTATIONS ET EXPORTATIONS FRAUDULEUSES DES PRODUITS PETROLIERS

De part son ampleur, le phénomène des importations et des exportations frauduleuses des produits pétroliers fausse plus ou moins les statistiques officielles de consommation.

Les importations frauduleuses proviennent du Nigéria, pays avec lequel le Cameroun partage plus de 1.500 km de frontière. Elles sont dues :

- à l'enclavement de certaines régions du pays qui ne peuvent pas, de ce fait, se ravitailler en produits pétroliers camerounais ;
- au prix nettement moins élevé des produits nigérians compte tenu du degré de subvention de la consommation dans ce pays auquel s'ajoute l'effet du taux de change entre la Naïra et le Franc CFA.

Le Groupement Professionnel des Pétroles (GPP) a estimé en août 1989 que la perte en volume consécutive à la fraude serait de 50.000 m^3/an, représentant un manque à gagner de 14 milliards de FCFA pour l'économie nationale. Ces données devraient avoir doublé compte tenu de la dévaluation du FCFA et de la baisse du niveau de revenu des consommateurs.

Cette fraude a pour conséquence :

- la non fiabilité des statistiques nationales de consommation des produits pétroliers ;
- la fermeture de certaines stations-service ;
- la baisse des activités de la filière (Raffinage, Stockage, Transport et Distribution) ;

- la diminution des rentrées fiscales ;
- la baisse de la sécurité en raison de la précarité et de la qualité de ces produits et de leur mauvaise condition de conservation (stockage dans des fûts et des dames-jeannes).

Les exportations frauduleuses quant à elles s'opèrent en direction d'autres pays voisins (RCA, TCHAD,...), principalement à partir des stations-service situées dans les zones frontières. Les quantités concernées n'ont pas été évaluées.

3.3 - PERSPECTIVES DU SECTEUR

Au regard des problèmes actuels du secteur pétrolier aval, compte tenu des besoins croissants du marché et face au processus de mondialisation qui place le pays en concurrence directe avec les pays développés, l'Administration se doit de prendre les mesures suivantes :

3.3.1 - AU PLAN INSTITUTIONNEL

Sur ce plan, il conviendrait de :

- créer un cadre légal d'harmonisation des décisions prises par les différentes administrations intervenant dans le secteur pétrolier aval ;
- doter l'Administration de ressources humaines, matérielles et financières à la hauteur des obligations qui lui incombent dans le secteur énergétique national.

Au plan réglementaire, veiller à la bonne application des textes existant et en cas de nécessité, les amender et les compléter.

3.3.2 – AU PLAN DE LA LIBERALISATION

La libéralisation des activités du secteur aval doit être poursuivie principalement par le biais du désengagement de l'Etat des activités productrices du secteur, pour ne garder que son rôle de régulateur.

Aussi le programme de privatisation en cours devra permettre la cession partielle des actions publiques au capital social de la SCDP (Société Camerounaise de Dépôts Pétroliers), de manière à transférer progressivement au secteur privé, la gestion de cette société qui ne détient plus le monopole du stockage des produits pétroliers au Cameroun.

De même en ce qui concerne la Société Nationale de Raffinage (SONARA), sa privatisation dans les mêmes conditions que ci-dessus est envisagée à moyen terme, dans un environnement plus libéral et concurrentiel.

3.3.3 - AU PLAN TECHNIQUE

Au plan technique, les réformes à envisager sont les suivantes :

- étudier et accroître les capacités de stockage des dépôts pétroliers aujourd'hui dépassées ;
- mettre en place des stocks de sécurité en GPL.

3.3.4 - AU PLAN DE LA MODERNISATION DU CADRE INSTITUTIONNEL ET REGLEMENTAIRE

L'Etat camerounais, en collaboration avec les divers intervenants de la filière et les institutions financières internationales, est à pied d'œuvre pour moderniser le cadre institutionnel et réglementaire en vue notamment de

- de garantir la compétitivité du secteur grâce à la pérennisation d'une saine concurrence entre les différents opérateurs ;
- d'améliorer la contribution du secteur au développement national ;
- de jeter les bases d'un développement futur du secteur.

C'est dans cette optique que la fusion de toutes les activités du secteur énergétique en une seule structure, sous la houlette par exemple de la CSPH qui a déjà une longue tradition de la régulation des prix, devrait permettre au secteur des produits pétroliers :

- de garantir la régularité des approvisionnements intérieurs en produits pétroliers ;
- de faciliter et d'accompagner la politique de libéralisation et de désengagement de l'Etat du secteur pétrolier ;
- de promouvoir la compétitivité des activités du secteur, garantissant l'existence d'une saine concurrence entre les différents opérateurs ;
- de fixer les règles de sécurité régissant l'exercice des activités du secteur et d'en garantir le respect par tous les opérateurs ;
- de préserver les intérêts des consommateurs.

4 – ECONOMIES ET UTILISATION RATIONNELLE DE L'ENERGIE

Au Cameroun, le processus de rationalisation des consommations d'énergie n'est qu'au stade initial. Il convient de noter :

- l'absence de cadre réglementaire et institutionnel de la mise en œuvre de ces actions d'économie d'énergie ;
- le manque d'action de sensibilisation et d'information des usagers ;
- l'insuffisance des actions de rationalisation de l'utilisation du bois à des fins énergétiques.

Le secteur des économies d'énergie reste donc à mettre en place dans le contexte camerounais. Dans ce cadre, quelques évaluations des gisements d'économies d'énergie réalisées dans le tertiaire et dans l'industrie donnent quelques informations sur les actions à entreprendre. Elles sont cependant insuffisantes pour déterminer les gisements effectivement exploitables à court terme, les secteurs des ménages et des transports n'ayant pas été évalués.

SIXIEME PARTIE : LES PERSPECTIVES DU SECTEUR ENERGETIQUE

CHAPITRE 1 : LES PREVISIONS DE LA DEMANDE

1 - INTRODUCTION

L'analyse des données disponibles nous a montré que :

- le système énergétique camerounais n'est pas performant et s'illustre par l'absence d'une politique énergétique ;
- le niveau de consommation des énergies modernes (électricité et produits pétroliers) se situe très en dessous de la moyenne africaine ;
- la consommation d'énergie par habitant est très faible en comparaison non seulement avec la moyenne mondiale, mais également africaine ;
- la demande potentielle en électricité n'est pas satisfaite notamment en basse tension et en haute tension (ALUCAM) ;
- la consommation de GPL est très faible en comparaison aux potentialités locales.

Deux scénarios ont été retenus pour les prévisions de la demande d'énergie :

- le premier basé sur les trends actuels ;
- le second «Energétique» qui suppose la mise en place d'une politique de promotion du secteur énergétique en favorisant l'usage de l'hydroélectricité avec notamment l'installation des entreprises grosses consommatrices d'énergie et la pénétration du GPL dans les usages de cuisson.

Pour le scénario basé sur les trends actuels, les prévisions sont basées soit sur les tendances moyennes observées, soit sur les résultats des corrélations avec les déterminants.

Les hypothèses pour le scénario énergétique sont entre autres que :

- les consommations moyennes d'énergie au Cameroun atteignent le niveau de la moyenne africaine de 2000 dans les 15 ans ;

- la consommation per capita camerounaise atteigne le niveau moyen de l'Afrique de 2000 dans les 15 ans ;
- la consommation de GPL atteigne le niveau du Sénégal en 2003, soit environ 100.000 tonnes dans 10 ans ;
- le taux d'accès à l'électricité atteigne celui des pays de même niveau de développement dans 15 ans.

2 - PREVISION DE LA DEMANDE D'ELECTRICITE

2.1 - PROJECTION SUIVANT LES TRENDS ACTUELS

2.1.1 - DEMANDE EN BASSE TENSION

Les hypothèses retenues sont basées sur une approche analytique et sont fonction des usages : domestiques, professionnels et l'éclairage public.

- la consommation BT croît suivant les usages :
  - la consommation des ménages croît suivant les taux d'accès à l'électricité et les consommations moyennes par client demeurent inchangées tout au long des 15 années,
  - la consommation pour les usages professionnels croît au même rythme que les taux estimés de prévision de la croissance du PIB du secteur tertiaire,
  - enfin, la consommation pour l'éclairage public demeure identique tout au long de la période (l'hypothèse étant que AES SONEL étant privatisée, elle sera moins disposée à laisser ce segment de consommation croître sans s'assurer de l'effectivité de la solvabilité des mairies).

De ces hypothèses, on observe qu'en basse tension :

- le taux d'accès national à l'électricité passe de 36,2% en 2005 à 46,9% en 2020, soit un taux de croissance annuel moyen de 1,74% (voir le tableau V.1 en annexe V) ;
- la consommation moyenne par abonné reste inchangée suivant le tableau V.2 en annexe V ;
- la demande des ménages passe de 634 GWh en 2005 à 1.323 GWh en 2020, marquant ainsi un taux de croissance moyen de 5,02%/an et de 208,6% en terme réel (voir le tableau V.3 en annexe V) ;

- la demande pour les usages professionnels passe de 48 GWh en 2005 à 99 GWh en 2020, correspondant à un taux de croissance annuel moyen de 3,68% et 306,2% en terme réel ;
- la demande pour l'éclairage public reste inchangée à 20 GWh.

Le tableau V.4 en annexe V présente cette évolution des demandes en basse tension ; on y observe que la demande de cette tension d'alimentation passera de 701 GWh en 2005 à 1.442 GWh en 2020, ce qui correspond à un taux de croissance moyen de 4,92%/an et de 205,7% en terme réel sur la période.

2.1.2 - DEMANDE EN MOYENNE TENSION

En moyenne tension, les prévisions de la consommation sont basées sur les taux projetés de la croissance du PIB du secteur secondaire. La demande qui en résulte montre que la consommation passerait de 700 GWh en 2005 à 1.414 GWh en 2020, marquant ainsi une croissance annuelle moyenne de 4,79% et de 202% en terme réel (voir le tableau V.5 en annexe V).

2.1.3 - DEMANDE EN HAUTE TENSION

En haute tension, les hypothèses de croissance sont les suivantes :

- pour ALUCAM : la consommation actuelle est maintenue (1.100 GWh) jusqu'en 2005 ; en 2006, AES SONEL porte la puissance garantie à 200 MW et à 400 MW en 2010.
- Pour les autres consommateurs HT, la demande reste inchangée jusqu'en 2020.

Les projections qui en résultent sont présentées au tableau V.5 en annexe V, d'où il ressort que la demande en haute tension passera de 1.660 GWh en 2005 à 3.600 GWh en 2020, marquant ainsi un taux de croissance moyen de 5,29%/an et de 216,8% en terme réel.

2.1.4 - PRODUCTION AUTONOME

Enfin, pour la production autonome, la fin des délestages entraîne une diminution de ce segment de la demande qui se stabilise ensuite autour de 200 GWh de consommation.

Les projections de consommations qui résultent de toutes ces hypothèses figurent au tableau V.5 en annexe V. Il en ressort que la demande d'électricité dans le scénario basé sur les trends passera de 3.321 GWh en 2005 à 6.656 GWh en 2020, soit un taux de croissance annuel moyen de 4,74% et de 200,4% en terme réel.

Le graphique V.1 ci-dessous visualise cette évolution.

GRAPHIQUE V.1 : PROJECTION DE LA DEMANDE D'ELECTRICITE(SCENARIO NON ENERGETIQUE)

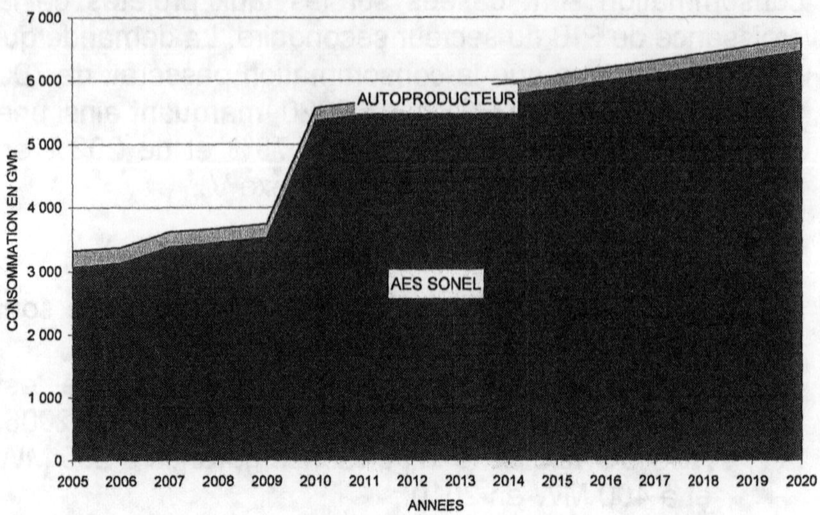

2.2 - SCENARIO ENERGETIQUE

2.2.1 – PREVISION EN BASSE TENSION

La demande en basse tension résultera des hypothèses ci-dessous dans un horizon de 15 ans :

- le taux d'accès à l'électricité doit être de 90% en zone urbaine avec un taux de réalisation des objectifs de 5%/an à compter de l'année 2006 ; de 30% en zone rurale, avec un taux de réalisation des objectifs de 2%/an à compter de l'année 2010 ;
- la consommation moyenne par abonné devant passer de :
  - 500 kWh/an en 2005 à 650 kWh/an en 2020, soit un taux de croissance annuel moyen de 1,76% en zone urbaine,
  - et de 250 kWh/an à 350 kWh/an en 2020, soit un taux de croissance annuel moyen de 2,26% en zone rurale.

La consommation pour les usages professionnels croît au rythme des taux estimés de prévision de la croissance du PIB du secteur tertiaire.

Enfin, la consommation pour l'éclairage public demeure identique tout au long de la période (l'hypothèse étant que AES SONEL étant privatisée, elle sera moins disposée à laisser ce segment de consommation croître sans s'assurer de l'effectivité de la solvabilité des mairies).

De ces hypothèses, on observe qu'en basse tension :

- le taux moyen d'accès national à l'électricité passe de 36,2% en 2005 à 51,3% en 2020, marquant un taux de croissance annuel moyen de 2,35% (voir le tableau V.6 en annexe V) ;
- la demande des ménages passe de 651 GWh en 2005 à 1.383 GWh en 2020, marquant ainsi un taux de croissance moyen de 5,15%/an et de 212,4% en terme réel (voir le tableau V.7 en annexe V) ;
- la demande pour les usages professionnels passe de 48 GWh en 2005 à 99 GWh en 2020, correspondant à un taux de croissance annuel moyen de 3,68% et 306,2% en terme réel ;
- la demande pour l'éclairage public reste inchangée à 20 GWh.

2.2.2 - PREVISION EN MOYENNE TENSION

Les prévisions en moyenne tension sont basées sur celles du PIB, dans l'hypothèse de la disponibilité de l'énergie et d'une politique volontariste de l'Etat pour attirer les délocalisations au profit du Cameroun par le biais de l'énergie et que cette politique commencera à porter ses fruits dans 5 ans. Ainsi on aura les taux suivants :

- 5%/an de croissance moyenne de 2005 à 2010 ;
- 500 GWh de consommation supplémentaire par l'installation d'entreprises grandes consommatrices d'électricité en 2010 ;
- croissance moyenne de 5%/an de 2011 à 2015 ;
- 500 GWh de consommation supplémentaire par l'installation d'entreprises grandes consommatrices d'électricité en 2015 ;
- croissance moyenne de 5%/an de 2016 à 2020.

2.2.3 – DEMANDE EN HAUTE TENSION

L'hypothèse en haute tension est que le gouvernement devra se servir de la disponibilité d'une énergie électrique à faible coût pour attirer des industries grosses consommatrices d'électricité (cimenterie, aciéries, textiles, alumineries, etc.).

Dans cette perspective donc, toute la demande d'ALUCAM est satisfaite à brève échéance et les campagnes de promotion pour attirer les nouvelles industries porteront leurs fruits dans 5 ans. Cette situation entraînera la consommation de :

- 1.500 GWh supplémentaires en 2010 ;
- et 1.000 GWh supplémentaires en 2015.

Enfin, la consommation des autoproducteurs suivra le même trend que dans le cadre du scénario non énergétique.

Le tableau V.8 en annexe V et le graphique V.2 ci-dessous présentent cette évolution.

GRAPHIQUE V.2 : PROJECTION DE LA DEMANDE D'ELECTRICITE (SCENARIO NON ENERGETIQUE)

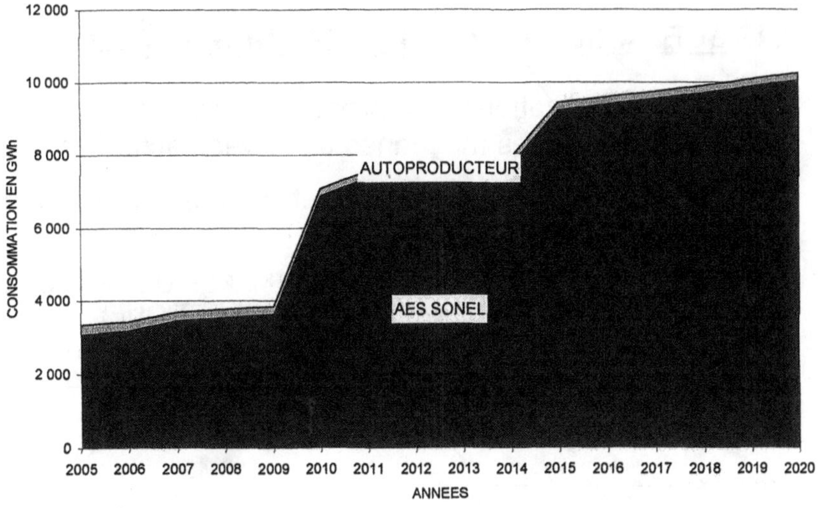

Il ressort de ce tableau que la consommation d'électricité passera de 3.339 GWh en 2005 à 10.254 GWh en 2020, marquant ainsi un taux de croissance annuel moyen de 7,76% et de 307% en terme réel sur l'ensemble de la période.

3 - LE PETROLE

3.1 - SCENARIO SUIVANT LES TRENDS ACTUELS

Les consommations de produits pétroliers évoluent suivant les tendances moyennes observées actuellement.

Le tableau V.9 en annexe V et le graphique V.3 ci-dessous présentent cette évolution.

GRAPHIQUE V.3 : PROJECTION DE LA DEMANDE DE PRODUITS PETROLIERS (SCENARIO NON ENERGETIQUE)

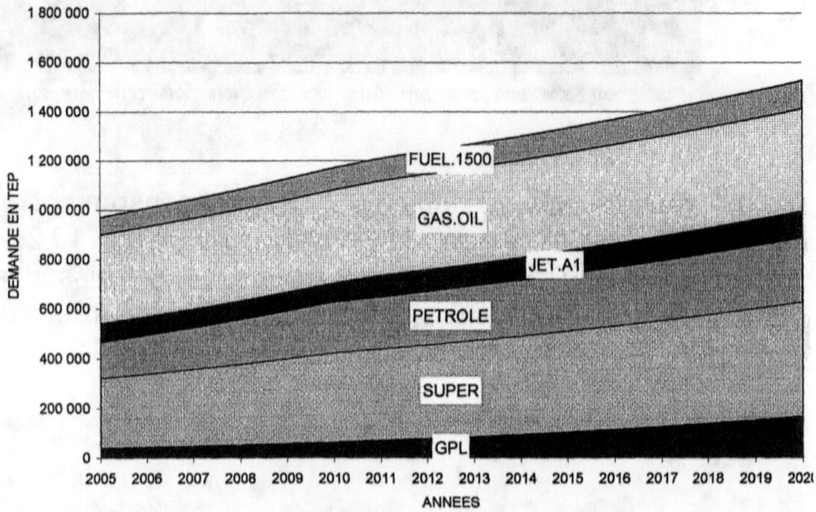

Des projections ci-dessus, il ressort que la demande des produits pétroliers passera de 970.250 TEP en 2005 à 1.525.459 TEP en 2020, marquant ainsi un taux de croissance moyen de 3,06%/an et de 157,2 % en terme réel.

Par produit :

- le GPL passe de 40.250 TEP en 2005 à 168.134 TEP en 2020, soit un taux de croissance moyen de 9,99%/an et de 417,7% en terme réel ;

- le super voit sa demande passer de 280.000 TEP en 2005 à 457.440 TEP en 2020, marquant ainsi un taux de croissance de 3,33%/an et de 163% en terme réel ;
- le pétrole lampant voit sa demande passer de 145.000 TEP en 2005 à 260.331 TEP en 2020, ce qui correspond à un taux de croissance annuel moyen de 3,97% et de 179% en terme réel ;
- la demande de jet A1 passe de 75.000 TEP en 2005 à 107.234 TEP en 2020, marquant ainsi un taux de croissance moyen de 2,41%/an et de 142,9% en terme réel ;
- la demande de gasoil passe de 360.000 TEP en 2005 à 417.949 TEP en 2020, soit un taux de croissance moyen de 1,0%/an et de 116% en terme réel ;
- enfin, la demande de fuel passe de 70.000 TEP en 2005 à 114.362 TEP en 2020, marquant ainsi un taux de croissance moyen de 3,32%/an et de 163,3% en terme réel.

3.2 - SCENARIOS ENERGETIQUES

Pour la demande en produits pétroliers, les hypothèses de croissance sont les suivantes :

- la consommation de GPL devra atteindre 100.000 tonnes dans les 10 ans pour ensuite croître au rythme du PIB ; sur cette base, la croissance annuelle moyenne sera de 15% jusqu'en 2015 pour ensuite croître au rythme de 5%/an de 2016 à 2020 ;
- la consommation de pétrole lampant pour les besoins d'éclairage des ménages diminuera en proportion des taux d'accès à l'électricité ; en outre les consommations pour les besoins de cuisson diminueront proportionnellement à la substitution par le GPL ;

- les consommations de super et de gasoil connaîtront une légère baisse les deux prochaines années du fait de la diminution de la production autonome de l'électricité grâce à la fin des délestages, pour ensuite croître au rythme de celui du taux de motorisation ;
- la croissance de la consommation du jet A1 suivra le trend actuel ;
- le taux de consommation du fuel 1500 suivra le rythme de croissance du PIB ;
- et enfin la croissance du fuel 3500 sera soutenue pendant une dizaine d'années avec l'installation de la centrale thermique à fuel lourd de AES SONEL.

Les projections issues des hypothèses sus-détaillées figurent au tableau V.10 en annexe V.

De ces projections, il ressort que la demande des produits pétroliers passera de 970.250 TEP en 2005 à 1.541.260 TEP en 2020, marquant ainsi un taux de croissance moyen de 3,13%/an 158,8 % en terme réel sur cette période.

Par produit :

- le GPL passe de 40.250 TEP en 2005 à 207.822 TEP en 2020, soit un taux de croissance moyen de 11,56%/an et de 516,3% en terme réel ;
- le super voit sa demande passer de 280.000 TEP en 2005 à 414.730 TEP en 2020, marquant ainsi un taux de croissance de 2,65%/an et de 148% en terme réel ;
- le pétrole lampant voit sa demande passer de 145.000 TEP en 2005 à 163.889 TEP en 2020, ce qui correspond à un taux de croissance annuel moyen de 0,81% et de 113% en terme réel ;
- la demande de jet A1 passe de 75.000 TEP en 2005 à 107.234 TEP en 2020, soit un taux de croissance moyen de 2,41%/an et de 142,9% en terme réel ;

- la demande de gasoil passe de 360.000 TEP en 2005 à 533.224 TEP en 2020, marquant ainsi un taux de croissance moyen de 2,65%/an et de 148% en terme réel ;
- enfin, la demande de fuel passe de 70.000 TEP en 2005 à 114.362 TEP en 2020, marquant ainsi un taux de croissance moyen de 3,32%/an et de 163,3% en terme réel.

Le graphique V.4 ci-dessous présente cette évolution.

GRAPHIQUE V.4 : PROJECTION DE LA DEMANDE DES PRODUITS PETROLIERS (SCENARIO ENERGETIQUE)

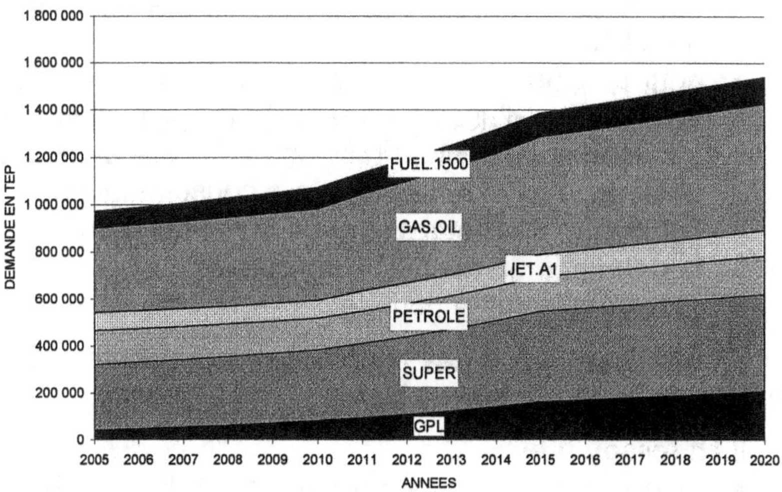

4 - LA DEMANDE DES ENR

4.1 – SCENARIO NON ENERGETIQUE

La demande dans le cadre non énergétique est évaluée comme il suit :

- pour le bois, la consommation pour la cuisson des repas sera le solde des usages de cuisson en GPL et au pétrole lampant avec la consommation totale théorique ;
- la consommation pour les besoins de fumage de poissons croîtra au même rythme que celui de la population ;
- pour le charbon de bois, le taux de croissance sera égal à celui d'accroissement de la population pour les usages du secteur résidentiel et celui du PIB du secteur tertiaire pour la consommation de l'artisanat, de l'hôtellerie et de la restauration ;
- la demande de déchets (bagasse et coque de noix) reste stable sur la période.

La demande issue des hypothèses sus-décrites figure au tableau V.11 en annexe V.

Il en ressort que :

- la demande de bois passera de 3.175 KTEP en 2005 à 4.600 KTEP en 2020, ce qui correspond à un taux de croissance moyen de 2,5%/an ;
- la demande du charbon de bois passera de 30 KTEP à 50 KTEP en 2020, soit un taux de croissance annuel moyen de 3,46% ;
- la demande totale passera de 3.490 KTEP en 2005 à 4.935 KTEP en 2020, marquant ainsi un taux de croissance annuel moyen de 2,33%.

Le graphique V.5 ci-dessous visualise cette évolution.

GRAPHIQUE V.5 : PROJECTION DE LA DEMANDE DES ENR (SCENARIO NON ENERGETIQUE)

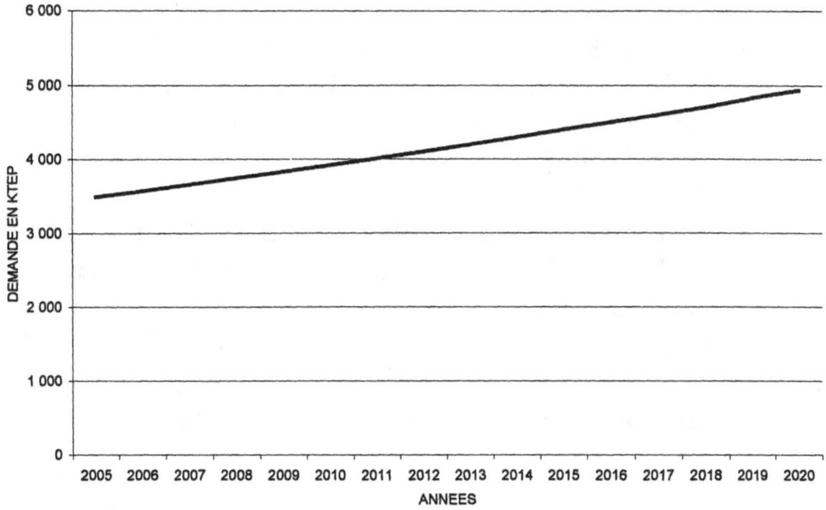

4.2 - SCENARIO ENERGETIQUE

La demande des ENR évoluera ainsi qu'il suit :

- pour le bois, la consommation pour la cuisson des repas sera le solde des usages de cuisson en GPL et au pétrole lampant avec la consommation totale théorique ; les pouvoirs publics prenant des dispositions pour la pénétrations de ces deux formes d'énergie et la promotion des foyers améliorés ;
- la consommation pour les besoins de fumage croîtra au même rythme que celui de la population ;
- pour le charbon de bois, le taux de croissance sera égale à celui de l'accroissement de la population pour les usages par les ménages et celui du PIB du secteur tertiaire pour la consommation artisanale de l'hôtellerie et de la restauration ;
- la demande de déchets (bagasse et coque de noix reste stable sur la période).

La demande issue des hypothèses sus-décrites figure au tableau V.12 en annexe V.

Il en ressort que :

- la demande de bois passera de 3.175 KTEP en 2005 à 3.029 KTEP en 2020, marquant ainsi une décroissance moyen de 0,31%/an, traduisant ainsi la substitution du GPL et du pétrole lampant au bois ;
- la demande du charbon de bois passera de 30 KTEP à 50 KTEP en 2020, soit un taux de croissance annuel moyen de 3,46% ;
- la demande totale passera de 3.490 KTEP en 2005 à 3.364 KTEP en 2020, marquant ainsi une décroissance annuelle moyen de 0,24%.

Le graphique V.6 ci-dessous visualise cette évolution.

GRAPHIQUE V.6 : PROJECTION DE LA DEMANDE DES ENR (SCENARIO ENERGETIQUE)

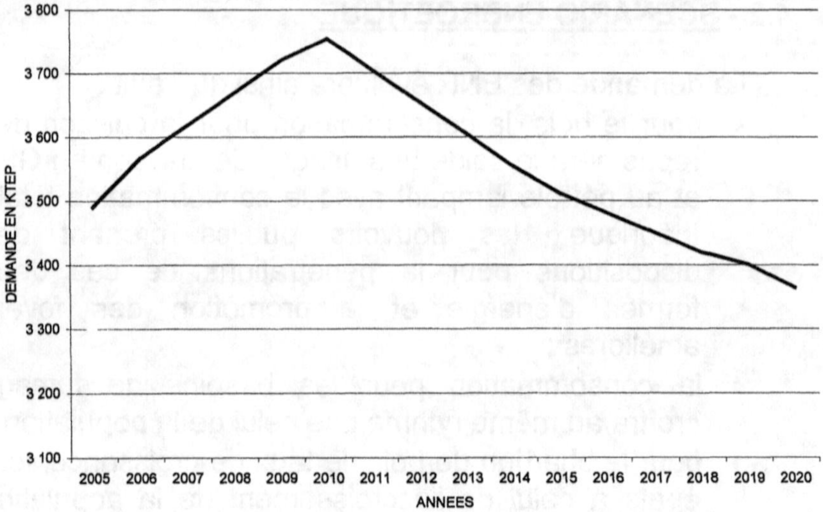

5 - LA DEMANDE TOTALE D'ENERGIE

Le tableau V.13 en annexe V et le graphique V.7 ci-dessous présentent les projections de la demande nationale globale d'énergie de 2005 à 2020 dans le cadre du scénario non énergétique.

GRAPHIQUE V.7 : PROJECTION DE LA DEMANDE NATIONALE FINALE D'ENERGIE (SCENARIO NON ENERGETIQUE)

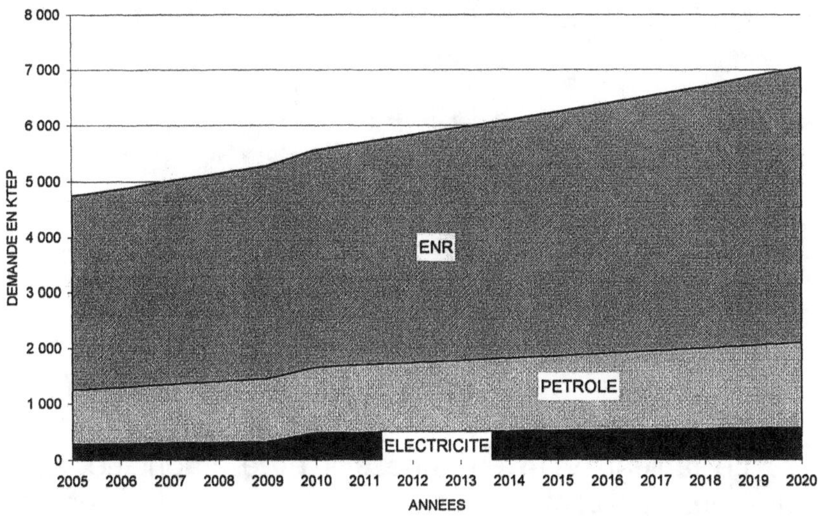

On constate que la demande totale passera de 4.746 KTEP en 2005 à 7.032 KTEP en 2020, marquant ainsi un taux de croissance annuel moyen de 2,65% et de 148,1% en terme réel.

Au terme de cette évolution, on constate que la répartition de la demande d'énergie dans la consommation totale sera la suivante en 2020 :

- Electricité : 572 KTEP, soit 8,13% de la consommation totale contre 6,02% en 2005 ;
- Produits péroliers : 1.525 KTEP, soit 21,68% de la consommation totale contre 20,43% en 2005 ;

- ENR : 4.935 KTEP, soit 70,19% de la consommation totale contre 73,55% en 2005.

Le graphique V.8 ci-dessous visualise l'évolution de cette répartition.

GRAPHIQUE V.8 : PROJECTION DE LA REPARTITION PAR ENERGIE DE LA DEMANDE TOTALE D'ENERGIE (SCENARIO NON ENERGETIQUE)

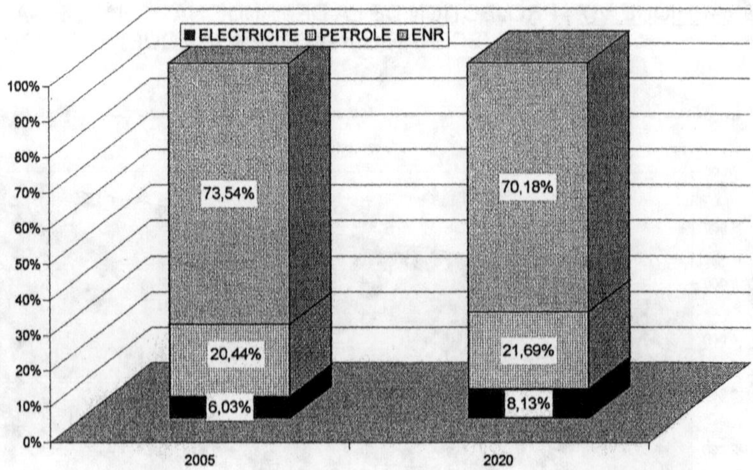

Le tableau V.14 en annexe V et le graphique V.9 ci-dessous présentent les projections de la demande nationale globale d'énergie de 2005 à 2020 dans le cadre du scénario énergétique.

On constate donc dans le cadre du scénario énergétique, que la demande totale passera de 4.746 KTEP en 2005 à 5.787 KTEP en 2020, marquant ainsi un taux de croissance annuel moyen de 1,33% et de 121,9% en terme réel.

GRAPHIQUE V.9 : PROJECTION DE LA DEMANDE TOTALE D'ENERGIE (SCENARIO ENERGETIQUE)

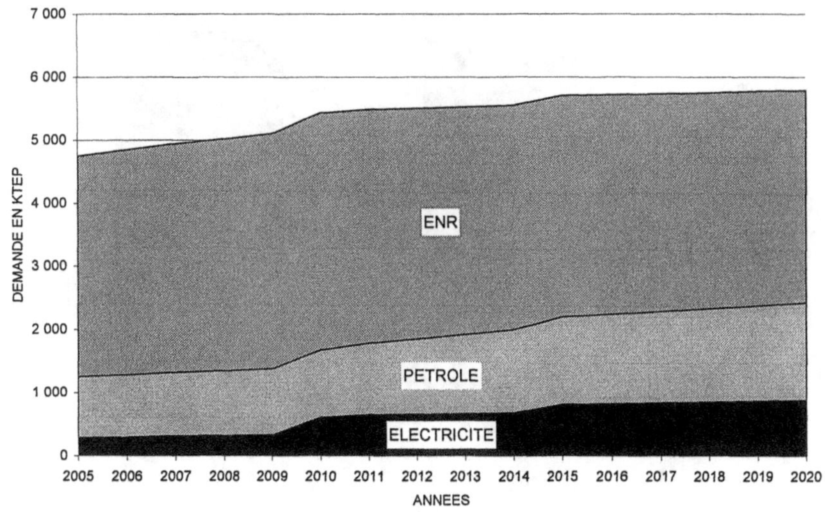

Au terme de cette évolution, on constate que la répartition de la consommation d'énergie dans la consommation totale sera la suivante en 2020 :

- Electricité : 882 KTEP, soit 15,23% de la consommation totale contre 6,02% en 2005 ;
- Produits pétroliers : 1.541 KTEP, soit 26,63% de la consommation totale contre 20,43% en 2005 ;
- ENR : 4.935 KTEP, soit 58,14% de la consommation totale contre 73,55% en 2005.

Le graphique V.10 ci-dessous visualise l'évolution de cette répartition.

GRAPHIQUE V.10 : PROJECTION DE LA REPARTITION PAR ENERGIE DE LA DEMANDE TOTALE D'ENERGIE (SCENARIO NON ENERGETIQUE)

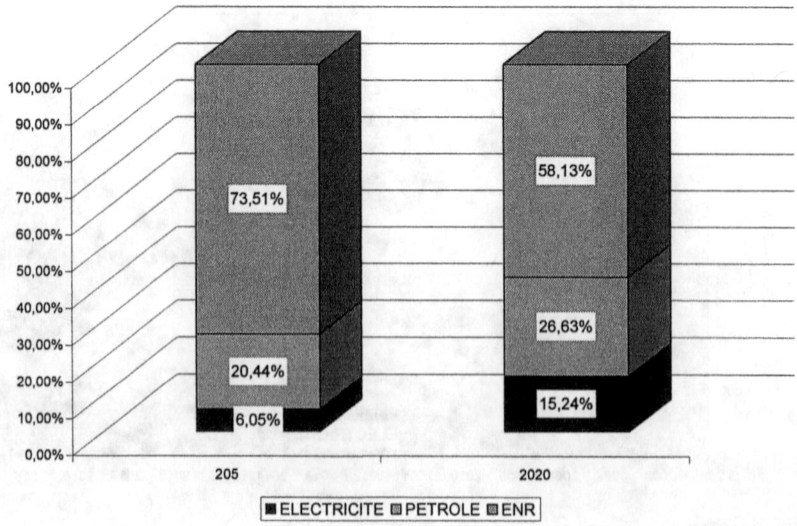

CHAPITRE 2 : LA MAITRISE DE L'OFFRE

1 - L'ELECTRICITE

Dans les deux scénarios d'estimation de la demande à court et moyen terme, il ressort que l'énergie consommée s'élèvera au maximum à 10 Twh dans le cadre du scénario énergétique.

Au vu des projections, le passage des énergies aux puissances donne approximativement les chiffres figurant au tableau V.15 en annexe V.

On constate donc que AES SONEL devra, pour garantir la fourniture de l'électricité à ses abonnés, disposer à court terme (avant 2010) de 1000 Mw de puissance installée hydraulique, puisqu'il serait suicidaire de demander à AES SONEL de garantir cette puissance par le recours au thermique.

La puissance installée hydraulique actuelle étant de 722 Mw, il faudrait donc environ 400 à 450 Mw de capacité hydraulique supplémentaire à réaliser dans les trois aménagements projetés à savoir :

- BAYOMEN (réalisation au fil de l'eau) d'une puissance garantie de 280 Mw ;
- SONG DONG (réalisation au fil de l'eau) d'une puissance garantie de 200 Mw ;
- NATCHIGAL AMONT, d'une puissance garantie de 224 Mw.

La réalisation du barrage de BAYOMEN et d'un deuxième à savoir SONG DONG ou NATCHIGAL AMONT, devrait permettre de répondre à ce premier gap ; néanmoins, l'aménagement des trois ouvrages ne serait pas superflu à court terme.

Toutefois, dans le cadre du scénario énergétique, le pays devrait disposer à moyen terme (en 2015 au maximum) de 1.000 Mw supplémentaires.

Cette hypothèse suppose que le pays aura recours à un aménagement hydroélectrique de grande capacité pour diminuer les coûts de réalisation.

Concomitamment à la réalisation des ouvrages hydroélectriques il faudrait installer au moins une ou deux tranches envisagées de centrale à gaz de Kribi pour faire face aux pointes.

L'avantage d'un tel système est que la valorisation du gaz naturel à d'autres fins (liquéfaction par exemple) n'est pas possible au Cameroun, les pays voisins Nigéria et Guinée Equatoriale disposant des réserves plus importantes et déjà en exploitation.

Il n'est pas exclu que si une politique gouvernementale est retenue pour faire du secteur énergétique un des vecteurs pour de relance de la croissance économique, l'installation envisagée des industries grosses consommatrices d'électricité nécessiterait la création d'ouvrages supplémentaires d ceux projetés plus haut.

2 - LES HYDROCARBURES

En ce qui concerne les hydrocarbures (pétrole brut et produits pétroliers) quel que soit le scénario, à l'horizon 2020, les capacités de raffinage (2,1 MTEP) et les réserves de pétrole brut permettront de faire face à la demande sans que la balance énergétique ne soit déficitaire.

En effet, en ce qui concerne les prévisions de production de pétrole brut, quoique en déclin, la production pétrolière devrait connaître une légère remontée avant d'amorcer une baisse continue si de nouveaux gisements ne sont pas découverts et développés (voir tableau V.16 en annexe V)

Toutefois, si l'on tient compte de l'impact prévisible de la lutte contre la fraude avec la création d'un comité de coordination au MINFIB ainsi que des cellules provinciales dotées de ressources adéquates, des pertes et combustibles et de la nécessité de limiter à 80% la capacité nominale exploitable de la SONARA, un léger déficit pourrait apparaître.

Le graphique V.1 ci-dessous, visualise cette situation.

GRAPHIQUE V.1 : PREVISION DE PRODUCTION DE PETROLE BRUT

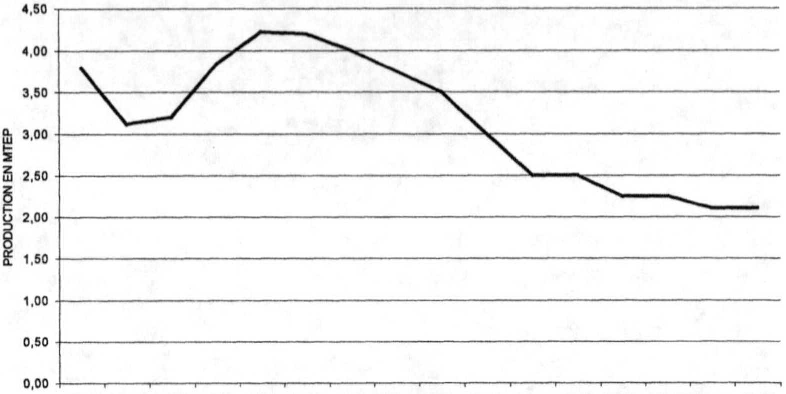

Dans tous les cas, la SONARA devra recourir à l'importation des bruts adaptés à son processus de production et la CSPH recourir à des importations croissantes de produits raffinés essentiellement le GPL.

3 - LES ENR

Les potentialités locales en bois-énergie permettront de faire face à la demande de bois-énergie dans sa globalité ; toutefois, si aucune mesure n'est prise pour l'utilisation rationnelle de cette source d'énergie et qu'un programme de substitution de GPL à cette énergie n'est pas mis en place, la partie septentrionale du pays (surtout le Nord et l'Extrême-Nord) connaîtra des problèmes d'approvisionnement qui vont pousser à la hausse les prix de cette énergie non réglementée.

En outre, dans les zones périurbaines des deux métropoles que sont Yaoundé et Douala, la pression de plus en plus importante pour les besoins de bois de feu, occasionnera de sérieux problèmes d'environnement.

L'une des solutions à ces problèmes est d'envisager la création des plantations énergétiques qui permettront non seulement de disposer de ressources ligneuses, mais également de créer des emplois.

Pour la disponibilité en charbon de bois, les quantités nécessaires n'étant pas importantes, la production artisanale y fera face sans dommage.

Enfin, il est important pour l'Etat, de terminer l'inventaire des potentialités en micro centrales, et d'aménager quelques sites dans le cadre de l'électrification rurale et pour faire face, suivant leur puissance, aux pointes du réseau AES SONEL.

CHAPITRE 3 : LA SECURITE DES APPROVISIONNEMENTS

1 - L'ELECTRICITE

En plus de disposer des capacités requises pour satisfaire une demande croissante, AES SONEL devra :

- effectuer des travaux de fiabilisation de son réseau de transport et de distribution ;
- densifier son réseau de distribution, notamment dans les deux grandes métropoles que sont Douala et Yaoundé ;
- disposer de compteurs pour répondre à la demande des nouveaux abonnés ;
- effectuer des travaux de mise à niveau de ces transformateurs.

De toute évidence, AES SONEL étant une structure aujourd'hui privatisée, saura sous la gestion de son nouveau Directeur Général, appliquer les dispositions de son cahier des charges pour trouver les solutions aux problèmes qui se posent.

Parallèlement aux efforts de AES SONEL, l'Etat devra prendre des dispositions pour financer l'électrification rurale et atteindre les objectifs sociaux qu'il s'est fixé dans le cadre de sa politique de lutte contre la pauvreté.

2 - LES PRODUITS PETROLIERS

Pour la chaîne pétrolière aval :

- la SONARA a déjà anticipé en mettant en place des capacités de stockage supplémentaires comme il a été décrit, en installant des unités additionnelles pour porter la capacité de raffinage à 2,1 millions de tonnes et enfin en remplacant en juillet 2004 le caboteur actuel qui assure la livraison des produits entre Limbé et Douala par un tanker plus performant ;
- au niveau de la SCDP, la nécessité de disposer des stocks de sécurité en GPL s'impose et de plus, l'adéquation entre les capacités de stockage et les consommations par dépôt doit être faite, par la construction de capacités de stockage supplémentaires ;
- au niveau du transport, des mesures devront être prises pour fiabiliser l'acheminement des produits surtout par camion-citerne et rendre plus attrayante cette activité pour les investisseurs ;
- au niveau de la distribution, l'Etat devra faire respecter la législation en matière de quota d'installation de 20% des stations-service dans les zones rurales et la CSPH trouver les solutions pour doter les zones dépourvues de stations-service ;
- enfin, les contrôles doivent assurer la qualité des produits livrés aux consommateurs et renforcer la sécurité dans le stockage et l'utilisation des produits pétroliers, notamment le GPL

3 - LES ENR

Pour les ENR et notamment le bois de feu, l'Etat doit prendre les dispositions pour le développement des plantations énergétiques.

Cette activité pourrait se réaliser dans les zones de forêt secondaire, notamment dans les provinces du Sud-Ouest, du Nord-Ouest, de l'Ouest, du Sud et l'Adamaoua.

La réalisation de ces plantations pourrait favoriser la création d'emplois.

En outre, il faudrait que l'Etat réorganise le secteur pour s'assurer que cette activité se réalise dans les conditions adéquates pour sécuriser l'approvisionnement et dans des conditions qui préservent l'environnement.

CHAPITRE 4 : POLITIQUE TARIFAIRE

1 - ELECTRICITE

Dans le secteur de l'électricité, une réflexion doit être menée pour rationaliser les prix.

Le recours ces deux dernières années à des capacités thermiques pour faire face à la demande ne permet pas à AES SONEL de proposer des prix bas à ses consommateurs basse tension. Une fois les tensions dues aux délestages résorbées, toutes les parties prenantes devront :

- voir quelles sont les mesures à prendre pour que ce ne soit pas les seuls consommateurs basse tension (en fait les ménages) qui supportent toute la charge de la tarification ;
- renégocier la tarification appliquée à ALUCAM ;
- alléger les coûts d'accès des consommateurs au réseau.

Compte tenu de la spécificité de ce sous secteur électrique où AES SONEL est en situation de monopole naturel, la libéralisation des prix n'est pas envisageable ; par conséquent, l'Etat devra s'assurer que la société dispose d'une rémunération correcte permettant d'assurer sa croissance et de rémunérer ses actionnaires.

2 - LES PRODUITS PETROLIERS

La libéralisation des prix dans ce secteur n'est pas perceptible par le consommateur qui constate qu'en dehors des fluctuations régulières des prix, toutes les sociétés de distribution s'entendent pour lui imposer le même prix.

Par ailleurs, pour les deux produits que sont le GPL et le pétrole lampant, toutes les subventions doivent être supprimées, pour non seulement faire régner la vérité des prix, mais supprimer la tendance des industriels à la substitution du pétrole lampant au gasoil.

Par ailleurs, pour ce qui concerne le GPL, la priorité devra porter sur l'optimisation de la mise en place des moyens de sa commercialisation (transport, stockage et distribution) dans toutes les zones du territoire national.

3 - LES ENR

Le développement de ce secteur passe par sa rationalisation et la mise en place d'une politique tarifaire.

CHAPITRE 5 : L'UTILISATION RATIONNELLE DE L'ENERGIE ET LA PROTECTION DE L'ENVIRONNEMENT

1 - LES ECONOMIES D'ENERGIE

Comme il a été décrit à la troisième partie, il existe des gisements importants d'économie d'énergie au Cameroun malheureusement inexploités à cause de l'absence d'une politique énergétique pour le pays.

Au niveau de l'Etat dont les ressources financières sont limitées, les économies d'énergie dans les bâtiments publics feraient baisser très sensiblement ses impayés vis-à-vis de AES SONEL (environ 30%) et diminueraient sa facture énergétique.

Dans le secteur ENR :

- l'introduction et la promotion des foyers améliorés feraient baisser la consommation de bois per capita ;
- la valorisation des micro centrales ferait économiser à la nation une fraction des quantités importantes de produits pétroliers consommés par les centrales thermiques.

2 - PROTECTION DE L'ENVIRONNEMENT

La substitution du GPL au bois dans les usages de cuisson participerait à la protection de l'environnement (déboisement et réduction du taux de rejet de CO_2).

En outre, l'introduction programmée de l'essence sans plomb au Cameroun procède du même soucis.

Les mesures doivent être prises pour mieux contrôler les rejets :

- des huiles usagées (vidange des véhicules) ;
- et des rejets des industries.

L'Etat doit prendre des mesures pour faire respecter les dispositions réglementaires prévues dans les textes de loi en matière d'environnement.

SEPTIEME PARTIE : L'ORGANISATION DU SECTEUR ENERGETIQUE

CHAPITRE 1 : LES PRIVATISATIONS

Dans la chaîne énergétique au Cameroun, le processus de privatisation a commencé par la privatisation de la SONEL dans le sous secteur de l'électricité et se poursuivra par celle :

- de la Société Nationale de Raffinage ;
- et de la Société Camerounaise des Dépôts Pétroliers.

1 - AES SONEL

La privatisation de la SONEL qui a abouti à la création de AES SONEL a été partielle, l'Etat camerounais détenant toujours 44% du capital.

Néanmoins, cete privatisation n'a pas atteint les effets escomptés, notamment avec les délestages et la persitence des difficultés pour les clients potentiels en basse tension à s'abonner, etc.

En fait, il faudrait envisager de scinder les activités de AES SONEL en deux entités distinctes :

- la production d'une part et ;
- le transport et la distribution, de l'autre.

1.1 - PRODUCTION

Dans ce cas de figure, l'Etat doit se retirer du capital de AES SONEL pour gérer par des voies à définir, les activités de production d'électricité.

Dans ce schéma, il serait plus aisé pour l'Etat de lever des financements pour assurer la réalisation des aménagements hydrauliques, ou par des prélèvements exceptionnels sur l'économie nationale, de disposer des moyens financiers pour atteindre ces objectifs.

Ce cas de figure est intéressant car l'Etat aurait la vision et la maîtrise globale des voies et moyens pour atteindre ces objectifs et se chargera de fournir aux transporteurs et distributeurs d'énergie électrique de l'électricité suivant les cahiers de charges et les concessions négociés.

C'est dans ce cadre que les capacités de production hydraulique supplémentaire (1,5 GW) pourraient être développées.

Le financement des premiers ouvrages (à savoir 400 milliards de FCFA) peut être obtenu selon le schéma suivant pendant 5 ans.

EN 10^9 FCFA

SECTEUR	2005	2006	2007	2008	2009	TOTAL
HYDROCARBURE DONT :	100	100	75	75	75	425
* PETROLE BRUT	50	50	50	50	50	250
* PETROLE AVAL	50	50	25	25	25	175
BOIS	25	25	25	25	25	125
NTTC	5	5	5	5	5	25
AIDE PPTE	25	25	25	25	25	125
TOTAL	205	205	130	130	130	700

Ce schéma de financement permettrait aisément de réaliser la majorité des ouvrages sans demander le concours financier de AES SONEL qui se chargerait uniquement de prendre les mesures adéquates pour garantir certaines pointes par les capacités thermiques.

1.2 - TRANSPORT ET DISTRIBUTION

L'Etat étant sorti du capital de AES SONEL, cette société n'assurerait plus que les activités de transport et de distribution et gèrerait à sa guise sa structure suivant ses règles internes sans avoir le handicap de la présence de l'Etat dans son Conseil d'Administration.

Dans ce cas de figure, l'Etat devrait mettre à la disposition de AES SONEL les moyens financiers indispensables pour réaliser les opérations de service public (électrification rurale, campagne de branchement gratuit, etc.). AES SONEL fonctionnant dans le cadre d'un monopole privé et naturel, devrait respecter les clauses des cahiers de charges qui lui seront fixées.

2 - SONARA

La privatisation annoncée de la Société Nationale de Raffinage (SONARA) pose le problème des monopoles de fait. Si cela peut se justifier dans le secteur électrique, privatiser la SONARA dans les conditions socioéconomiques de la sous-région de l'Afrique subsaharienne n'est pas aisée.

En effet, si dans le contexte occidental la fluidité du marché ne handicape pas et ne pose pas de problème de la sécurité des approvisionnements, le pays pourrait se trouver, en cas de fermeture de la SONARA pour cause de non rentabilité, confronté à des difficultés d'approvisionnement urgent du marché national.

3 - SCDP

La Société Camerounaise des Dépôts Pétroliers (SCDP) où l'Etat est l'actionnaire majoritaire devrait aussi être privatisée, par la cession des actions de l'Etat aux entités privées.

Si à priori cette privatisation ne pose pas de problème, le gouvernement devra veiller à ce qu'une fois la privatisation terminée, la société respecte bien ses obligations en matière de stocks de sécurité et de stocks outil et encourager les opérateurs privés à investir dans le secteur du stockage en créant d'autres structures..

4 - SNH

Après la création de la société TRADEX chargée de gérer les activités de trading initialement réalisées par la Société Nationale des Hydrocarbures (SNH), la réflexion s'impose au sujet de la reconfiguration de cette structure.

Les autres intervenants de la filière énergétique sont des opérateurs privés.

CHAPITRE 2 : LA LIBERALISATION

Parallèlement aux processus de privatisation, des actions de libéralisation s'opèrent. Principalement dans le secteur pétrolier aval où :

- la SONARA a la latitude d'acheter le pétrole brut dont elle a besoin sur le marché international, la SNH n'ayant plus le monopole de la fourniture. En revanche, il sera hasardeux d'ouvrir le marché des approvisionnements dans sa totalité, car le risque serait de voir cette structure acculée à la faillite ; alors que son rôle social dont il faut tenir compte et ses effets d'externalité sont vitaux pour la ville de Limbé et la province du Sud-Ouest ;
- la libéralisation du stockage devrait être achevée, mais sous un contrôle strict du respect des cahiers de charges ;
- dans le cadre de la libéralisation du secteur de la distribution, l'Etat devrait éviter d'agréer des consommateurs spéciaux autorisés à s'approvisionner directement à la SONARA, sans recourir aux distributeurs agréés qui sont soumis à des obligations d'approvisionnement du territoire national en produits pétroliers ;
- enfin, la structure des prix des carburants ne devrait pas servir de prétexte pour le financement de certaines opérations non maîtrisées.

CHAPITRE 3 : LA REGULATION DU SECTEUR

Pour sécuriser l'offre et ainsi répondre à tous les besoins de la demande, il est important de supprimer la multitude de structures qui existe dans le secteur et créer un seul organisme chargé de :

- la régulation du secteur de l'électricité ;
- la promotion des actions d'électrification rurale ;
- la péréquation des prix des hydrocarbures ;
- l'approvisionnement en carburant des zones dépourvues de station-service ;
- la sécurité de l'approvisionnement en énergie des ménages ;
- la promotion des ENR ;
- la promotion des actions d'économie d'énergie ;
- etc.

Cette structure serait financée par :

- les fonds actuellement collectés par la CSPH, l'ARSEL et l'AER ;
- une partie des redevances sur les activités d'exploitation forestière ;
- un prélèvement sur la rente pétrolière ;
- une taxe sur la pollution industrielle ;
- une taxe sur les activités de production et de distribution de l'énergie ;
- etc.

CHAPITRE 4 : LA POLITIQUE ENERGETIQUE NATIONALE

Au delà de toutes les actions proposées dans la sixième partie du présent ouvrage, il revient à l'Etat d'élaborer une politique énergétique nationale pour encadrer les réflexions et actions dudit secteur. Une telle politique devrait intégrer les axes suivants :

- l'utilisation de l'énergie pour stimuler la croissance et l'emploi, en mettant en place des mesures pour attirer des entreprises grandes consommatrices d'énergie (électricité) ;
- la fourniture de l'énergie aux populations et aux agents économiques à des prix compétitifs ;
- l'accroissement des taux d'accès à l'energie ;
- la mise en place des mesures permettant de préserver l'indépendance énergétique et de favoriser les échanges énergétiques, notamment avec les pays de la sous région ;
- l'adoption des mesures et des actions favorisant l'utilisation rationnelle de l'énergie et la protection de l'environnement ;
- et enfin, la poursuite du processus d'amélioration du cadre législatif et institutionnel.

CONCLUSION

C'est bien la première fois qu'une compilation des données sur l'énergie au Cameroun est faite sur une si longue période, où contrairement aux pays développés ou membres de l'OCDE, qui disposent des banques de données où il est facile d'aller puiser des informations dont on a besoin et les mettre sous la forme que l'on désire.

Il est loisible de constater que toute œuvre humaine est perfectible et que le lecteur devra être indulgent pour des erreurs ou omissions qui pourraient ressortir après la parution de l'ouvrage.

La collecte des données n'a pas été aisée, bien au contraire ! la culture de la transparence dans les données statistiques n'est pas encore entrée dans les mœurs au Cameroun ; il est parfois amusant de se rendre compte que des données «confidentielles» sont disponibles en libre consultation dans les bibliothèques mêmes universitaires dans les pays occidentaux.

Ce premier travail de compilation, de recoupement et d'analyse étant fait, il revient à toute personne intéressée et notamment au Gouvernement camerounais qui a initié un comité sur le secteur, de faire nourrir la réflexion et les actions afin que le secteur énergétique contribue de manière plus déterminante que par le passé à dynamiser l'économie et l'emploi.

ANNEXES

ANNEXE 0

1 - LISTE DES SIGLES ET ABREVIATIONS

ALUCAM	Aluminium du Cameroun
ANAFOR	Agence Nationale des Forêts
BT	Basse Tension
CAF	Coût Assurance Fret
CAMAIR	Cameroon Air Lines
CAMRAIL	Cameroon Rail
CAMSHIP	Cameroon Shipping Lines
CAMSUCO	Cameroon Sugar Company
CAMTEL	Cameroon Télécommunications
CEMAC	Communauté Economique et Monétaire de l'Afrique Centrale
CENADEFOR	Centre National de Développement des Forêts
CSPH	Caisse de Stabilisation des Prix des Hydrocarbures
DGEMP	Direction Générale de l'Energie et des Matières Premières (Ministère Français de l'Economie et des Finances)
EEIC	Société d'Ingénierie Informatique et d'Etude, dont l'auteur est le Directeur Général, BP 6399 YAOUNDE – CAMEROUN, TEL (237) 221 33 12 – FAX : (237) 220 94 02
ENR	Energie Nouvelle et Renouvelable
ENSP	Ecole Nationale Supérieure Polytechnique
GTEP	Giga Tonne Equivalent Pétole
HT	Haute Tension
ICAI	Impô t sur le Chiffre d'Affaires Intérieur
IS	Impô t sur les Sociétés
KTEP	Kilo Tonne Equivalent Pétole
MINATD	Ministère de l'Administration Territoriale et de la Décentralisation
MINDEF	Ministère de la Défense
MINDIC	Ministère du Développement Industriel et Commercial
MINFIB	Ministère des Finances et du Budget
MINMEE	Ministère des Mines, de l'Eau et de l'Energie
MINTP	Ministère des Travaux Publics
MT	Moyenne Tension
MTEP	Méga Tonne Equivalent Pétole
NWE	North Western Europe
ONADEF	Office Nationale de Développement des Forêts
ONAREF	Office nationale de Régénération des Forêts
ONCPB	Office National de Commercialisation des Produits de Base

ONPC	Office National des Ports du Cameroun
PCI	Pouvoir Calorifique Inférieur
PCS	Pouvoir Calorifique Supérieur
PEN	Plan Energétique National
PIB	Produit Intérieur Brut
RNCF	Régie National des Chemins de Fer du Cameroun
RSA	République Sud Africaine
SCDP	Société Camerounaise de Dépôts Pétroliers
SNH	Société Nationale des Hydrocarbures
SNI	Société Nationale d'Investissement
SOCAPALM	Société Camerounaise des Palmeraies
SODECOTON	Société de Développement du Coton
SOGARA	Société Gabonaise de Raffinage
SONARA	Société Nationale de Raffinage
SOSUCAM	Société Sucrière du Cameroun
TA	Température Ambiante
TCA	Taxe sur le Chiffre d'Affaires
TEP	Tonne Equivalent Pétrole
TSPP	Taxe Spéciale sur les Produits Pétroliers
TVA	Taxe sur la Valeur Ajoutée
UDEAC	Union Douanière et Economique de l'Afrique Centrale
ULCC	Ultra Large Crude Carrier
URE	Utilisation Rationnelle de l'Energie
USA	United States Of America
VLCC	Very Large Crude Carrier

2 - FACTEURS DE CONVERSION

2.1 - AU NIVEAU INTERNATIONAL

ENERGIE	UNITE DE CONVERSION	TEP (PCI)
CHARBON (HOUILLE)	1 tonne	0,619
PÉTROLE BRUT	1 tonne	1,000
GAZOLE	1 tonne	1,000
PRODUITS PÉTROLIERS À USAGE NON ÉNERGÉTIQUE	1 tonne	1,000
GPL	1 tonne	1,095
ESSENCE MOTEUR	1 tonne	1,048
CARBURÉACTEUR	1 tonne	1,048
FUEL LOURD	1 tonne	0,952
COKE DE PÉTROLE	1 tonne	0,762
ELECTRICITÉ	1 MWh	0,086
BOIS	1 stère	0,147
GAZ NATUREL	1 MWh PCS	0,077

SOURCE : DGEMP/AIE

2.2 - AU NIVEAU NATIONAL

2.2.1 - DENSITES MOYENNES

PRODUITS	DENSITE A TA	DENSITE A 15° C
AVGAZ	0,7164	0,7300
BUTANE	-	0,5600
ESSENCE	0,7352	0,7515
FUEL OIL 1500	0,9369	0,9386
FUEL OIL 3500	-	0,9501
GASOIL	0,8454	0,8561
KEROSENE	0,7992	0,8138
SUPER	0,7434	0,7619

SOURCE : MINMEE/PEN

2.2.2 - CONVERSION TM EN TEP

ENERGIE	UNITE DE CONVERSION	TEP (PCI)
SUPER	1 tonne	1,060
ESSENCE	1 tonne	1,060
GPL	1 tonne	1,095
PÉTROLE LAMPANT	1 tonne	1,048
JET A1 / CARBURÉACTEUR	1 tonne	1,048
AVGAZ	1 tonne	1,048
GAS OIL	1 tonne	1,000
FUEL 1500	1 tonne	1,000

SOURCE : MINMEE/PEN

1 baril de pétrole brut = 158,984 litres

1 TEP = 7,33 barils

ANNEXE I

TABLEAU I.1 : EVOLUTION DE LA POPULATION PAR PROVINCE

PROVINCE	1976		1987		2002	
	%	Population	%	Population	%	Population
ADAMAOUA	4,69	359.334	4,72	495 185	4,76	763 879
CENTRE	15,36	1.176.743	15,74	1 651 600	16,27	2 610 718
DONT YAOUNDE		313.705		650 535		1 460 643
EST	4,78	366.235	4,93	517 198	5,14	824 090
EXT-NORD	18,20	1.394.765	17,68	1 855 695	16,97	2 723 237
LITTORAL	12,20	935.166	12,89	1 352 833	13,84	2 221 525
DONT DOUALA		458.426		810 490		1 674 225
NORD	6,25	479.158	7,93	832 165	10,25	16 440 566
NORD-OUEST	12,80	980.531	11,79	1 237 348	10,40	1 669 614
OUEST	13,51	1.035.597	12,77	1 339 791	11,74	1 883 411
SUD	4,11	315.202	3,56	373 798	2,80	449 441
SUD-OUEST	8,10	620.515	7,99	838 042	7,83	1 256 938
TOTAL	**100,00**	**7.663.246**	**100,00**	**10 493 655**	**100,00**	**16 047 419**

SOURCES : RGPH 1976, RGPH 1987 ET ELABORATION EEIC PAR LA METHODE DES PROPORTIONS SUPPOSEES LINEAIRES.

TABLEAU I.2 : EVOLUTION DE LA POPULATION ET DES MENAGES DE 1987/1982 A 2001/2002

ANNEES	POPULATION	MENAGE	DENSITE *	PIB/HABITANT
1981/1982	9 223 217	1 773 696	19,42	2 356
1982/1983	9 489 768	1 824 955	19,98	2 735
1983/1984	9 764 022	1 877 697	20,56	3 245
1984/1985	10 046 202	1 931 962	21,15	3 821
1985/1986	10 336 538	1 987 796	21,76	3 943
1986/1987	10 635 263	2 045 243	22,39	3 657
1987/1988	10 942 623	2 104 350	23,04	3 279
1988/1989	11 258 864	2 165 166	23,70	3 096
1989/1990	11 584 246	2 227 740	24,39	2 927
1990/1991	11 919 030	2 292 121	25,09	2 848
1991/1992	12 263 490	2 358 364	25,82	2 602
1992/1993	12 617 905	2 426 520	26,56	2 753
1993/1994	12 982 563	2 496 647	27,33	2 892
1994/1995	13 357 759	2 568 800	28,12	3 343
1995/1996	13 743 798	2 643 038	28,93	3 487
1996/1997	14 140 994	2 719 422	29,77	3 798
1997/1998	14 536 941	2 907 388	30,60	3 951
1998/1999	14 943 976	2 988 795	31,46	3 695
1999/2000	15 362 407	3 072 481	32,34	3 808
2000/2001	15 792 554	3 158 511	33,25	3 994
2001/2002	16 234 746	3 246 949	34,18	4 147

SOURCE : DSCN/ELABORATION EEIC

N.B : PIB/HABITANT EN MILLIER DE FCFA COURANT

* hab/km^2

TABLEAU I.3 : REPARTITION DE LA POPULATION DE CHAQUE PROVINCE PAR ZONE DE RESIDENCE EN 2001

PROVINCE	GRANDES VILLES	PETITES VILLES	RURALE	TOTAL
ADAMAOUA	31,0	13,6	55,4	100
CENTRE	56,7	7,1	36,2	100
EST	12,3	18,8	68,9	100
EXTREME-NORD	11,0	5,0	84,0	100
LITTORAL	80,9	4,0	15,1	100
NORD	22,6	5,6	71,8	100
NORD-OUEST	20,0	9,1	70,9	100
OUEST	26,1	10,9	63,0	100
SUD	11,2	13,2	75,6	100
SUD-OUEST	29,3	10,3	60,4	100
ENSEMBLE DU PAYS	**34,8**	**8,2**	**57,0**	**100**

SOURCE : ECAM II, INS.

TABLEAU I.4 : EVOLUTION DE LA DENSITE DEMOGRAPHIQUE PAR PROVINCE DE 1976 A 2002

PROVINCE	SUPERFICIE (EN KM²)	1976	1987	1995	2002
ADAMAOUA	61.990	5,8	8,0	10,2	12,3
CENTRE	68.942	17,1	24,0	30,9	37,9
DONT YAOUNDE	297	1.056,2	2.190,4	3.637,7	4.918,0
EST	118.900	3,1	4,3	5,6	6,9
EXTREME-NORD	34.260	40,7	54,2	67,0	79,5
LITTORAL	20.220	46,2	66,9	88,0	109,9
DONT DOUALA	923	496,7	878,1	1.304,2	1.813,9
NORD	67.798	7,1	12,3	18,0	242,5
NORD-OUEST	17.300	56,7	71,5	84,7	96,5
OUEST	13.890	74,6	96,5	116,8	135,6
SUD	47.190	6,7	7,9	8,9	9,5
SUD-OUEST	24.910	24,9	33,6	42,2	50,5
ENSEMBLE DU PAYS	**475.400**	**16,1**	**22,1**	**27,9**	**33,8**

SOURCE : EEIC

TABLEAU I.5 : EVOLUTION DU PIB DE 1981/1982 A 2001/2002
EN MILLIARD FCFA COURANT

ANNEES	SECTEUR			VA NON	TAXES	TOTAL
	PRIMAIRE	SECONDAIRE	TERTIAIRE	MARCHAND	IMPORT	
1981/1982	586,74	657,33	639,40	162,92	126,40	2 172,80
1982/1983	607,15	867,26	791,72	182,80	146,81	2 595,74
1983/1984	702,00	1 106,84	960,19	226,36	173,00	3 168,39
1984/1985	790,45	1 317,42	1 264,45	292,19	174,40	3 838,90
1985/1986	888,15	1 333,94	1 405,65	312,64	134,80	4 075,19
1986/1987	940,72	1 139,43	1 335,69	342,88	131,00	3 889,72
1987/1988	872,58	1 032,15	1 283,95	317,94	81,36	3 587,98
1988/1989	896,08	1 017,53	1 179,44	311,51	81,36	3 485,92
1989/1990	827,94	1 008,98	1 177,11	297,50	79,17	3 390,71
1990/1991	857,43	966,19	1 181,54	317,18	72,17	3 394,52
1991/1992	858,70	741,10	1 158,30	351,90	81,10	3 191,10
1992/1993	875,10	831,40	1 224,90	454,80	193,73	3 579,93
1993/1994	788,91	823,30	1 279,12	332,19	200,45	3 423,97
1994/1995	1 027,24	1 166,00	1 120,10	331,26	289,57	3 934,17
1995/1996	984,39	1 281,90	1 249,20	341,30	355,65	4 212,44
1996/1997	1 184,36	1 401,20	1 378,30	380,91	397,56	4 742,33
1997/1998	1 266,71	1 498,70	1 476,00	407,40	425,20	5 074,01
1998/1999	1 366,50	1 576,20	1 486,30	467,00	625,50	5 521,50
1999/2000	1 391,20	1 555,90	1 615,30	566,70	720,70	5 849,80
2000/2001	1 461,10	1 728,70	1 702,40	595,10	820,30	6 307,60
2001/2002	1 519,84	1 901,57	1 775,60	618,97	917,18	6 733,16

SOURCE : DSCN / EEIC

TABLEAU I.6 : EVOLUTION DE LA BALANCE COMMERCIALE

EN MILLIARD FCFA

ANNEES	EXPORT	IMPORT	SOLDE COMMERCIAL	TAUX DE COUVERTURE
1981/1982	502.99	390.34	112.65	128.86%
1982/1983	683.21	429.47	253.75	159.08%
1983/1984	887.41	462.89	424.52	191.71%
1984/1985	1 132.56	482.30	650.26	234.83%
1985/1986	730.21	588.79	141.42	124.02%
1986/1987	549.22	558.27	-9.04	98.38%
1987/1988	525.90	452.46	73.44	116.23%
1988/1989	544.70	398.99	145.72	136.52%
1989/1990	583.49	520.32	63.17	112.14%
1990/1991	549.49	457.71	91.78	120.05%
1991/1992	518.82	386.16	132.66	134.35%
1992/1993	452.79	350.33	102.47	129.25%
1993/1994	592.65	411.06	181.59	144.18%
1994/1995	834.54	583.90	250.64	142.93%
1995/1996	897.77	671.05	226.72	133.79%
1996/1997	1 040.21	785.80	254.41	132.38%
1997/1998	1 098.69	837.86	260.83	131.13%
1998/1999	1 048.17	847.24	200.93	123.72%
1999/2000	1 215.67	936.07	279.60	129.87%
2000/2001	1 356.57	1 208.86	147.70	112.22%
2001/2002	1 345.08	1 356.77	-11.69	99.14%

SOURCE : EEIC

N.B : POUR TOUS LES TABLEAUX SE RAPPORTANT A LA BALANCE COMMERCIALE, LES DONNEES DES HYDROCARBURES ONT ETE REVUES PAR EEIC POUR TENIR COMPTE DES OMISSIONS DE LA DSCN DANS LA PRISE EN COMPTE POUR PLUSIEURS ANNEES, DES IMPORTATIONS DES PRODUITS DE PETROLE BRUT ET DES EXPORTATIONS DES PRODUITS PETROLIERS PAR LA SONARA.

TABLEAU I.8 : EVOLUTION DU PARC AUTOMOBILE AU CAMEROUN

ANNEES	TYPES DE VEHICULES		TOTAL VEHICULES	MOTOS	TOTAL GENERAL
	PARTICULIER	UTILITAIRE			
1981/1982	50 550	31 550	82 100	39 950	122 050
1982/1983	55 450	32 100	87 550	47 600	135 150
1983/1984	60 900	33 050	93 950	53 800	147 750
1984/1985	69 600	33 050	102 650	57 050	159 700
1985/1986	81 900	34 700	116 600	58 450	175 050
1986/1987	89 150	35 100	124 250	58 550	182 800
1987/1988	89 853	33 685	123 538	58 251	181 789
1988/1989	111 072	37 024	148 096	28 897	176 993
1989/1990	102 766	30 830	133 596	23 167	156 763
1990/1991	104 600	48 700	153 300	44 500	197 800
1991/1992	98 100	45 000	143 100	43 800	186 900
1992/1993	95 450	40 950	136 400	41 400	177 800
1993/1994	90 550	38 050	128 600	39 750	168 350
1994/1995	91 529	38 364	129 893	39 752	169 644
1995/1996	97 848	40 136	137 984	41 421	179 405
1996/1997	101 594	41 135	142 728	43 665	186 393
1997/1998	104 057	42 443	146 499	44 647	191 146
1998/1999	108 321	44 242	152 563	45 375	197 937
1999/2000	113 347	46 311	159 658	46 468	206 125
2000/2001	115 917	47 371	163 288	46 987	210 275
2001/2002	118 235	48 318	166 554	51 686	218 239

SOURCE : MINTRANSP / EEIC

TABLEAU I.9 : PART DU CAMEROUN DANS LE PARC AUTOMOBILE AFRICAIN

ANNEES	CAMEROUN	AFRIQUE	PART DU CAMEROUN EN %
1992	136	13 280	1,03
1993	129	14 930	0,86
1994	130	15 278	0,85
1995	138	15 617	0,88
1996	143	15 831	0,90
1997	146	16 022	0,91
1998	153	16 233	0,94
1999	160	16 614	0,96
2000	163	16 968	0,96

SOURCE : IFP / EEIC

TABLEAU I.10 : CONSOMMATION ENERGETIQUE PAR CATEGORIE DE VEHICULE

LITRE/100 KM

CATEGORIE DE VEHICULE	TYPE DE ROUTE				
	BITUMEE		TERRE		MAUVAISE
	BONNE	MAUVAISE	BONNE	MAUVAISE	PISTE RUR.
PARTICULIER	8	10	9	11	13
PICK-UP	11	14	12	15	18
TAXI 504	15	20	16	21	24
CAMION 4 ROUES	20	25	24	27	28
CAMION 6 ROUES	25	37	35	39	41
CAMION 3 ESSIEUX	33	49	46	51	54
REMORQUE ET SI R	53	78	74	83	87
PETITS CAR	20	25	24	27	28

SOURCE : MINTP

TABLEAU I.11 : EVOLUTION DU TRAFIC FERROVIAIRE

ANNEES	VOYAGEURS TRANSPORTES EN MILLIER	MARCHANDISES TRANSPORTEES EN KTONNE
1981/1982	1 573	1 754
1982/1983	1 866	1 781
1983/1984	2 218	1 844
1984/1985	2 481	2 017
1985/1986	2 080	1 786
1986/1987	2 268	1 411
1987/1988	2 414	1 376
1988/1989	2 472	1 451
1989/1990	2 528	1 443
1990/1991	2 327	1 229
1991/1992	2 339	1 255
1992/1993	2 147	1 243
1993/1994	1 848	1 312
1994/1995	1 740	1 435
1995/1996	1 714	1 295
1996/1997	1 581	1 300
1997/1998	1 368	1 441
1998/1999	1 304	1 394
1999/2000	1 318	1 367
2000/2001	1 277	1 279
2001/2002	1 159	1 902

SOURCE : CAMRAIL

TABLEAU I.12 : EVOLUTION DU TRAFIC PORTUAIRE
EN MTONNE

ANNEES	IMPORT	EXPORT	TOTAL
1981/1982	2 884	1 110	3 994
1982/1983	2 924	1 084	4 008
1983/1984	2 926	1 122	4 048
1984/1985	3 212	1 168	4 380
1985/1986	3 200	1 170	4 370
1986/1987	2 943	1 142	4 085
1987/1988	2 713	983	3 696
1988/1989	2 553	1 076	3 629
1989/1990	2 419	1 173	3 592
1990/1991	2 458	1 440	3 898
1991/1992	2 420	1 301	3 721
1992/1993	2 337	1 366	3 703
1993/1994	2 146	1 576	3 722
1994/1995	2 083	1 956	4 039
1995/1996	2 323	1 960	4 283
1996/1997	2 216	2 089	4 305
1997/1998	2 497	2 625	5 122
1998/1999	2 864	2 502	5 366
1999/2000	3 022	2 407	5 429
2000/2001	2 141	2 385	4 526
2001/2002	3 871	1 874	5 745

SOURCE : ONPC

TABLEAU I.13 : PART DE L'ENERGIE DANS PIB

EN MILLIARD FCFA COURANT

ANNEES	PIB	PETROLE	ELECTRICITE	PETROLE AVAL	TOTAL ENERGIE	PART AU PIB
1981/1982	2 172,80	263,00	22,21	18,89	304,10	14,00%
1982/1983	2 595,74	400,47	30,10	81,76	512,33	19,74%
1983/1984	3 168,39	520,52	35,21	93,19	648,92	20,48%
1984/1985	3 838,90	629,67	37,68	104,86	772,21	20,12%
1985/1986	4 075,19	518,24	45,12	116,77	680,13	16,69%
1986/1987	3 889,72	326,78	46,78	127,37	500,93	12,88%
1987/1988	3 587,98	319,71	47,46	126,63	493,80	13,76%
1988/1989	3 485,92	310,81	54,89	135,83	501,53	14,39%
1989/1990	3 390,71	320,05	54,72	122,42	497,18	14,66%
1990/1991	3 394,52	310,70	38,89	120,49	470,08	13,85%
1991/1992	3 191,10	209,60	54,50	99,84	363,94	11,40%
1992/1993	3 474,24	186,69	54,72	90,99	332,40	9,57%
1993/1994	3 754,53	219,33	38,89	101,28	359,50	9,58%
1994/1995	4 465,08	216,91	39,38	125,31	381,60	8,55%
1995/1996	4 793,08	239,57	42,13	131,96	413,66	8,63%
1996/1997	5 370,58	277,10	42,26	117,07	436,43	8,13%
1997/1998	5 744,00	296,37	45,20	189,33	530,90	9,24%
1998/1999	5 521,50	302,20	46,40	196,28	544,88	9,87%
1999/2000	5 849,80	325,50	49,60	162,06	537,16	9,18%
2000/2001	6 307,60	341,80	52,10	229,81	623,71	9,89%
2001/2002	6 733,16	375,98	53,66	303,82	733,46	10,89%

SOURCE : EEIC

TABLEAU I.14 : CONTRIBUTION DU SECTEUR ENERGIE DANS LE BUDGET DE L'ETAT
EN MILLIARD FCFA COURANT

ANNEES	CONTRIBUTION SECTEUR ENERGIE				BUDGET ETAT	PART ENERGIE
	PETROLE BRUT	PETROLE AVAL	ELECTRICITE	TOTAL		
1981/1982	223,70	5,47	0,06	229,23	535,10	42,84%
1982/1983	352,20	7,75	0,07	360,02	705,90	51,00%
1983/1984	265,10	8,01	0,07	273,18	716,90	38,11%
1984/1985	323,50	8,11	0,07	331,68	813,90	40,75%
1985/1986	363,10	9,47	0,10	372,67	903,20	41,26%
1986/1987	333,00	10,85	0,14	343,99	800,00	43,00%
1987/1988	323,05	12,25	0,15	335,45	650,00	51,61%
1988/1989	192,00	5,00	0,60	197,61	550,00	35,93%
1989/1990	187,00	6,07	0,60	193,67	551,00	35,15%
1990/1991	300,29	5,82	0,43	306,53	552,00	55,53%
1991/1992	262,58	5,81	0,60	268,99	552,00	48,73%
1992/1993	209,41	5,63	0,60	215,64	546,00	39,49%
1993/1994	254,27	5,50	0,43	260,19	546,00	47,65%
1994/1995	309,44	47,09	0,43	356,96	546,00	65,38%
1995/1996	288,75	67,99	0,46	357,21	648,00	55,12%
1996/1997	408,04	88,02	0,46	496,53	1 078,00	46,06%
1997/1998	361,48	102,77	0,50	464,75	1 214,00	38,28%
1998/1999	320,68	99,54	0,51	420,73	1 172,00	35,90%
1999/2000	484,78	105,09	0,55	590,42	1 297,60	45,50%
2000/2001	609,76	118,85	0,57	729,18	1 478,00	49,34%
2001/2002	593,43	118,35	0,59	712,38	1 545,00	46,11%

SOURCE : EEIC

N.B : COMPTE NON TENU DES AFFECTATIONS EN COMPTE HORS BUDGET

TABLEAU I.15 : EVOLUTION DE LA CONTRIBUTION DU PETROLE BRUT A LA BALANCE COMMERCIALE

EN MILLIARD DE FCFA COURANT

ANNEES	EXPORT			IMPORT			TAUX DE COUVERTURE	
	TOTAL	DONT PETROLE	PART PETROLE	TOTAL	DONT PETROLE	PART PETROLE	AVEC PETROLE	HORS PETROLE
1981/1982	502.99	324.65	64.54%	390.34	26.78	6.86%	128.86%	49.05%
1982/1983	683.21	439.80	64.37%	429.47	5.94	1.38%	159.08%	57.47%
1983/1984	887.41	575.38	64.84%	462.89	6.95	1.50%	191.71%	68.44%
1984/1985	1 132.56	752.60	66.45%	482.30	3.51	0.73%	234.83%	79.36%
1985/1986	730.21	358.55	49.10%	588.79	4.00	0.68%	124.02%	63.55%
1986/1987	549.22	252.81	46.03%	558.27	3.95	0.71%	98.38%	53.47%
1987/1988	525.90	254.33	48.36%	452.46	3.29	0.73%	116.23%	60.46%
1988/1989	544.70	224.05	41.13%	398.99	7.49	1.88%	136.52%	81.90%
1989/1990	583.49	212.83	36.48%	520.32	36.20	6.96%	112.14%	76.56%
1990/1991	549.49	307.83	56.02%	457.71	69.72	15.23%	120.05%	62.28%
1991/1992	518.82	279.13	53.80%	386.16	68.96	17.86%	134.35%	75.56%
1992/1993	452.79	226.93	50.12%	350.33	75.74	21.62%	129.25%	82.26%
1993/1994	592.65	277.75	46.87%	411.06	88.53	21.54%	144.18%	97.63%
1994/1995	834.54	354.15	42.44%	583.90	125.92	21.57%	142.93%	104.89%
1995/1996	897.77	324.46	36.14%	671.05	100.87	15.03%	133.79%	100.55%
1996/1997	1 040.21	465.44	44.74%	785.80	81.58	10.38%	132.38%	81.62%
1997/1998	1 098.69	425.00	38.68%	837.86	117.91	14.07%	131.13%	93.57%
1998/1999	1 048.17	385.29	36.76%	847.24	117.01	13.81%	123.72%	90.78%
1999/2000	1 215.67	555.16	45.67%	936.07	164.09	17.53%	129.87%	85.56%
2000/2001	1 356.57	686.42	50.60%	1 208.86	216.77	17.93%	112.22%	67.55%
2001/2002	1 345.08	656.61	48.82%	1 356.77	217.56	16.04%	99.14%	60.43%

SOURCE : DSCN / EEIC

TABLEAU I.17 : EVOLUTION DE LA PART DES PRODUITS DE TROIS BRANCHES D'ACTIVITE GRANDES CONSOMMATRICES D'ENERGIE DANS LES EXPORTATIONS NATIONALES

EN MILLION DE FCFA COURANT

ANNEES	ALUMINIUM	BOIS	PRODUITS PETROLIERS	TOTAL	% EXPORT
1981/1982	10 268	25 365	23 196	58 829	11.70
1982/1983	28 330	22 359	28 822	79 511	11.64
1983/1984	31 792	18 344	29 927	80 063	9.02
1984/1985	33 884	36 118	31 166	101 168	8.93
1985/1986	28 202	32 780	37 248	98 230	13.45
1986/1987	20 613	24 458	41 012	86 083	15.67
1987/1988	22 431	28 030	43 726	94 187	17.91
1988/1989	46 453	52 203	32 049	130 705	24.00
1989/1990	45 276	56 006	25 833	127 115	21.79
1990/1991	33 343	54 045	7 545	94 933	17.28
1991/1992	27 956	60 762	16 557	105 275	20.29
1992/1993	24 913	57 478	17 518	99 909	22.07
1993/1994	29 295	120 895	23 493	173 683	29.31
1994/1995	63 974	164 967	44 710	273 651	32.79
1995/1996	54 331	128 161	35 710	218 202	24.30
1996/1997	54 874	185 031	57 400	297 305	28.58
1997/1998	55 424	241 901	63 520	360 845	32,84
1998/1999	57 947	251 850	64 609	374 406	35,72
1999/2000	67 102	235 446	70 380	372 928	30,68
2000/2001	72 196	224 029	76 654	372 879	27,49
2001/2002	72 918	235 230	63 178	371 327	27,61

SOURCE : DSCN / EEIC

NB : LES CHIFFRES DE 2001/2002 POUR L'ALUMINIUM ET LE BOIS SONT ESTIMES

ANNEXE II

TABLEAU II.10 : EVOLUTION DES PRIX DU SUPER POUR QUELQUES PAYS AFRICAINS

EN FCFA/LITRE

PAYS	Sept-01	Avr-02	Juin-02	Déc-02	Févr-02	Mai-03	Juil-03	Sept-03	MOYENNE
COTE D'IVOIRE	590	550	550	550	550	550	550	550	555
CAMEROUN	450	443	441	443	458	445	444	454	447
GABON	430	430	430	430	430	450	450	450	438
SENEGAL	514	458	495	495	495	497	484	500	492
BENIN	365	295	295	340	340	340	340	340	332
BURKINA FASO	473	537	537	537	537	569	569	569	541
CENTRAFRIQUE	650	650	650	650	650	650	650	650	650
MALI	455	437	491	484	466	536	530	541	493
NIGER	515	505	520	525	525	513	499	518	515
TCHAD	520	520	520	520	520	520	520	520	520
TOGO	365	365	365	365	365	365	365	520	384
MOYENNE	**484**	**472**	**481**	**485**	**485**	**494**	**491**	**510**	**488**

SOURCE : EEIC

TABLEAU II.11 : EVOLUTION DES PRIX DU GASOIL POUR QUELQUES PAYS AFRICAINS

EN FCFA/LITRE

PAYS	Sept-01	Avr-02	Juin-02	Déc-02	Févr-03	Mai-03	Juil-03	Sept-03	MOYENNE
COTE D'IVOIRE	410	390	390	390	390	390	390	390	393
CAMEROUN	365	371	371	371	393	400	390	390	381
GABON	300	300	300	300	300	345	345	345	317
SENEGAL	377	330	338	338	338	396	327	334	347
BENIN	295	250	250	270	270	270	270	270	268
BURKINA FASO	330	384	384	384	384	443	443	443	399
CENTRAFRIQUE	575	575	575	575	575	575	575	575	575
MALI	344	345	369	380	380	400	390	393	375
NIGER	365	343	346	366	366	371	327	338	353
TCHAD	455	455	455	455	455	455	455	455	455
TOGO	300	300	300	300	300	300	300	300	300
MOYENNE	**374**	**368**	**371**	**375**	**377**	**395**	**383**	**385**	**378**

SOURCE : EEIC

TABLEAU II.12 : EVOLUTION DES PRIX DU PETROLE POUR QUELQUES PAYS AFRICAINS

EN FCFA/LITRE

PAYS	Sept-01	Avr-02	Juin-02	Déc-02	Févr-03	Mai-03	Juil-03	Sept-03	MOYENNE
COTE D'IVOIRE	300	290	290	290	290	200	290	290	280
CAMEROUN	190	190	190	190	200	214	216	223	202
GABON	200	200	200	200	200	225	275	275	222
SENEGAL	229	199	225	225	225	263	208	215	224
BENIN	230	175	175	190	190	190	190	190	191
BURKINA FASO	240	240	275	275	275	300	300	300	276
CENTRAFRIQUE	225	275	300	275	275	275	275	275	272
MALI	303	276	300	342	322	372	360	360	329
NIGER	240	240	240	240	240	240	240	240	240
TCHAD *	300	275	275	275	300	300	300	300	291
TOGO	230	230	230	230	230	230	230	230	230
MOYENNE	**244**	**235**	**245**	**248**	**250**	**255**	**262**	**263**	**251**

SOURCE : EEIC/

* ESTIMATIONS

ANNEXE III

TABLEAU III.1 : EVOLUTION DE LA PRODUCTION D'ENERGIE PRIMAIRE EN KTEP

EXERCICE	ELECTRICITE HYDRAULIQUE	PETROLE BRUT	ENR	TOTAL
1981/1982	176	4 737	2 076	6 989
1982/1983	177	5 610	2 144	7 931
1983/1984	182	7 243	2 213	9 638
1984/1985	199	8 781	2 283	11 263
1985/1986	211	8 943	2 355	11 509
1986/1987	207	8 662	2 431	11 300
1987/1988	215	8 365	2 509	11 089
1988/1989	228	8 184	2 578	10 990
1989/1990	229	7 972	2 650	10 851
1990/1991	229	7 432	2 721	10 382
1991/1992	226	6 992	2 796	10 014
1992/1993	239	6 667	2 873	9 779
1993/1994	236	6 016	2 952	9 204
1994/1995	233	5 476	3 031	8 740
1995/1996	240	5 186	3 115	8 541
1996/1997	256	5 151	3 197	8 604
1997/1998	264	5 698	3 280	9 242
1998/1999	280	6 103	3 312	9 695
1999/2000	296	6 460	3 345	10 101
2000/2001	299	6 225	3 424	9 948
2001/2002	284	5 506	3 505	9 295

SOURCE : EEIC

TABLEAU III.2 : EVOLUTION DE LA CONSOMMATION D'ENERGIE PER CAPITA

EXERCICE	CONSOMMATION EN KTEP	POPULATION	TEP/HABIT TOTAL	TEP/HABIT CONVENTION
1981/1982	2 949	9 223 217	0,32	0,09
1982/1983	3 077	9 489 768	0,32	0,10
1983/1984	3 162	9 764 022	0,32	0,10
1984/1985	3 301	10 046 202	0,33	0,10
1985/1986	3 441	10 336 538	0,33	0,11
1986/1987	3 505	10 635 263	0,33	0,10
1987/1988	3 511	10 942 623	0,32	0,09
1988/1989	3 533	11 258 864	0,31	0,08
1989/1990	3 587	11 584 246	0,31	0,08
1990/1991	3 576	11 919 030	0,30	0,07
1991/1992	3 640	12 263 490	0,30	0,07
1992/1993	3 717	12 617 905	0,29	0,07
1993/1994	3 865	12 982 563	0,30	0,07
1994/1995	3 951	13 357 759	0,30	0,07
1995/1996	4 054	13 743 798	0,29	0,07
1996/1997	4 181	14 140 994	0,30	0,07
1997/1998	4 317	14 536 941	0,30	0,07
1998/1999	4 390	14 943 976	0,29	0,07
1999/2000	4 445	15 362 407	0,29	0,07
2000/2001	4 585	15 792 554	0,29	0,07
2001/2002	4 699	16 234 746	0,29	0,07

SOURCE : EEIC

N.B : TEP/HABIT TOTAL = CONSOMMATION PER CAPITA TOUTES ENERGIES CONFONDUES

TEP/HABIT CONVENTION = CONSOMMATION PER CAPITA POUR LES PRODUITS PETROLIERS ET L'ELECTRICITE.

TABLEAU III 3 : EVOLUTION DE LA CONSOMMATION D'ENERGIE

EN KTEP

EXERCICE	ELECTRICITE	PRODUITS PETROLIERS	ENR	TOTAL ENERGIE	USAGE NON ENERGETIQUE	TOTAL GENERAL
1981/1982	185	688	2 076	2 949	65	3 014
1982/1983	186	747	2 144	3 077	73	3 150
1983/1984	181	768	2 213	3 162	89	3 251
1984/1985	198	820	2 283	3 301	99	3 400
1985/1986	206	880	2 355	3 441	110	3 551
1986/1987	201	873	2 431	3 505	74	3 579
1987/1988	208	794	2 509	3 511	55	3 566
1988/1989	219	736	2 578	3 533	22	3 555
1989/1990	218	719	2 650	3 587	21	3 608
1990/1991	214	641	2 721	3 576	22	3 598
1991/1992	214	630	2 796	3 640	23	3 663
1992/1993	218	626	2 873	3 717	24	3 741
1993/1994	216	697	2 952	3 865	22	3 887
1994/1995	204	716	3 031	3 951	31	3 982
1995/1996	215	724	3 115	4 054	32	4 086
1996/1997	235	749	3 197	4 181	24	4 205
1997/1998	233	804	3 280	4 317	16	4 333
1998/1999	243	835	3 312	4 390	18	4 408
1999/2000	250	850	3 345	4 445	21	4 466
2000/2001	259	902	3 424	4 585	24	4 609
2001/2002	245	949	3 505	4 699	22	4 721

SOURCE : EEIC

TABLEAU III.4 : EVOLUTION DE LA CONSOMMATION D'ENERGIE PAR SECTEUR

EN KTEP

ANNEES	PRIMAIRE	SECONDAIRE	TERTIAIRE	RESIDENTIEL	TOTAL
1981/1982	152	414	579	1 804	2 949
1982/1983	159	437	600	1 881	3 077
1983/1984	169	456	611	1 926	3 162
1984/1985	177	449	689	1 986	3 301
1985/1986	187	468	735	2 051	3 441
1986/1987	198	460	729	2 118	3 505
1987/1988	209	475	634	2 193	3 511
1988/1989	212	496	566	2 259	3 533
1989/1990	215	509	535	2 328	3 587
1990/1991	217	516	447	2 396	3 576
1991/1992	220	529	424	2 467	3 640
1992/1993	223	543	449	2 502	3 717
1993/1994	226	556	500	2 583	3 865
1994/1995	228	558	501	2 664	3 951
1995/1996	231	574	488	2 761	4 054
1996/1997	232	587	502	2 860	4 181
1997/1998	234	596	547	2 940	4 317
1998/1999	234	617	582	2 957	4 390
1999/2000	235	628	581	3 001	4 445
2000/2001	238	637	614	3 096	4 585
2001/2002	240	627	657	3 175	4 699

SOURCE : EEIC

TABLEAU III.5 : EVOLUTION DE LA CONSOMMATION D'ENERGIE PAR USAGE

EN KTEP

ANNEES	DOMESTIQUES ET ARTISANAUX	INDUSTRIELS SPECIFIQUES	TRANSPORT	PRODUCTION ELECTRICITE	AUTRES	TOTAL
1981/1982	1 958,0	417,0	398,0	174,0	2,0	2 949,0
1982/1983	2 024,0	430,0	438,0	183,0	2,0	3 077,0
1983/1984	2 074,0	434,0	467,0	185,0	2,0	3 162,0
1984/1985	2 123,0	461,0	525,0	190,0	2,0	3 301,0
1985/1986	2 216,0	475,0	553,0	195,0	2,0	3 441,0
1986/1987	2 270,0	473,0	553,0	207,0	2,0	3 505,0
1987/1988	2 317,0	478,0	496,0	218,0	2,0	3 511,0
1988/1989	2 383,0	498,0	431,0	219,0	2,0	3 533,0
1989/1990	2 455,0	500,0	408,0	222,0	2,0	3 587,0
1990/1991	2 490,0	502,0	359,0	223,0	2,0	3 576,0
1991/1992	2 555,0	510,0	346,0	227,0	2,0	3 640,0
1992/1993	2 596,0	516,0	378,0	225,0	2,0	3 717,0
1993/1994	2 689,0	517,0	428,0	229,0	2,0	3 865,0
1994/1995	2 773,0	523,0	423,0	230,0	2,0	3 951,0
1995/1996	2 873,0	531,0	414,0	234,0	2,0	4 054,0
1996/1997	2 962,0	569,0	412,0	236,0	2,0	4 181,0
1997/1998	3 044,0	561,0	467,0	242,0	3,0	4 317,0
1998/1999	3 108,0	554,0	484,0	241,0	3,0	4 390,0
1999/2000	3 124,0	581,0	496,0	241,0	3,0	4 445,0
2000/2001	3 213,0	600,0	527,0	242,0	3,0	4 585,0
2001/2002	3 300,0	600,0	545,0	251,0	3,0	4 699,0

SOURCE : EEIC

TABLEAU III.6 : EXPORTATIONS DES PRODUITS ENERGETIQUES PAR TYPE D'ENERGIE

EN TEP

ANNEES	PETROLE BRUT	PRODUITS PETROLIERS	TOTAL
1981/1982	1 649 169	386 599	2 035 768
1982/1983	2 001 368	480 372	2 481 740
1983/1984	2 135 787	498 776	2 634 563
1984/1985	3 905 362	519 427	4 424 789
1985/1986	6 294 493	620 797	6 915 290
1986/1987	6 000 000	683 537	6 683 537
1987/1988	6 368 303	728 765	7 097 068
1988/1989	6 803 084	534 153	7 337 237
1989/1990	6 735 232	430 553	7 165 785
1990/1991	6 765 389	125 755	6 891 144
1991/1992	6 969 003	275 947	7 244 950
1992/1993	6 068 149	291 972	6 360 121
1993/1994	6 153 374	391 545	6 544 919
1994/1995	5 093 174	610 534	5 703 708
1995/1996	4 733 696	500 609	5 234 305
1996/1997	5 242 009	656 757	5 898 766
1997/1998	5 645 220	845 246	6 490 466
1998/1999	5 865 295	760 111	6 625 406
1999/2000	5 669 431	599 114	6 268 545
2000/2001	5 139 602	666 560	5 806 162
2001/2002	4 571 623	549 377	5 121 000

SOURCE : EEIC

TABLEAU III.7 : IMPORTATIONS DES PRODUITS ENERGETIQUES PAR TYPE D'ENERGIE

EN TEP

ANNEES	PETROLE BRUT	PRODUITS PETROLIERS	TOTAL
1981/1982	0	150 757	150 757
1982/1983	0	9 590	9 590
1983/1984	.0	10 972	10 972
1984/1985	0	5 048	5 048
1985/1986	0	5 498	5 498
1986/1987	0	7 084	7 084
1987/1988	0	8 748	8 748
1988/1989	45 687	6 507	52 194
1989/1990	303 939	18 923	322 862
1990/1991	627 366	8 745	636 111
1991/1992	628 403	3 191	631 594
1992/1993	674 540	8 435	682 975
1993/1994	792 088	6 700	798 788
1994/1995	1 116 228	10 585	1 126 813
1995/1996	911 475	11 460	922 935
1996/1997	1 127 033	11 608	1 138 641
1997/1998	1 213 005	11 757	1 224 762
1998/1999	1 412 849	10 740	1 423 589
1999/2000	1 179 691	212 069	1 391 760
2000/2001	1 452 905	144 900	1 597 805
2001/2002	934 323	192 523	1 126 846

SOURCE : EEIC

TABLEAU III.8 : EVOLUTION DU TAUX D'INDEPENDANCE ENERGETIQUE

EN TEP

ANNEES	IMPOR-TATIONS	EXPOR-TATIONS	SOLDE ENERGE-TIQUE	CONSOM-MATION	TAUX D'INDE-PENDANCE
1981/1982	150 757	2 035 768	1 885 011	2 949 000	63.92%
1982/1983	9 590	2 481 740	2 472 150	3 077 000	80.34%
1983/1984	10 972	2 634 563	2 623 591	3 162 000	82.97%
1984/1985	5 048	4 424 789	4 419 741	3 301 000	133.89%
1985/1986	5 498	6 915 290	6 909 792	3 441 000	200.81%
1986/1987	7 084	6 683 537	6 676 453	3 505 000	190.48%
1987/1988	8 748	7 097 068	7 088 320	3 511 000	201.89%
1988/1989	52 194	7 337 237	7 285 043	3 533 000	206.20%
1989/1990	322 862	7 165 785	6 842 923	3 587 000	190.77%
1990/1991	636 111	6 891 144	6 255 033	3 576 000	174.92%
1991/1992	631 594	7 244 950	6 613 356	3 640 000	181.69%
1992/1993	682 975	6 360 121	5 677 146	3 717 000	152.73%
1993/1994	798 788	6 544 919	5 746 131	3 865 000	148.67%
1994/1995	1 126 813	5 703 708	4 576 895	3 951 000	115.84%
1995/1996	922 935	5 234 305	4 311 370	4 054 000	106.35%
1996/1997	1 138 641	5 898 766	4 760 124	4 181 000	113.85%
1997/1998	1 224 762	6 490 466	5 265 704	4 317 000	121.98%
1998/1999	1 423 589	6 625 406	5 201 816	4 390 000	118.49%
1999/2000	1 391 760	6 268 545	4 876 785	4 445 000	109.71%
2000/2001	1 597 805	5 806 162	4 208 357	4 585 000	91.79%
2001/2002	1 126 846	5 121 000	3 994 154	4 699 000	85.00%

SOURCE : EEIC

TABLEAU III.9 : COMMERCE EXTERIEUR DES PRODUITS ENERGETIQUES EN VALEUR

EN MILLIARDS FCFA

ANNEES	EXPORT	IMPORT	FACTURE ENERGETIQUE
1981/1982	324.65	26.78	-297.87
1982/1983	439.80	5.94	-433.86
1983/1984	575.38	6.95	-568.43
1984/1985	752.60	3.51	-749.09
1985/1986	358.55	4.00	-354.55
1986/1987	252.81	3.95	-248.86
1987/1988	254.33	3.29	-251.03
1988/1989	224.05	7.49	-216.56
1989/1990	212.83	36.20	-176.63
1990/1991	307.83	69.72	-238.12
1991/1992	279.13	68.96	-210.18
1992/1993	226.93	75.74	-151.19
1993/1994	277.75	88.53	-189.22
1994/1995	354.15	125.92	-228.23
1995/1996	324.46	100.87	-223.60
1996/1997	465.44	81.58	-383.86
1997/1998	425.00	117.91	-307.09
1998/1999	385.29	117.01	-268.28
1999/2000	555.16	164.09	-391.07
2000/2001	686.42	216.77	-469.65
2001/2002	656.61	217.56	-439.05

SOURCE : EEIC

TABLEAU III.10 : REPARTITION REGIONALE DU POTENTIEL DES SITES DES PETITES CENTRALES HYDROELECTRIQUES

UNITE HYDROGRAPHIQUE	PUISSANCE GARANTIE (MW)	PRODUCTIBLE GARANTI (GWh)
BASSIN DE LA SANAGA		
LOM ET AFFLUENTS	9,13	80
MBA AVAL		
TOTAL	**9,13**	**80**
BASSIN DU WOURI		
NKAM A EKOM	10,84	95
NKAM A BEXEM	9,7	85
TOTAL	**20,54**	**180**
REGION DE L' EST		
COLOMINES	4,56	40
NTIOU AVAL	2,28	20
NTIOU AMONT	1,14	10
MOLOUNDOU	8,56	75
CHUTES DE BODEN	6,8	60
GOGAZI	2,28	20
GAMBARI	2,85	25
ZOKOUMAMBALE	5,7	50
CHUTES DE L'OUDOU	9,7	85
TOTAL	**43,87**	**385**
REGION DE L'OUEST		
CHUTES ATOUFI	10,27	90
BENADE	7,99	70
MANYU	10,84	95
NSANAKANG	8,56	75
EDJONG	6,8	60
TOTAL	**44,46**	**390**
REGION DU NORD		
MAYO NOLTI	6,8	60
DJALINGO	2,85	20
TOTAL	**9,65**	**80**
TOTAL GENERAL	**127,65**	**1115**

SOURCE : AES SONEL

TABLEAU III.11 : POTENTIEL HYDROELECTRIQUE

EN TWh

BASSIN	POTENTIEL SAUVAGE	EQUIPEMENTS	
		SEPARES	INTEGRES
SANAGA	162	58	68
NYONG	17	6,3	7,2
NTEM	22	4,8	7,5
AUTRES BASSINS DU SUD-OUEST	8	0	0
TOTAL DU SUD-OUEST	47	11,1	14,7
NOUN	10	2,1	4,9
KATSINA	9	3,9	4,6
MANYU-MANAYA	6	1,7	1,9
AUTRES BASSINS DE L'OUEST	7	0	0
TOTAL BASSINS DE L'OUEST	32	7,7	11,4
DJA	13	3,5	3,9
BOUMBA	8	1,3	1,6
KADEI	5	0,5	0,8
AUTRES BASSINS DE L'EST	2	0	0
TOTAL DE L'EST	28	5,3	6,3
BENOUE-FARO	14	1,8	2,3
VINA DU NORD-BERE	10	1,5	1,8
AUTRES BASSINS DU NORD	1		0
TOTAL DU NORD	25	3,3	4,1
TOTAL GENERAL	**294**	**85,4**	**104,5**

SOURCE : AES SONEL

TABLEAU III.12 : EVOLUTION DES EQUIPEMENTS DE PRODUCTION AES SONEL

ANNEES	HYDRAULIQUE	THERMIQUE
1981/1982	6	42
1982/1983	5	43
1983/1984	6	37
1984/1985	6	37
1985/1986	4	38
1986/1987	4	41
1987/1988	4	42
1988/1989	4	43
1989/1990	4	40
1990/1991	4	38
1991/1992	4	38
1992/1993	4	35
1993/1994	4	35
1994/1995	4	35
1995/1996	4	37
1996/1997	4	37
1997/1998	4	34
1998/1999	4	34
1999/2000	4	33
2000/2001	4	37
2001/2002	4	37

SOURCE : AES SONEL

TABLEAU III.13 : EVOLUTION DES PUISSANCES INSTALLEES

EN Mw

ANNEES	AES SONEL						PRODUC-TEUR AUTONOME	TOTAL GENERAL
	HYDRAULIQUE				THERMIQUE			
	EDEA	SONG LOU LOU	LAGDO	TOTAL		TOTAL		
1981/1982	263	192	72	527	76	603	74	677
1982/1983	263	192	72	527	75	602	74	676
1983/1984	263	192	72	527	95	622	74	696
1984/1985	263	192	72	527	94	621	74	695
1985/1986	263	192	72	527	81	608	74	682
1986/1987	263	291	72	626	90	716	74	790
1987/1988	263	339	72	674	80	754	74	828
1988/1989	263	388	72	723	79	802	79	881
1989/1990	263	388	72	723	82	805	82	887
1990/1991	263	388	72	723	77	800	85	885
1991/1992	263	388	72	723	77	800	89	888
1992/1993	263	388	72	723	84	807	92	899
1993/1994	263	388	72	723	82	805	95	901
1994/1995	263	388	72	723	81	804	99	903
1995/1996	263	388	72	723	81	803	103	906
1996/1997	263	388	72	723	85	808	107	915
1997/1998	263	388	72	723	85	808	112	919
1998/1999	263	388	72	723	85	808	116	924
1999/2000	263	388	72	723	118	841	121	962
2000/2001	263	388	72	723	131	854	126	980
2001/2002	263	388	72	723	121	844	131	975

SOURCE : AES SONEL / EEIC

TABLEAU III.14 : EVOLUTION DE LA PRODUCTION ELECTRIQUE

EN GWh

ANNEES	PRODUCTION AES SONEL			PRODUCTEUR	TOTAL
	HYDRAULIQUE	THERMIQUE	TOTAL	AUTONOME	GENERAL
1981/1982	2 043	105	2 148	261	2 409
1982/1983	2 055	106	2 161	270	2 431
1983/1984	2 118	39	2 157	280	2 437
1984/1985	2 319	65	2 384	291	2 675
1985/1986	2 457	41	2 498	302	2 800
1986/1987	2 459	52	2 511	314	2 825
1987/1988	2 496	59	2 555	326	2 881
1988/1989	2 496	40	2 536	328	2 864
1989/1990	2 659	42	2 701	329	3 030
1990/1991	2 659	38	2 697	331	3 028
1991/1992	2 659	38	2 697	332	3 029
1992/1993	2 778	29	2 807	333	3 140
1993/1994	2 748	31	2 779	334	3 113
1994/1995	2 705	31	2 736	336	3 072
1995/1996	2 790	32	2 822	337	3 159
1996/1997	2 979	34	3 013	338	3 351
1997/1998	3 065	50	3 115	341	3 456
1998/1999	3 252	44	3 296	355	3 651
1999/2000	3 442	38	3 480	370	3 850
2000/2001	3 473	67	3 540	385	3 925
2001/2002	3 303	127	3 430	401	3 831

SOURCE : AES SONEL / EEIC

TABLEAU III.15 : EVOLUTION DE LA PRODUCTION D'HYDRO-ELECTRICITE PAR CENTRALE

EN GWh

ANNEES	EDEA	SONG LOULOU	LAGDO	AUTRES	TOTAL
1981/1982	1 325	718	0	0	2 043
1982/1983	1 049	994	12	0	2 055
1983/1984	1 054	952	102	0	2 108
1984/1985	1 173	1 059	87	0	2 319
1985/1986	1 226	1 106	125	0	2 457
1986/1987	1 092	1 193	125	0	2 410
1987/1988	1 110	1 275	111	0	2 496
1988/1989	1 178	1 346	125	0	2 649
1989/1990	1 212	1 329	118	0	2 659
1990/1991	1 231	1 309	120	0	2 659
1991/1992	1 204	1 308	120	0	2 632
1992/1993	1 264	1 384	130	0	2 778
1993/1994	1 341	1 279	128	0	2 748
1994/1995	1 229	1 342	135	0	2 706
1995/1996	1 296	1 347	148	0	2 791
1996/1997	1 348	1 477	154	0	2 979
1997/1998	1 334	1 570	162	0	3 066
1998/1999	1 349	1 740	164	0	3 253
1999/2000	1 431	1 844	167	0	3 442
2000/2001	1 441	1 852	181	0	3 474
2001/2002	1 259	1 852	192	0	3 303

SOURCE : AES SONEL

TABLEAU III.16 : EVOLUTION DES EQUIPEMENTS DE TRANSPORT ET DISTRIBUTION AES SONEL

EN KM

ANNEES	LIGNES DE TRANS-PORT	LIGNES DE DISTRIBU-TION	TOTAL	POSTES DE TRANSFOR-MATION
1981/1982	1 697	4 174	5 871	2 031
1982/1983	3 128	4 573	7 701	2 185
1983/1984	1 618	6 155	7 773	2 207
1984/1985	1 543	8 988	10 531	2 229
1985/1986	1 550	7 956	9 506	3 015
1986/1987	1 725	9 070	10 795	3 275
1987/1988	7 614	4 063	11 677	3 503
1988/1989	8 223	4 365	12 588	3 822
1989/1990	8 186	4 591	12 777	4 072
1990/1991	8 211	5 264	13 474	4 313
1991/1992	8 211	5 264	13 475	4 687
1992/1993	9 457	5 680	15 137	4 740
1993/1994	9 237	6 981	16 218	5 077
1994/1995	10 336	7 244	17 580	5 537
1995/1996	11 435	7 506	18 941	5 997
1996/1997	11 676	7 730	19 406	5 441
1997/1998	12 018	7 916	19 934	5 624
1998/1999	12 108	8 967	21 074	5 765
1999/2000	12 198	10 017	22 215	5 909
2000/2001	12 274	10 116	22 390	6 056
2001/2002	12 581	10 369	22 949	6 208

SOURCE : AES SONEL

N.B : LES CHIFFRES DE 2001/2002 SONT ESTIMES

TABLEAU III.17 : EVOLUTION DES ABONNES AES SONEL

ANNEES	TYPE D'ABONNEMENT			TOTAL
	HT	MT	BT	
1981/1982	4	708	148 425	149 137
1982/1983	4	814	175 684	176 502
1983/1984	5	811	181 687	182 503
1984/1985	5	868	198 390	199 263
1985/1986	5	941	234 816	235 762
1986/1987	5	1 013	256 544	257 562
1987/1988	5	1 121	282 923	284 049
1988/1989	5	1 127	301 821	302 953
1989/1990	5	1 132	323 872	325 009
1990/1991	5	1 135	337 884	339 024
1991/1992	5	1 106	357 278	358 389
1992/1993	5	1 075	368 285	369 365
1993/1994	5	1 064	390 534	391 603
1994/1995	5	1 085	395 649	396 738
1995/1996	5	1 105	400 763	401 873
1996/1997	5	1 096	419 894	420 995
1997/1998	5	1 110	427 154	428 269
1998/1999	5	1 102	446 829	447 936
1999/2000	5	1 134	451 047	452 186
2000/2001	5	1 151	451 838	452 994
2001/2002	5	1 163	454 097	455 265

SOURCE : AES SONEL

N.B : LES CHIFFRES MT ET BT DE 2001/2002 SONT ESTIMES

TABLEAU III.18 : EVOLUTION DES CENTRES DESSERVIS PAR AES SONEL

ANNEES	TYPE DE LOCALITE		TOTAL
	PREFECTURES	AUTRES	
1981/1982	44	62	106
1982/1983	49	183	232
1983/1984	49	213	262
1984/1985	49	268	317
1985/1986	49	353	402
1986/1987	49	390	439
1987/1988	49	453	502
1988/1989	49	468	517
1989/1990	49	643	692
1990/1991	49	643	692
1991/1992	49	643	692
1992/1993	49	799	848
1993/1994	58	804	853

SOURCE : AES SONEL / EEIC

TABLEAU III.19 : EVOLUTION DE LA CONSOMMATION NATIONALE D'ELECTRICITE

EN GWh

ANNEES	CONSOMMATION AES SONEL			TOTAL	AUTO	TOTAL
	HT	MT	BT	AES SONEL	PRODUCTEUR	GENERAL
1981/1982	1 353	314	351	2 018	135	2 153
1982/1983	1 265	368	394	2 027	137	2 164
1983/1984	1 186	380	395	1 961	140	2 101
1984/1985	1 286	436	440	2 162	143	2 305
1985/1986	1 296	472	479	2 247	146	2 393
1986/1987	1 174	488	530	2 192	149	2 341
1987/1988	1 240	482	549	2 271	152	2 423
1988/1989	1 369	482	543	2 394	153	2 547
1989/1990	1 359	397	573	2 329	154	2 483
1990/1991	1 321	450	558	2 329	154	2 483
1991/1992	1 321	450	558	2 329	155	2 484
1992/1993	1 374	435	566	2 374	155	2 529
1993/1994	1 387	439	535	2 361	156	2 517
1994/1995	1 300	444	469	2 213	157	2 370
1995/1996	1 310	473	559	2 342	157	2 499
1996/1997	1 411	529	635	2 575	158	2 733
1997/1998	1 367	539	640	2 546	158	2 704
1998/1999	1 442	549	670	2 660	162	2 822
1999/2000	1 516	549	654	2 719	185	2 904
2000/2001	1 430	620	752	2 802	213	3 015
2001/2002	1 153	687	758	2 598	251	2 849

SOURCE : AES SONEL / EEIC

TABLEAU III.20 : EVOLUTION DELA CONSOMMATION D'ELECTRICITE PAR HABITANT

ANNEES	POPULATION	CONSOMMATION EN GWh	KWh/HABIT
1981/1982	9 223 217	2 153	233
1982/1983	9 489 768	2 164	228
1983/1984	9 764 022	2 101	215
1984/1985	10 046 202	2 305	229
1985/1986	10 336 538	2 393	232
1986/1987	10 635 263	2 341	220
1987/1988	10 942 623	2 423	221
1988/1989	11 258 864	2 547	226
1989/1990	11 584 246	2 531	218
1990/1991	11 919 030	2 483	208
1991/1992	12 263 490	2 484	203
1992/1993	12 617 905	2 529	200
1993/1994	12 982 563	2 517	194
1994/1995	13 357 759	2 370	177
1995/1996	13 743 798	2 499	182
1996/1997	14 140 994	2 733	193
1997/1998	14 536 941	2 704	186
1998/1999	14 943 976	2 822	189
1999/2000	15 362 407	2 904	189
2000/2001	15 792 554	3 015	191
2001/2002	16 234 746	2 849	175

SOURCE : EEIC

TABLEAU III.21 : EVOLUTION DE LA CONSOMMATION D'ELECTRICITE PAR USAGE

EN GWh

ANNEES	INDUSTRIEL	ECLAIRAGE	CLIM/REFR	POMPAGE	AUTRES	TOTAL
1981/1982	1 714	299	101	19	20	2 153
1982/1983	1 693	329	102	19	21	2 164
1983/1984	1 633	329	99	19	21	2 101
1984/1985	1 790	363	109	20	23	2 305
1985/1986	1 843	392	114	20	24	2 393
1986/1987	1 757	426	112	20	25	2 341
1987/1988	1 808	439	118	31	26	2 423
1988/1989	1 927	439	124	32	26	2 547
1989/1990	1 910	440	123	32	26	2 531
1990/1991	1 846	458	121	32	26	2 483
1991/1992	1 857	448	121	32	26	2 484
1992/1993	1 894	454	123	32	26	2 529
1993/1994	1 904	432	122	32	25	2 516
1994/1995	1 814	385	115	32	23	2 370
1995/1996	1 870	449	122	32	26	2 499
1996/1997	2 033	505	134	33	29	2 733
1997/1998	2 002	503	137	33	29	2 704
1998/1999	2 053	563	143	34	30	2 822
1999/2000	2 127	562	147	38	30	2 904
2000/2001	2 144	642	155	42	33	3 015
2001/2002	1 963	659	149	46	32	2 849

SOURCE : EEIC

TABLEAU III.22 : EVOLUTION DE LA CONSOMMATION D'ELECTRICITE PAR SECTEUR

EN GWh

ANNEES	PRIMAIRE	SECONDAIRE	TERTIARE	RESIDENTIEL	TOTAL
1981/1982	22	1 695	164	272	2 153
1982/1983	25	1 646	189	304	2 164
1983/1984	26	1 575	194	306	2 101
1984/1985	29	1 716	221	339	2 305
1985/1986	32	1 754	238	369	2 393
1986/1987	33	1 650	251	407	2 341
1987/1988	33	1 717	251	422	2 423
1988/1989	33	1 845	250	419	2 547
1989/1990	33	1 840	237	421	2 531
1990/1991	32	1 781	240	430	2 483
1991/1992	32	1 782	240	430	2 484
1992/1993	32	1 828	235	434	2 529
1993/1994	32	1 839	233	413	2 517
1994/1995	32	1 744	229	365	2 370
1995/1996	33	1 785	251	430	2 499
1996/1997	37	1 931	279	486	2 733
1997/1998	37	1 893	283	491	2 704
1998/1999	38	1 980	290	514	2 822
1999/2000	40	2 061	294	509	2 904
2000/2001	47	2 043	336	589	3 015
2001/2002	55	1 821	369	604	2 849

SOURCE : EEIC

TABLEAU III.23 : EVOLUTION DES POINTES SUR LE RESEAU

EN Mw

ANNEES	SERVICE PUBLIC	ALUCAM	TOTAL
1981/1982	123,00	184,45	219,00
1982/1983	145,11	175,95	198,00
1983/1984	158,30	166,35	208,00
1984/1985	177,70	165,80	323,30
1985/1986	190,00	167,10	334,00
1986/1987	207,30	159,00	354,30
1987/1988	214,10	165,20	363,90
1988/1989	223,80	166,00	380,00
1989/1990	223,30	168,00	375,50
1990/1991	224,90	166,00	376,54
1991/1992	249,20	164,00	385,57
1992/1993	237,30	176,00	397,70
1993/1994	242,00	165,90	395,30
1994/1995	244,00	164,00	389,70
1995/1996	267,00	159,00	407,90
1996/1997	296,00	178,00	455,00
1997/1998	323,60	182,00	480,00
1998/1999	334,00	185,00	528,00
1999/2000	351,00	191,00	685,00
2000/2001	470,00	210,10	680,10
2001/2002	517,00	178,59	695,59

SOURCE : AES SONEL

TABLEAU III.24 : EVOLUTION DES PERTES SUR LE RESEAU

EN GWh

ANNEES	EMISSIONS SUR LE RESEAU	CONSOMMATION	PERTES	TAUX DE PERTE
1981/1982	2 116	2 018	98	4.63%
1982/1983	2 124	2 027	97	4.57%
1983/1984	2 063	1 961	102	4.94%
1984/1985	2 283	2 162	121	5.30%
1985/1986	2 458	2 247	211	8.58%
1986/1987	2 420	2 192	228	9.42%
1987/1988	2 523	2 271	252	9.99%
1988/1989	2 664	2 394	270	10.14%
1989/1990	2 666	2 378	288	10.82%
1990/1991	2 674	2 329	345	12.91%
1991/1992	2 690	2 329	361	13.42%
1992/1993	2 772	2 374	398	14.34%
1993/1994	2 730	2 361	369	13.53%
1994/1995	2 599	2 213	386	14.85%
1995/1996	2 682	2 342	340	12.68%
1996/1997	2 800	2 575	225	8.04%
1997/1998	2 997	2 546	451	15.05%
1998/1999	3 087	2 660	427	13.82%
1999/2000	3 443	2 719	724	21.03%
2000/2001	3 444	2 802	642	18.63%
2001/2002	3 330	2 598	732	21.98%

SOURCE : AES SONEL

TABLEAU III.29 : EVOLUTION DE LA CONSOMMATION DES ENR

EN KTM

ANNEES	BOIS	CHARBON DE BOIS	BAGASSE	COQUE DE DE PALME	AUTRES DECHETS
1981/1982	5 384	49	167	165	158
1982/1983	5 544	50	176	173	167
1983/1984	5 709	52	185	183	176
1984/1985	5 879	53	195	193	185
1985/1986	6 054	55	206	203	195
1986/1987	6 234	56	217	214	206
1987/1988	6 420	58	229	226	217
1988/1989	6 606	60	232	229	220
1989/1990	6 796	61	236	233	224
1990/1991	6 993	63	238	236	227
1991/1992	7 195	64	241	240	230
1992/1993	7 403	66	243	242	234
1993/1994	7 617	68	246	245	237
1994/1995	7 837	69	248	247	241
1995/1996	8 063	71	250	250	244
1996/1997	8 289	73	253	252	248
1997/1998	8 521	75	254	253	252
1998/1999	8 607	77	255	253	256
1999/2000	8 693	79	257	254	259
2000/2001	8 910	81	258	254	263
2001/2002	9 133	83	259	258	267

SOURCE : EEIC

TABLEAU III.30 : EVOLUTION DE LA CONSOMMATION DES ENR

EN KTEP

EXERCICE	BOIS	CHARBO DE BOIS	BAGASSE	COQUE DE N DE PALME	AUTRES DECHETS	TOTAL
1981/1982	1 884	18	50	73	51	2 076
1982/1983	1 941	20	53	77	53	2 144
1983/1984	1 998	21	57	81	56	2 213
1984/1985	2 058	22	59	85	59	2 283
1985/1986	2 119	22	62	90	62	2 355
1986/1987	2 182	23	65	95	66	2 431
1987/1988	2 247	24	69	100	69	2 509
1988/1989	2 312	24	70	102	70	2 578
1989/1990	2 379	25	71	103	72	2 650
1990/1991	2 447	25	71	105	73	2 721
1991/1992	2 518	26	72	106	74	2 796
1992/1993	2 591	27	73	107	75	2 873
1993/1994	2 667	27	74	108	76	2 952
1994/1995	2 743	28	74	109	77	3 031
1995/1996	2 822	29	75	111	78	3 115
1996/1997	2 901	30	75	112	79	3 197
1997/1998	2 982	30	75	112	81	3 280
1998/1999	3 012	31	75	112	82	3 312
1999/2000	3 042	32	76	112	83	3 345
2000/2001	3 118	33	76	113	84	3 424
2001/2002	3 196	34	76	113	86	3 505

SOURCE : EEIC

TABLEAU III.31 : EVOLUTION DE LA CONSOMMATION FINALE DES ENR PAR USAGE

EN KTEP

EXERCICE	USAGES		PRODUCTION	TOTAL
	DOMESTIQUES	ARTISANAUX	ELECTRICITE	
1981/1982	1 705	223	148	2 076
1982/1983	1 757	231	156	2 144
1983/1984	1 809	238	166	2 213
1984/1985	1 864	246	173	2 283
1985/1986	1 918	254	183	2 355
1986/1987	1 975	263	193	2 431
1987/1988	2 035	271	203	2 509
1988/1989	2 093	278	207	2 578
1989/1990	2 154	286	210	2 650
1990/1991	2 215	294	212	2 721
1991/1992	2 279	302	215	2 796
1992/1993	2 344	310	217	2 871
1993/1994	2 414	318	220	2 952
1994/1995	2 483	327	221	3 031
1995/1996	2 554	336	225	3 115
1996/1997	2 626	345	226	3 197
1997/1998	2 699	354	227	3 280
1998/1999	2 726	358	228	3 312
1999/2000	2 754	362	229	3 345
2000/2001	2 823	370	231	3 424
2001/2002	2 893	380	232	3 505

SOURCE : EEIC

TABLEAU III 32 : EVOLUTION DE LA CONSOMMATION FINALE DES ENR PAR SECTEUR

EN KTEP

EXERCICE	SECTEUR				TOTAL
	PRIMAIRE	SECONDAIRE	TERTAIRE	MENAGE	
1981/1982	149	188	35	1 704	2 076
1982/1983	157	194	37	1 756	2 144
1983/1984	166	200	39	1 809	2 214
1984/1985	174	206	41	1 862	2 283
1985/1986	183	212	42	1 918	2 355
1986/1987	193	218	45	1 975	2 431
1987/1988	204	225	47	2 034	2 510
1988/1989	207	231	47	2 093	2 578
1989/1990	210	238	49	2 154	2 651
1990/1991	213	245	49	2 214	2 721
1991/1992	215	252	50	2 279	2 796
1992/1993	218	259	51	2 345	2 873
1993/1994	220	267	52	2 413	2 952
1994/1995	222	274	53	2 483	3 032
1995/1996	225	282	54	2 554	3 115
1996/1997	227	290	55	2 626	3 198
1997/1998	228	298	56	2 698	3 280
1998/1999	228	301	57	2 726	3 312
1999/2000	230	304	58	2 753	3 345
2000/2001	231	312	59	2 823	3 425
2001/2002	232	320	60	2 893	3 505

SOURCE : EEIC

TABLEAU III.33 : TEXTES REGISSANT LE SECTEUR PETROLIER AVAL

DOMAINE	REFERENCES DU TEXTE
Commerce	Loi n° 90/031 du 10 août 1990 fixant les conditions d'exercice de l'activité commerciale en République du Cameroun
	Loi n°2002 / 004 du 19 avril 2002 portant charte des investissements en République du Cameroun
	Différents arrêtés fixant les prix des produits pétroliers
Industrie	Arrêté conjoint n° 00009/MINDIC/MINMEE du 21/02/2002 portant homologation de la norme des bouteilles mixtes à gaz de pétrole liquéfié propane/butane sur le territoire national.
	Arrêté conjoint n°04/98//MINDIC/MINMEE du 03/07/1998 fixant les spécifications des produits pétroliers vendus au Cameroun
Energie	Loi n°99/013 du 22 décembre 1999 portant code pétrolier
	Décret n°2000 / 935/PM du 13 novembre 2000 fixant les conditions d'exercice des activités du secteur pétrolier aval
	Arrêté n°022 / MINMEE du 28 septembre 2001 précisant certaines conditions d'exercice des activités du secteur pétrolier aval
	Arrêté n°023 / MINMEE du 28 septembre 2001 fixant le niveau, les zones géographiques de stockage et les conditions de gestion et de contrôle des stocks réglementaires des produits pétroliers
	Arrêté conjoint n°025 / MINMEE / MINEFI/MINDIC du 05 octobre 2001 fixant le niveau de cautionnement destiné à la couverture des engagements des opérateurs du secteur pétrolier aval
Environ-nement	Loi n°96/12 du 5 août 1996 portant loi-cadre relative à la gestion de l'environnement
Risques Industriels	Loi n°98/015 du 14/7/1998 relative aux établissements classés dangereux, insalubres ou incommodes
	Décret n°99/818 du 09/11/1999 fixant les modalités d'implantation et d'exploitation des établissements classés dangereux, insalubres ou incommodes
	Loi n°98/020 du 24 décembre 1998 relative aux appareils à pression de gaz et à pression de vapeur d'eau
Transport	Décret n°74/19 du 5 décembre 1974 octroyant à CAMSHIP le monopole du transport fluvial et maritime dans les eaux territoriales du Cameroun
	Arrêté n°009/MINT/DTT du 23/02/1998 portant réglementation du transport routier des marchandises dangereuses.
Contrôle qualité	Décret n° 95/135 / PM du 03 mars 1995 modifiant certaines dispositions du décret n° 77/528 du 23 décembre 1977 portant réglementation du stockage et de la distribution des produits pétroliers.
	Arrêté n°016 / MINMEE du 13 juillet 1995 fixant les modalités et la procédure de contrôle des produits pétroliers.

SOURCE : EEIC

TABLEAU III.37 : EVOLUTION DES CAPACITES DE STOCKAGE DE LA SCDP

EN M^3

DEPOTS	CAPACITE AU					
	01/07/1979	**30/06/1981**	**30/06/1982**	**30/06/1983**	**30/06/1990**	**31/127/2003**
BONABERI	0	0	0	0	3000	3000
DOUALA	63 155	94 905	138 875	139 875	158 435	126 550
YAOUNDE	6 055	14 755	15 755	58 255	18 820	18 870
BAFOUSSAM	0	0	0	18 810	57 335	48 500
BELABO	600	6 080	6 080	6 080	6 080	33 250
NGAOUNDERE	4 120	4 120	5 540	5 690	5 540	6 540
GAROUA	22 380	22 380	23 600	23 600	23 740	12 800
ENSEMBLE SCDP	**96 310**	**142 240**	**189 850**	**252 310**	**272 950**	**249 510**

SOURCE : SCDP

TABLEAU III.42 : REPARTITION DES STATIONS-SERVICE AU 30 JANVIER 2003

PROVINCES	TOTAL	MOBIL	SHELL	TEXACO	FIRST OIL	AUTRES	CUMUL	%
EXTR - NORD	7	1	1	1	2	0	12	3
NORD	7	2	1	1	0	0	11	3
ADAMAOUA	9	3	1	2	1	0	16	4
TOTAL 1	**23**	**6**	**3**	**4**	**3**	**0**	**39**	**10**
CENTRE	42	19	17	23	1	0	102	25
SUD	5	3	2	6	0	0	16	4
EST	9	2	0	6	1	0	18	4
LITTORAL	46	20	22	23	0	0	111	27
SUD - OUEST	8	3	6	8	0	0	25	6
NORD - OUEST	16	3	3	7	0	0	29	7
OUEST	28	13	8	6	2	9	66	16
TOTAL 2	**154**	**63**	**58**	**79**	**4**	**9**	**367**	**90**
TOTAL 1 + 2	**177**	**69**	**61**	**83**	**7**	**9**	**406**	**100**
%	**44**	**17**	**15**	**20**	**2**	**2**	**100**	

SOURCES : GPP / EEIC

TABLEAU N° III.43 : REPARTITION GEOGRAPHIQUE DES ZONES DEPOURVUES DE STATIONS-SERVICE AU 30 JANVIER 2003

Provinces	Répartition géographique des stations services				Répartition des chefs-lieux de Département			
	Chefs-lieux de Département	Autres localités	Total	%	**A.** Pourvus de stations-service	**B.**Dépourvus de stations-service	**C.**- TOTAL	D = B / C
Extrême Nord	12		12	3	6		6	
Nord	8	3	11	3	2	2	4	50%
Adamoua	13	3	16	4	4	1	5	20%
Total 1	**33**	**6**	**39**	**10**	**12**	**3**	**15**	20%
Centre	92	10	102	25	8	2	10	20%
Sud	14	2	16	4	4		4	
Est	11	7	18	4	4		4	
Littoral	103	8	111	27	3	1	4	25%
Sud Ouest	13	12	25	6	2	4	6	67%
Nord Ouest	22	7	29	7	5	2	7	29%
Ouest	42	24	66	16	8		8	
Total 2	**297**	**70**	**367**	**90**	**34**	**9**	**43**	21%
Total 1 + 2	330	76	406	100	46	12	58	21%
%	**81**	**19**	**100**					

SOURCE : EEIC

TABLEAU III.44 : EVOLUTION DE LA REPARTITION GEOGRAPHIQUE DES STATIONS-SERVICE AU CAMEROUN

PROVINCES	1988	1996	2001	2003	ECART 2003 -1988	
					NOMBRE	%
EXTREME NORD	13	8	11	12	-1	-8
NORD	14	11	11	11	-3	-21
ADAMAOUA	21	19	13	16	-5	-24
TOTAL 1	**48**	**38**	**35**	**39**	**-9**	-19
CENTRE	97	108	106	102	5	5
SUD	23	20	14	16	-7	-30
EST	23	22	18	18	-5	-22
TOTAL 2	**143**	**150**	**138**	**136**	**-7**	-5
LITTORAL	103	100	119	111	8	8
SUD - OUEST	35	21	26	25	-10	-29
NORD - OUEST	32	26	31	29	-3	-9
OUEST	74	71	63	66	-8	-11%
TOTAL 3	**244**	**218**	**239**	**231**	**-13**	-5
TOTAL GENERAL	**435**	**406**	**412**	**406**	**-29**	-7%

SOURCE : GPP / EEIC

TABLEAU N° III.45 : QUELQUES PARAMETRES LIES A LA DISTRIBUTION DES PRODUITS PETROLIERS AU CAMEROUN EN %

PROVINCES	POPULATION	SUPERFICIE	NOMBRE DE STATIONS-SERVICE	CAPACITE DE STOCKAGE	MARCHE DES PRODUITS PETROLIERS
EXTREME NORD	17%	7%	3%		
NORD	10%	14%	3%	5%	0
ADAMAOUA	5%	13%	4%	3%	0
TOTAL 1	32%	35%	10%	8%	9%
CENTRE	16%	15%	25%	19%	0
SUD	3%	10%	4%		0
EST	5%	25%	4%	13%	0
TOTAL 2	24%	49%	33%	33%	33%
LITTORAL	14%	4%	27%	52%	0
SUD - OUEST	8%	5%	6%		0
NORD - OUEST	10%	4%	7%		0
OUEST	12%	3%	16%	7%	0
TOTAL 3	44%	16%	57%	59%	58%
TOTAL GENERAL	**100%**	**100%**	**100%**	**100%**	**100%**

SOURCE : EEIC

383

TABLEAU N° III.46 : QUELQUES INDICATEURS DE LA DISTRIBUTION DES PRODUITS PETROLIERS AU CAMEROUN

PROVINCES	POPULATION / STATION-SERVICE	SUPERFICIE / STATION-SERVICE	STOCKAGE / STATION	VENTES / STATION
	HAB / STATION	KM^2 / STATION	M^3 / STATION	TM / STATION
EXTREME - NORD	226 936	2 855	-	-
NORD	149 460	6 163	1 164	-
ADAMAOUA	47 742	3 874	409	-
TOTAL 1	**131 569**	**4 206**	**496**	**2 683**
CENTRE	25 595	676	475	-
SUD	28 090	2 949	-	-
EST	45 783	6 606	1 847	-
TOTAL 2	**28 561**	**1 728**	**601**	**2 821**
LITTORAL	20 014	182	1 167	-
SUD – OUEST	50 278	996	-	-
NORD – OUEST	57 573	597	-	-
OUEST	28 537	210	283	-
TOTAL 3	**30 439**	**330**	**642**	**2 919**
TOTAL GENERAL	**39 524**	**1 171**	**614**	**2 863**

SOURCE : EEIC

TABLEAU III.48 : PERMIS DE RECHERCHE

PERMIS	TITULAIRE	DECRET D'ATTRIBUTION	SUPERFICIE (km²)
PH 59 LOKELE III	PECTEN	90/1255 du 30 Août 1990	415,27
PH 60 RDR III	TOTAL E&P	90/1256 du 30 Août 1990	317,175
PH 69 EBODJE	PERENCO	98/065 du 27 Avril 1998	2 156,00
PH 72 MATANDA	TURNBERRY RESOURCES	98/250 du 05 Octobre 1998	1187,00
PH 73 KOMBE	PERENCO	2001/034 du 15 Février 2001	2 033,00
PH 74 ETINDE	EUROIL LIMITED	99/047 du 03 mars 1999	2 314,00
PH 76 NSEPE	PERENCO	98/066 du 27 Avril 1998	1 206,00
PH 77 NYONG II	PHILLIPS PETROLEUM	2001/074 du 28 Mars 2001	4 554,00
PH 78 NTEM	FUSION OIL AND GAS NL	2002/25 du 03 Septembre 2002	2 319,00
PH 79 LOGBABA	RSM PRODUCTION	2002/211 du 20 Août 2002	64,00
PH 81 NGOSSO	ADDAX PETROLEUM	2004/090 du 19 Avril 2004	474,00

TOTAL : 11 Permis de 17 039,44 km²

SOURCE : MINMEE

TABLEAU III.49 : CONCESSIONS D'EXPLOITATION

CONCESSIONS	TITULAIRES	DECRET D'ATTIBUTION	SUPERFICIES (km²)
CHH 11 KOLE MARINE	TOTAL E&P	76/366 du 25 Août 1976	38,00
CH 12 EKUNDU MARINE	TOTAL E&P	77/325 du 18 Août 1977	170,00
CH 15 BOA BAKASSI	TOTAL E&P	79/371 du 12 Septembre 1979	93,20
CH 16 BAVO MARINE	TOTAL E&P	80/421 du 13 Octobre 1980	108,40
CH 17 KITA EDEM	TOTAL E&P	80/422 du 13 Octobre 1980	185,00
CH 18 SANDY GAZ	TOTAL E&P	80/420 du 13 Octobre 1980	263,80
CH 23 MOKOKO ABANA	PECTEN	81/154 du 14 Avril 1981	98,00
CH 24 MOUDI	PERENCO	81/261 du 07 Juillet 1981	215,00
CH 29 LIPENJA ERONG	PECTEN	88/163 du 03 Février 1988	27,16
CH 30 SOUTH ASOMA	PECTEN	96/061 du 04 Avril 1996	31,78
CH 31 EBOME MARINE	PERENCO	96/114 du 30 mai 1996	539,00
CH 32 MONDONI	PECTEN	96/276 du 29 Novembre 1996	148,00

TOTAL : 12 Concessions de 1 917,34 km²

SOURCE : MINMEE

TABLEAU III.50 : EVOLUTION DE LA PRODUCTION CAMEROUNAISE DE PETROLE BRUT

ANNEES	PRODUCTION	PART DU CAMEROUN	
		EN TM	EN %
1977/1978	295 900	0	0.00
1978/1979	960 440	0	0.00
1979/1980	2 472 023	757 852	30.66
1980/1981	3 572 317	2 143 390	60.00
1981/1982	4 737 218	2 842 331	60.00
1982/1983	5 610 019	3 484 996	62.12
1983/1984	7 242 555	4 621 733	63.81
1984/1985	8 780 594	5 639 872	64.23
1985/1986	8 942 556	5 925 974	66.27
1986/1987	8 662 040	5 752 789	66.41
1987/1988	8 365 292	5 598 293	66.92
1988/1989	8 184 182	5 401 560	66.00
1989/1990	7 971 786	5 261 379	66.00
1990/1991	7 432 366	4 905 362	66.00
1991/1992	6 991 737	4 614 546	66.00
1992/1993	6 667 267	4 400 396	66.00
1993/1994	6 015 581	3 970 284	66.00
1994/1995	5 476 477	3 614 475	66.00
1995/1996	5 186 149	3 422 858	66.00
1996/1997	5 150 961	3 399 635	66.00
1997/1998	5 698 018	3 760 692	66.00
1998/1999	6 103 381	4 028 232	66.00
1999/2000	6 459 561	4 263 310	66.00
2000/2001	6 225 362	4 108 739	66.00
2001/2002	5 505 946	3 497 260	63.52
2002/2003	5 278 899	3 322 163	62.93

SOURCE : MINMEE / EEIC

TABLEAU III.51 : EVOLUTION DU TRAITEMENT DE PETROLE BRUT ET DE LA PRODUCTION DE PRODUITS PETROLIERS PAR LA SONARA

EN TEP

EXERCICE	TRAITEMENT DE BRUT	PRODUCTION DE PRODUITS PETROLIERS	PERTES ET COMBUSTIBLES
1980/1981	216 554	199 719	16 835
1981/1982	1 157 482	1 105 451	52 031
1982/1983	1 326 552	1 270 921	55 631
1983/1984	1 346 345	1 291 660	54 685
1984/1985	1 431 734	1 385 447	46 287
1985/1986	1 601 925	1 548 445	53 480
1986/1987	1 613 416	1 558 704	54 712
1987/1988	1 600 164	1 547 954	52 210
1988/1989	1 358 690	1 308 404	50 286
1989/1990	1 171 000	1 129 562	41 438
1990/1991	871 611	837 337	34 274
1991/1992	836 121	793 075	43 046
1992/1993	1 099 836	1 053 652	46 184
1993/1994	1 166 410	1 114 261	52 149
1994/1995	1 500 401	1 437 043	63 358
1995/1996	1 294 453	1 236 870	57 583
1996/1997	1 612 509	1 543 870	68 639
1997/1998	2 135 033	2 054 789	80 244
1998/1999	2 189 603	2 116 382	73 221
1999/2000	1 797 890	1 727 658	70 232
2000/2001	2 005 062	1 932 687	72 375
2001/2002	1 925 555	1 852 839	72 716
2002/2003	2 476 129	2 369 586	106 543

SOURCE : SONARA / EEIC

TABLEAU III.52 : EVOLUTION DES BILANS DE PRODUCTION DE LA SONARA DE 1980 A 2003

EN TM

EXERCICE	BUPRO	ESSENCE	KEROSENE	GAZOLE	DISTILLAT	F01500	F03500	FO 3500 (bts)	FO 3500 (hts)	TOTAL	P+C	TRAITEMENT
1980/1981	3	34 741	17 894	48 168		11 248	81 611			193 665	16 835	210 500
1981/1982	7 571	191 773	136 278	275 820		68 298	387 104			1 066 844	52 031	1 118 875
1982/1983	11 090	214 041	160 423	312 741		64 213	463 980			1 226 488	55 631	1 282 119
1983/1984	9 805	236 215	153 902	320 263		52 338	472 860			1 245 383	54 685	1 300 068
1984/1985	13 554	255 300	159 250	336 037		70 109	501 289			1 335 539	46 287	1 381 826
1985/1986	17 499	295 694	178 215	337 395		70 944	591 148			1 490 895	53 480	1 544 375
1986/1987	18 370	319 149	167 394	307 252		59 484	627 497			1 499 146	54 712	1 553 858
1987/1988	18 804	314 536	154 064	337 188		51 321	614 277			1 490 190	52 210	1 542 400
1988/1989	15 291	261 626	165 584	257 673		57 257	499 315			1 256 746	50 286	1 307 032
1989/1990	16 526	235 165	164 573	246 044		52 712	366 008			1 081 028	41 438	1 122 466
1990/1991	26 021	197 574	160 466	230 393		57 961	119 549			791 964	34 274	826 238
1991/1992	20 129	186 411	155 399	193 186		32 939	162 688			750 752	43 046	793 798
1992/1993	24 424	255 298	183 531	255 388		42 828	237 725			999 194	46 184	1 045 378
1993/1994	25 477	285 700	201 373	251 242		47 988	242 302			1 054 082	52 149	1 106 231
1994/1995	32 550	314 125	293 390	345 554		44 249	333 029			1 362 897	63 358	1 426 255
1995/1996	25 726	258 724	260 197	288 865		50 545	290 136			1 174 193	57 583	1 231 776
1996/1997	32 397	350 158	316 762	378 755		46 990	337 942			1 463 004	68 639	1 531 643
1997/1998	28 024	329 088	331 383	398 054		45 343	422 034	199 172	222 862	1 975 960	80 244	2 056 204
1998/1999	25 833	327 980	316 832	442 034		55 523	435 677	106 334	329 343	2 039 556	73 221	2 112 777
1999/2000	33 044	309 669	285 545	362 489		20 485	321 752	212 729	109 023	1 654 736	70 232	1 724 968
2000/2001	25 552	322 579	307 491	459 069		50 280	346 266	55 347	290 919	1 857 503	72 375	1 929 878
2001/2002	26 080	311 570	310 698	432 157		47 031	325 530	133 493	192 037	1 778 596	72 716	1 851 312
2002/2003	32 965	452 572	420 205	682 459	124 987	65 316	373 452	-23 901	125 438	2 253 493	106 543	2 360 036

SOURCE : SONARA

TABLEAU III.55 : CONSOMMATION NATIONALE DES PRODUITS PETROLIERS EN 2001/2002

PRODUIT	MISE EN CONSOMMATION PAR SCDP			VENTES DIRECTES PAR SONARA	VENTES GPL PAR SCTM	TOTAL GENERAL
			A	B	C	
	M^3 A TA SAUF GPL EN TM	DENSITE	TM	TM	TM	
BUTANE	19 516	1,0000	19 516	0	15 059	**34 575**
ESSENCE	353 504	0,7362	260 250	0	0	**260 250**
GASOIL	438 385	0,8434	369 734	0	0	**369 734**
AVGAZ 100 LL**	1 118	0,7164	801	0	0	**801**
KEROSENE	255 217	0,7992	203 969	0	0	**203 969**
- Pétrole lampant	165 667	0,7992	132 401	0	0	**132 401**
- Jet A1	89 550	0,7992	71 568	0	0	**71 568**
FO 1500	68 384	0,9369	64 069	0	0	**64 069**
FO 3500 (0,3)	0	0	0	525	0	**525**
FO 3500 (0,7)	0	0	0	131	0	**131**
TOTAL			**918 339**	**656**	**15 059**	**934 054**
%			98.3	0.1	1.6	100.0

SOURCE : EEIC

NB : Pour l'AVGAZ 100 LL, les mises à la consommation correspondent aux déclarations du GPP.

TABLEAU III.56 : CONSOMMATION DES PRODUITS PETROLIERS PAR ZONE DE STOCKAGE EN 2001/2002

EN TM

PRODUITS	DOUALA	LIMBE	BAFOUSSAM	YAOUNDE	BELABO	NGAOUNDERE	GAROUA	TOTAL
SUPER	86 832	11 446	42 939	96 384	8 287	7 439	6 922	**260 250**
GASOIL	131 043	12 769	51 329	80 104	50 853	28 280	15 356	**369 734**
AVGAZ 100 LL	801	0	0	0	0	0	0	**801**
PETROLE LAMPANT	26 608	6 820	25 472	45 289	10 460	8 175	9 576	**132 401**
JET A1	61 665	0	0	7 861	0	2 043	0	**71 568**
FUEL OIL 1500	53 979	0	0	0	0	10 089	0	**64 069**
FUEL OIL 3500 (0,3)	0	525	0	0	0	0	0	**525**
FUEL OIL 3500 (0,7)	0	131	0	0	0	0	0	**131**
GPL	15 197	0	3 099	14 950	0	1 330	0	**34 575**
TOTAL	**376 126**	**31 691**	**122 839**	**244 588**	**69 599**	**57 356**	**31 855**	**934 054**

SOURCE : EEIC

TABLEAU III.57 : CONSOMMATION DES PRODUITS PETROLIERS PAR ZONE DE STOCKAGE EN 2001/2002

EN TEP

PRODUITS	DOUALA	LIMBE	BAFOUSSAM	YAOUNDE	BELABO	NGAOUNDERE	GAROUA	TOTAL	%
SUPER	119 655	15 773	59 170	132 818	11 419	10 251	9 539	358 624	30
GASOIL	170 355	16 600	66 728	104 135	66 109	36 764	19 963	480 654	40
AVGAZ 100 LL	839	-	-	-	-	-	-	839	0
PETROLE LAMPANT	36 251	9 292	34 703	61 702	14 250	11 138	13 047	180 383	15
JET A1	64 625	-	-	8 238	-	2 141	-	75 003	6%
FUEL OIL 1500	53 979	-	-	-	-	10 089	-	64 069	5%
FUEL OIL 3500 (0,3)	-	525	-	-	-	-	-	525	0%
FUEL OIL 3500 (0,7)	-	131	-	-	-	-	-	131	0%
GPL	16 641	-	3 393	16 370	-	1 456	-	37 860	3%
TOTAL	**462 345**	**42 320**	**163 994**	**323 263**	**91 778**	**71 839**	**42 549**	**1 198 088**	**100%**
%	**38,6%**	**3,5%**	**13,7%**	**27,0%**	**7,7%**	**6,0%**	**3,6%**	**100%**	

ZONE 1 = **55,8%**

ZONE 2 = **34,6%**

ZONE 3 = **9,5%**

SOURCE : ELABORATION EEIC

TABLEAU III.58 : EVOLUTION DU TAUX D'INDEPENDANCE EN PETROLE

EN TEP

ANNEES	PETROLE BRUT			PRODUITS PETROLIERS			BALANCE ENERGETIQUE	CONSOMMATION DE PETROLE*	TAUX D'INDE-PENDANCE
	IMPORTATIONS	EXPORTATIONS	SOLDE	IMPORTATIONS	EXPORTATIONS	SOLDE			
1981/1982	0	1 649 169	1 649 169	150 757	386 599	235 842	1 885 011	904 554	208,39%
1982/1983	0	2 001 368	2 001 368	9 590	480 372	470 782	2 472 150	1 904 482	129,81%
1983/1984	0	2 135 787	2 135 787	10 972	498 776	487 804	2 623 591	2 094 552	125,26%
1984/1985	0	3 905 362	3 905 362	5 048	519 427	514 379	4 419 741	2 166 345	204,02%
1985/1986	0	6 294 493	6 294 493	5 498	620 797	615 299	6 909 792	2 311 734	298,90%
1986/1987	0	6 000 000	6 000 000	7 084	683 537	676 453	6 676 453	2 474 925	269,76%
1987/1988	0	6 368 303	6 368 303	8 748	728 765	720 017	7 088 320	2 407 416	294,44%
1988/1989	45 687	6 803 084	6 757 397	6 507	534 153	527 646	7 285 043	2 336 164	311,84%
1989/1990	303 939	6 735 232	6 431 293	18 923	430 553	411 630	6 842 923	2 077 690	329,35%
1990/1991	627 366	6 765 389	6 138 023	8 745	125 755	117 010	6 255 033	1 812 000	345,20%
1991/1992	628 403	6 969 003	6 340 600	3 191	275 947	272 756	6 613 356	1 501 611	440,42%
1992/1993	674 540	6 068 149	5 393 609	8 435	291 972	283 537	5 677 146	1 462 121	388,28%
1993/1994	792 088	6 153 374	5 361 286	6 700	391 545	384 845	5 746 131	1 796 836	319,79%
1994/1995	1 116 228	5 093 174	3 976 946	10 585	610 534	599 949	4 576 895	1 882 410	243,14%
1995/1996	911 475	4 733 696	3 822 221	11 460	500 609	489 149	4 311 370	2 224 401	193,82%
1996/1997	1 127 033	5 242 009	4 114 976	11 608	656 757	645 149	4 760 124	2 043 453	232,95%
1997/1998	1 213 005	5 645 220	4 432 215	11 757	845 246	833 489	5 265 704	2 416 509	217,91%
1998/1999	1 412 849	5 865 295	4 452 446	10 740	760 111	749 371	5 201 816	2 547 999	204,15%
1999/2000	1 179 691	5 669 431	4 489 740	212 069	599 114	387 045	4 876 785	2 603 926	187,29%
2000/2001	1 452 905	5 139 602	3 686 697	144 900	666 560	521 660	4 208 357	2 378 138	176,96%
2001/2002	934 323	4 571 623	3 637 300	192 523	549 377	356 854	3 994 154	2 607 796	153,16%

SOURCE : EEIC

N.B : PETROLE = PETROLE BRUT + PRODUITS PETROLIERS

TABLEAU III.59 : STRUCTURE DU MARCHE DES PRODUITS PETROLIERS AU CAMEROUN EN 2001/2002

EN TM

PRODUIT	RESEAU	DISTRIBUTEURS AGREES	CONSOMMATEURS	TOTAL	%
SUPER	246 217	93	12 361	258 671	27,75
PETROLE	105 217	6 179	14 406	125 802	13,50
GASOIL	149 115	95	227 859	377 069	40,46
GPL				0	0,00
- VRAC		652	2 358	3 010	0,32
- CONDITIONNE	6 955	24 469	142	31 566	3,39
AVGAZ 100 LL			801	801	0,09
JET A1			70 414	70 414	7,55
FUEL OIL 1500			64 069	64 069	6,87
FUEL OIL 3500 (0,3)			525	525	0,06
FUEL OIL 3500 (0,7)			131	131	0,01
TOTAL GENERAL	**507 504**	**31 488**	**393 066**	**932 058**	**100,00**
%	54,45	3,38	42,17	100,00	

SOURCE : EEIC

TABLEAU III.61 : PART DE MARCHE DE CHAQUE MARKETER EN 2001/2002

EN TM

PRODUIT	TOTAL	MOBIL	SHELL	TEXACO	FIRST-OIL	SCTM	CAMGAZ	AUTRES	CUMUL	%
SUPER	112 062	44 077	43 511	49 751	129	-	-	9 141	258 671	28
GASOIL	56 313	15 974	22 614	23 562	7 338	-	-	-	125 801	13
PETROLE	160 408	86 187	49 564	70 154	3 563	-	-	7 194	377 069	40
GPL	-	-	-	-	-	-	-	-	-	
- VRAC	1 639	67	-	-	-	-	1 305	-	3 011	0
- CONDITIONNE	6 058	2 199	-	2 722	-	15 059	5 527	-	31 565	3
AVGAZ 100 LL	-	42	759	-	-	-	-	-	801	0
JET A1	24 698	20 561	23 202	60	-	-	-	1 893	70 414	8
FUEL OIL 1500	21 267	9 560	11 641	11 230	-	-	-	10 371	64 069	7
FUEL OIL 3500 (0,3)	-	-	-	-	-	-	-	525	525	0
FUEL OIL 3500 (0,7)	-	-	-	-	-	-	-	131	131	0
TOTAL GENERAL	**382 444**	**178 666**	**151 291**	**157 480**	**11 030**	**15 059**	**6 832**	**29 255**	**932 057**	**100**
%	**42,3**	**19,5**	**16,5**	**17,2**	**1,2**	**1,3**	**2,0**	**2,0**	**100,0**	

SOURCE : GPP / EEIC

TABLEAU III.62 : EVOLUTION DE LA CONSOMMATION DES PRODUITS PETROLIERS AU CAMEROUN

EN TM

PERIODE	GPL	SUPER	ESSENCE	PETROLE	JET.A1	AVGAZ.100	GAS.OIL	FUEL.1500	TOTAL
1980/1981	4 992	127 052	56 472	79 001	58 277	1 958	263 999	59 667	651 418
1981/1982	8 711	136 803	54 810	81 407	58 538	1 918	267 015	59 857	669 059
1982/1983	10 744	152 140	55 078	80 718	66 879	2 194	296 040	62 757	726 550
1983/1984	11 607	170 682	54 222	84 824	64 567	1 758	300 009	58 912	746 582
1984/1985	11 120	193 491	58 076	99 551	39 831	17 343	314 441	62 682	796 534
1985/1986	17 472	228 610	57 539	106 130	60 535	14 898	301 529	65 566	852 278
1986/1987	22 686	257 384	52 594	105 116	56 742	22 771	265 205	60 390	842 889
1987/1988	24 743	259 743	43 634	102 901	51 649	7 625	223 513	52 326	766 134
1988/1989	29 134	215 592	35 633	108 118	49 270	699	215 820	56 044	710 310
1989/1990	27 408	201 775	29 301	115 871	54 278	1 723	212 484	51 692	694 532
1990/1991	20 679	184 884	16 280	113 076	39 942	889	191 453	52 734	619 937
1991/1992	24 030	196 837	7	109 469	49 112	577	181 595	47 087	608 714
1992/1993	19 473	219 752	*	103 244	42 630	404	185 626	32 618	603 747
1993/1994	19 118	256 010	*	111 257	37 375	625	202 773	45 315	672 472
1994/1995	21 522	238 378	*	106 348	60 990	650	218 613	44 808	691 309
1995/1996	22 130	231 840	*	107 730	49 930	240	216 100	48 040	676 009
1996/1997	23 242	242 554	*	89 449	45 737	471	309 362	49 645	760 462
1997/1998	24 354	261 631	*	94 359	47 096	324	249 239	48 363	725 366
1998/1999	28 013	275 044	*	103 504	59 260	168	250 822	44 595	761 405
1999/2000	32 033	266 868	*	111 369	62 036	85	274 079	43 186	789 656
2000/2001	33 399	257 630	*	118 505	66 870	829	322 634	48 029	847 896
2001/2002	34 575	258 671	*	125 801	70 414	801	351 457	53 699	895 419
2002/2003	35 792	262 808	*	135 096	70 882	13	360 120	55 390	920 100

SOURCE : EEIC

TABLEAU III.63 : EVOLUTION DE LA CONSOMMATION DES PRODUITS PETROLIERS AU CAMEROUN

EN TEP

PERIODE	GPL	SUPER	ESSENCE	PETROLE	JET.A1	AVGAZ.100LL	GAS.OIL	FUEL.1500	TOTAL	TAUX DE CROIS.	
1981/1982	9 539	145 012	58 098	85 314	61 348	2 010	267 015	59 857	688 193	2.8%	
1982/1983	11 765	161 268	58 382	84 593	70 090	2 299	296 040	62 757	747 193	8.6%	
1983/1984	12 710	180 923	57 476	88 895	67 667	1 842	300 009	58 912	768 434	2.8%	
1984/1985	12 176	205 100	61 560	104 329	41 742	18 176	314 441	62 682	820 207	6.7%	
1985/1986	19 132	242 326	60 991	111 224	63 440	15 613	301 529	65 566	879 822	7.3%	
1986/1987	24 841	272 827	55 750	110 162	59 466	23 864	265 205	60 390	872 505	-0.8%	
1987/1988	27 094	275 328	46 252	107 840	54 128	7 991	223 513	52 326	794 472	-8.9%	
1988/1989	31 902	228 527	37 771	113 308	51 635	733	215 820	56 044	735 740	-7.4%	
1989/1990	30 012	213 882	31 059	121 433	56 883	1 806	212 484	51 692	719 250	-2.2%	-5.4%
1990/1991	22 644	195 977	17 256	118 504	41 860	932	191 453	52 734	641 359	-10.8%	
1991/1992	26 313	208 647	8	114 723	51 469	605	181 595	47 087	630 447	-1.7%	
1992/1993	21 323	232 937	0	108 200	44 676	423	185 626	32 618	625 804	-0.7%	
1993/1994	20 934	271 370	0	116 597	39 169	655	202 773	45 315	696 813	11.3%	
1994/1995	23 567	252 681	0	111 453	63 918	681	218 613	44 808	715 719	2.7%	
1995/1996	24 232	245 750	0	112 901	52 327	252	216 100	48 040	699 601	-2.3%	
1996/1997	25 450	257 108	0	93 742	47 933	494	309 362	49 645	783 734	12.0%	
1997/1998	26 668	277 329	0	98 888	49 357	339	249 239	48 363	750 183	-4.3%	3.5%
1998/1999	30 674	291 547	0	108 472	62 104	176	250 822	44 595	788 390	5.1%	
1999/2000	35 076	282 880	0	116 715	65 014	89	274 079	43 186	817 039	3.6%	
2000/2001	36 572	273 088	0	124 194	70 080	869	322 634	48 029	875 465	7.2%	
2001/2002	37 860	274 192	0	131 840	73 793	839	351 457	53 699	923 680	5.5%	
2002/2003	39 193	278 576	0	141 581	74 284	14	360 120	55 390	949 157	2.8%	
Tx de Cr.	9.89%	5.46%	0	7.88%	0.75%	-16.74%	3.91%	0.93%	3.76%		

SOURCE : EEIC

TABLEAU III.64 : EVOLUTION DES PRODUITS PETROLIERS PAR USAGE

EN KTEP

EXERCICE	DOMESTIQUES ET ARTISANAUX	TRANSPORT	INDUSTRIELS	PRODUCTION ELECTRICITE	TOTAL
1981/1982	173	398	91	27	688
1982/1983	184	438	98	27	747
1983/1984	179	467	102	20	768
1984/1985	169	525	109	17	820
1985/1986	203	553	112	12	880
1986/1987	195	554	110	14	873
1987/1988	179	496	104	16	794
1988/1989	185	431	107	12	736
1989/1990	196	408	103	12	719
1990/1991	167	359	104	11	641
1991/1992	167	346	106	11	630
1992/1993	140	377	101	8	626
1993/1994	164	428	96	9	697
1994/1995	182	423	103	8	716
1995/1996	203	414	98	9	724
1996/1997	212	412	115	10	749
1997/1998	219	467	103	14	804
1998/1999	250	484	89	13	835
1999/2000	236	496	106	11	850
2000/2001	250	528	114	11	902
2001/2002	263	545	122	18	949

SOURCE : EEIC

TABLEAU III 65 : EVOLUTION DE LA CONSOMMATION DES PRODUITS PETROLIERS PAR SECTEUR

EN KTEP

EXERCICE	SECTEUR				TOTAL
	PRIMAIRE	SECONDAIRE	TERTAIRE	MENAGE	
1981/1982	1	80	530	77	688
1982/1983	1	101	547	98	747
1983/1984	1	121	556	90	768
1984/1985	1	95	629	95	820
1985/1986	1	105	673	101	880
1986/1987	2	100	662	109	873
1987/1988	2	102	566	124	794
1988/1989	2	107	497	130	736
1989/1990	2	113	467	137	719
1990/1991	2	118	377	144	641
1991/1992	2	124	353	151	630
1992/1993	2	127	377	120	626
1993/1994	3	131	430	133	697
1994/1995	3	134	429	150	716
1995/1996	3	137	414	170	724
1996/1997	3	131	423	192	749
1997/1998	3	135	467	199	804
1998/1999	3	146	499	187	835
1999/2000	3	147	497	203	850
2000/2001	3	149	528	222	902
2001/2002	3	150	566	230	949

SOURCE : EEIC

TABLEAU III.66 : EVOLUTION DE L'INTENSITE ENERGETIQUE
BASE 100 1981/1982

ANNEES	SECTEUR			TOTAL
	PRIMAIRE	SECONDAIRE	TERTIAIRE	
1981/1982	100,00	100,00	100,00	100,00
1982/1983	105,74	90,38	99,47	97,99
1983/1984	114,81	85,22	90,18	94,26
1984/1985	126,09	79,30	83,38	92,17
1985/1986	122,73	72,44	81,44	87,93
1986/1987	120,43	75,10	89,28	91,26
1987/1988	146,27	83,43	84,49	95,33
1988/1989	127,86	89,55	83,92	92,92
1989/1990	131,37	93,95	88,43	96,36
1990/1991	125,83	106,38	73,61	92,31
1991/1992	127,38	142,19	71,25	100,38
1992/1993	189,65	106,44	71,35	102,66
1993/1994	142,43	95,99	76,08	93,94
1994/1995	110,36	87,97	62,77	79,02
1995/1996	116,67	82,98	54,78	74,99
1996/1997	97,39	78,15	51,11	68,14
1997/1998	91,85	74,19	52,08	66,41
1998/1999	85,14	77,98	76,22	74,98
1999/2000	83,99	80,40	70,01	73,67
2000/2001	80,99	73,40	70,20	70,78
2001/2002	78,51	65,68	72,02	68,14

SOURCE : EEIC

TABLEAU III.67 : EVOLUTION DE L'INTENSITE ENERGETIQUE DU SECTEUR PRIMAIRE

BASE 100 : 1981/1982

ANNEES	ELECTRCTE	PETROLE	ENR
1981/1982	100,000	100,000	100,000
1982/1983	101,087	101,087	106,533
1983/1984	103,264	103,264	115,434
1984/1985	108,283	108,283	126,512
1985/1986	149,644	99,763	122,940
1986/1987	138,680	184,906	120,158
1987/1988	159,565	212,753	145,775
1988/1989	137,515	183,353	127,792
1989/1990	139,318	185,757	131,343
1990/1991	132,207	176,276	126,123
1991/1992	132,012	176,015	127,419
1992/1993	193,907	258,542	189,336
1993/1994	143,694	287,388	141,920
1994/1995	110,356	220,711	109,736
1995/1996	115,159	230,319	116,323
1996/1997	95,716	191,431	97,327
1997/1998	89,493	178,986	91,401
1998/1999	82,958	165,915	84,913
1999/2000	81,485	162,970	83,954
2000/2001	103,449	155,173	80,460
2001/2002	124,313	149,176	77,685

SOURCE : EEIC

TABLEAU III.68 : EVOLUTION DE L'INTENSITE ENERGETIQUE DU SECTEUR SECONDAIRE

BASE 100 : 1981/1982

ANNEES	ELECTRCTE	PETROLE	ENR
1981/1982	100,00	100,00	100,00
1982/1983	83,28	108,10	88,22
1983/1984	71,54	117,03	82,05
1984/1985	74,12	86,82	79,87
1985/1986	66,27	84,10	72,07
1986/1987	65,74	84,48	78,28
1987/1988	73,71	92,71	86,73
1988/1989	80,89	99,98	91,73
1989/1990	82,69	107,93	96,49
1990/1991	89,44	125,89	110,86
1991/1992	116,62	172,48	148,73
1992/1993	87,27	128,83	111,61
1993/1994	77,35	117,04	101,18
1994/1995	67,06	109,33	95,03
1995/1996	63,13	102,50	89,65
1996/1997	62,67	90,26	84,88
1997/1998	57,54	86,97	81,57
1998/1999	60,92	95,49	83,65
1999/2000	64,26	97,40	85,58
2000/2001	57,51	88,85	78,95
2001/2002	46,64	81,32	73,57

SOURCE : EEIC

TABLEAU III.70 : EVOLUTION DE QUELQUES DONNEES SUR LE TRANSPORT

BASE 100 : 1981/1982

ANNEES	TAUX DE MOTORISATION	INTENSITE PETROLE	CONSOMMATION PAR VEHICULE
1981/1982	100.0	100.0	100.0
1982/1983	106.6	83.4	103.2
1983/1984	113.8	69.9	102.5
1984/1985	126.4	60.0	105.5
1985/1986	144.6	57.8	97.8
1986/1987	152.9	59.8	91.8
1987/1988	149.8	53.2	82.8
1988/1989	180.0	50.8	60.0
1989/1990	161.9	47.9	63.0
1990/1991	160.1	38.5	48.3
1991/1992	146.0	36.8	49.9
1992/1993	138.0	37.1	57.2
1993/1994	127.3	40.6	68.7
1994/1995	125.0	33.3	67.2
1995/1996	129.9	28.8	61.9
1996/1997	131.1	26.7	59.5
1997/1998	130.6	27.6	65.8
1998/1999	132.3	40.5	65.4
1999/2000	134.6	37.1	64.1
2000/2001	133.9	37.4	66.6
2001/2002	132.9	38.5	67.5

SOURCE : EEIC

TABLEAU III.71 : EVOLUTION DE L'INTENSITE ENERGETIQUE DU SECTEUR TERTIAIRE

BASE 100 : 1981/1982

ANNEES	ELECTRCTE	PETROLE	ENR
1981/1982	100,000	100,000	100,000
1982/1983	109,703	99,069	101,555
1983/1984	103,766	89,647	95,363
1984/1985	95,094	83,158	82,255
1985/1986	91,651	81,466	78,102
1986/1987	111,426	88,567	91,460
1987/1988	121,257	82,405	104,003
1988/1989	134,907	80,505	116,955
1989/1990	136,725	84,331	134,545
1990/1991	143,021	67,823	135,421
1991/1992	145,940	64,801	141,005
1992/1993	138,006	65,444	136,006
1993/1994	119,570	71,481	131,518
1994/1995	103,632	58,718	110,390
1995/1996	97,497	50,772	100,794
1996/1997	101,065	47,052	93,131
1997/1998	98,432	48,570	88,674
1998/1999	140,814	71,388	124,174
1999/2000	129,569	65,424	116,280
2000/2001	132,397	65,948	112,249
2001/2002	140,539	67,780	110,381

SOURCE : EEIC

TABLEAU III.72 : EVOLUTION DE L'INTENSITE ENERGETIQUE ET DE LA CONSOMMATION PAR HABITANT DU SECTEUR RESIDENTIEL

BASE 100 : 1981/1982

ANNEES	INTENSITE ENERGETIQUE	CONSOMMATION PAR HABITANT
1981/1982	100,00	100,00
1982/1983	97,59	101,34
1983/1984	92,98	100,85
1984/1985	88,69	101,07
1985/1986	83,73	101,45
1986/1987	89,04	101,82
1987/1988	101,67	102,46
1988/1989	106,39	102,58
1989/1990	115,42	102,75
1990/1991	120,22	102,78
1991/1992	131,95	102,85
1992/1993	121,76	101,38
1993/1994	115,06	101,72
1994/1995	98,91	101,96
1995/1996	95,39	102,71
1996/1997	87,98	103,40
1997/1998	84,56	103,40
1998/1999	84,94	101,17
1999/2000	81,23	99,87
2000/2001	77,33	100,23
2001/2002	73,95	99,99

SOURCE : EEIC

TABLEAU III.73 : COMPARAISON ENTRE LE NOMBRE DE STATIONS-SERVICE ET LES PARTS DE MARCHE EN RESEAU EN 2001/2002

DESIGNATION	**TOTAL**	**MOBIL**	**SHELL**	**TEXACO**	**FIRST O.**	**AUTRES**	**CUMUL**
% de Stations-service	44	17	15	20	2	2	100
% des Ventes en réseau	46	17	18	19	0		100
ECART	**3%**	**0%**	**2%**	**-1%**	**-2%**	**-2%**	

SOURCE : EEIC

ANNEXE IV

TABLEAU IV.1 : LOCATION ET ENTRETIEN DES COMPTEURS ET DISJONCTEURS

EN FCFA

PUISSANCE SOUSCRITE	MONOPHASE	TRIPHASE
1.1	668	Néant
2.2	668	Néant
3.3	668	Néant
4.4	668	Néant
5.5	668	Néant
6.6	836	1 584
7.7	836	Néant
8.8	836	Néant
9.9	836	Néant
11.0	836	Néant
12.1	836	Néant
13.2	836	Néant
16.5	Néant	1 927
19.8	Néant	1 927
26.4	Néant	2 051
33.0	Néant	2 051
39.6	Néant	2 051
66.0	Néant	7 084

SOURCE : ARSEL

TABLEAU IV.2 : EVOLUTION DES TARIFS D'ELECTRICITE AES SONEL

EN FCFA/KWh

ANNEES	ALUCAM	AUTRES HT	MOYENNE HT	MT	BT	MOYENNE
1981/1982	2,58	9,47	3,03	21,39	37,85	11,94
1982/1983	2,95	8,72	3,36	25,88	40,97	14,76
1983/1984	3,41	16,59	4,09	25,91	41,63	15,88
1984/1985	3,36	15,75	3,98	25,70	42,53	16,20
1985/1986	3,39	17,21	4,10	29,18	48,04	18,74
1986/1987	4,12	16,11	4,74	29,49	49,35	21,04
1987/1988	3,96	18,83	4,58	30,27	50,27	21,08
1988/1989	3,96	33,77	5,13	28,13	49,51	19,83
1989/1990	4,25	25,85	5,29	37,12	54,17	22,52
1990/1991	4,62	37,51	5,61	39,49	56,53	23,91
1991/1992	4,33	23,91	5,25	40,60	56,32	24,32
1992/1993	4,38	25,55	5,25	38,46	52,51	22,59
1993/1994	4,66	19,60	5,44	36,45	50,64	21,45
1994/1995	5,40	23,46	6,38	38,08	58,82	23,86
1995/1996	6,23	20,90	7,12	38,22	50,43	23,74
1996/1997	6,08	20,76	6,91	36,80	44,26	22,26
1997/1998	6,34	21,62	7,32	38,93	52,54	25,38
1998/1999	5,80	23,33	6,84	60,57	55,34	30,13
1999/2000	6,34	22,24	7,22	40,86	53,75	25,20
2000/2001	6,71	21,22	7,66	38,98	53,26	26,83

SOURCE : EEIC

TABLEAU IV.3 : EVOLUTION DES VENTES D'ELECTRICITE AES SONEL

EN 10^9 FCFA

ANNEES	ALUCAM	AUTRES HT	TOTAL HT	MT	BT	TOTAL
1981/1982	3 270	833	4 103	6 716	13 285	24 104
1982/1983	3 463	785	4 248	9 523	16 142	29 913
1983/1984	3 839	1 012	4 851	9 845	16 443	31 139
1984/1985	4 110	1 008	5 118	11 204	18 713	35 035
1985/1986	4 167	1 153	5 320	13 771	23 009	42 100
1986/1987	4 586	983	5 569	14 393	26 156	46 118
1987/1988	4 700	979	5 679	14 589	27 596	47 864
1988/1989	5 203	1 821	7 024	13 550	26 889	47 463
1989/1990	5 591	1 729	7 320	16 677	29 547	53 544
1990/1991	6 086	1 538	7 624	15 679	32 393	55 696
1991/1992	5 456	1 479	6 935	18 254	31 455	56 644
1992/1993	5 765	1 450	7 215	16 733	29 700	53 648
1993/1994	6 119	1 432	7 551	15 998	27 078	50 627
1994/1995	6 634	1 666	8 300	16 908	27 587	52 795
1995/1996	7 671	1 651	9 322	18 077	28 191	55 590
1996/1997	8 105	1 640	9 745	19 469	28 102	57 316
1997/1998	8 119	1 881	10 000	20 977	33 633	64 610
1998/1999	7 874	1 983	9 857	33 228	37 072	80 157
1999/2000	9 075	1 869	10 944	22 430	35 155	68 529
2000/2001	8 971	1 983	10 954	24 169	40 054	75 177

SOURCE : AES SONEL / EEIC

TABLEAU IV.4 : EVOLUTION DES PRIX DE VENTE DU PETROLE BRUT CAMEROUNAIS

ANNEES	QUANTITE	VALEUR	PRIX MOYEN PAR TONNE EN FCFA
1981/1982	1 649 169	301,45	182 789
1982/1983	2 001 368	410,98	205 350
1983/1984	2 135 787	545,45	255 386
1984/1985	3 905 362	721,43	184 728
1985/1986	6 294 493	321,30	51 045
1986/1987	6 000 000	211,80	35 300
1987/1988	6 368 303	210,60	33 070
1988/1989	6 803 084	192,00	28 222
1989/1990	6 735 232	187,00	27 764
1990/1991	6 765 389	300,29	44 386
1991/1992	6 969 003	262,58	37 678
1992/1993	6 068 149	209,41	34 510
1993/1994	6 153 374	254,26	41 320
1994/1995	5 093 174	309,44	60 756
1995/1996	4 733 696	288,75	61 000
1996/1997	5 242 009	408,04	77 840
1997/1998	5 645 220	361,48	64 033
1998/1999	5 865 295	320,68	54 674
1999/2000	5 669 431	484,78	85 508
2000/2001	5 139 602	609,76	118 640
2001/2002	4 571 623	593,43	129 808

SOURCE : DSCN / EEIC

TABLEAU IV.5 : EVOLUTION DU COURS MOYEN DU BRENT SUR LE MARCHE INTERNATIONAL

ANNEES	COURS MOYEN
1981/1982	32,8
1982/1983	29,9
1983/1984	28,4
1984/1985	27,7
1985/1986	20,4
1986/1987	15,4
1987/1988	15,6
1988/1989	15,6
1989/1990	19,5
1990/1991	20,1
1991/1992	18,2
1992/1993	17,2
1993/1994	15,7
1994/1995	15,6
1995/1996	17,9
1996/1997	18,1
1997/1998	14,0
1998/1999	13,9
1999/2000	22,5
2000/2001	23,7
2001/2002	21,0

SOURCE : EEIC / IFP (PLATT'S)

TABLEAU IV.6 : EVOLUTION COMPAREE DU COURS MOYEN DU BRENT ET DU PETROLE BRUT CAMEROUNAIS SUR LE MARCHE INTERNATIONAL (BASE 100 : 1981/1982)

ANNEES	PRIX MOYEN DE VENTE DU BRUT CAMEROUNAIS	COURS MOYEN INTERNATIONAL BRENT
1981/1982	100,0	100,0
1982/1983	112,3	91,3
1983/1984	139,7	86,6
1984/1985	101,1	84,4
1985/1986	27,9	62,3
1986/1987	19,3	47,0
1987/1988	18,1	47,6
1988/1989	15,4	47,5
1989/1990	15,2	59,4
1990/1991	24,3	61,2
1991/1992	20,6	55,4
1992/1993	18,9	52,4
1993/1994	22,6	47,8
1994/1995	33,2	47,6
1995/1996	33,4	54,5
1996/1997	42,6	55,3
1997/1998	35,0	42,6
1998/1999	29,9	42,4
1999/2000	46,8	68,5
2000/2001	64,9	72,4
2001/2002	71,0	64,1

SOURCE : EEIC / IFP (PLATT'S)

TABLEAU IV.7 : EVOLUTION DES PRIX ANNUELS MOYENS DES PRODUITS PETROLIERS A DOUALA EN FCFA/LITRE (SAUF GPL EN FCFA/KG)

ANNEES	SUPER	PETROLE	GASOIL	GPL
1978	91	35	66	222
1979	107	47	80	222
1981	150	57	122	222
1982	167	74	139	222
1985	185	79	153	222
1989	175	79	144	236
1991	100	95	152	236
1994	251	100	180	222
1995	308	120	230	288
1996	350	145	265	288
1997	380	160	295	288
1998	362	141	276	288
1999	386	154	298	288
2000	436	189	350	344
2001	450	190	365	344
2002	442	190	371	400
2003	450	213	393	400
2004	444	237	383	400

SOURCE : CSPH / EEIC

TABLEAU IV.8 : EVOLUTION DU MONTANT DES PRELEVEMENTS PERCUS PAR L'ETAT ET LA CSPH SUR LES CARBURANTS

EN FCFA/LITRE

ANNEES	SUPER	PETROLE	GASOIL
1978	35,13	15,47	20,80
1979	29,58	-89,53	39,07
1981	25,77	-15,74	10,01
1982	26,23	-14,56	10,90
1989	23,99	-17,51	23,91
1991	24,42	-5,03	10,97
1994	103,11	-30,14	53,26
1995	157,85	-7,63	94,23
1996	184,16	3,04	122,00
1997	192,46	-0,97	127,94
1998	190,07	0,60	125,59
1999	199,36	-8,29	138,33
2000	210,35	-50,45	150,44
2001	221,56	-49,45	154,04
2002	206,82	-32,59	143,95
2003	205,61	-19,02	149,72
2004	205,06	9,73	149,88

SOURCE : CSPH / EEIC

N.B : LES TAXES SONT LES MOYENNES ANNUELLES

TABLEAU IV.9 : EVOLUTION DU MONTANT DES TAXES PERCUES PAR L'ETAT ET LA CSPH SUR LES CARBURANTS

EN %

ANNEES	SUPER	PETROLE	GASOIL
1978	38,60	44,21	31,52
1979	27,64	-190,50	48,84
1981	17,18	-27,61	8,21
1982	15,70	-19,68	7,84
1989	13,71	-22,16	16,61
1991	24,42	-5,30	7,21
1994	41,08	-30,14	29,59
1995	51,25	-6,36	40,97
1996	52,62	2,09	46,04
1997	50,65	-0,61	43,37
1998	52,50	0,42	45,50
1999	51,65	-5,39	46,42
2000	48,25	-26,69	42,98
2001	49,24	-26,03	42,20
2002	46,79	-17,15	38,80
2003	45,69	-8,93	38,10
2004	46,18	4,11	39,13

SOURCE : CSPH / EEIC

TABLEAU IV.10 : EVOLUTION DES TAXES SUR LE SUPER

EN FCFA/LITRE

ANNEES	TAXE TRESOR	TCA / TVA	TAXE SPECIALE	TOTAL	PEREQUATION STABILISATION.	TOTAL GENERAL
1978	24,83	0,12	0,00	24,94	10,19	35,13
1979	10,03	0,10	0,00	10,13	19,45	29,58
1981	0,45	0,78	0,00	1,23	24,54	25,77
1982	0,50	0,34	0,00	0,84	25,38	26,23
1989	0,50	0,54	0,00	1,04	22,96	23,99
1991	0,50	0,55	0,00	1,05	23,38	24,42
1994	9,26	13,85	80,00	103,11	0,00	103,11
1995	13,86	21,76	100,00	135,62	22,23	157,85
1996	13,56	21,98	120,00	155,53	28,63	184,16
1997	18,90	27,55	120,00	166,45	26,01	192,46
1998	14,65	25,08	120,00	159,73	30,34	190,07
1999	17,50	31,53	120,00	169,03	30,33	199,36
2000	26,26	43,08	120,00	189,33	21,02	210,35
2001	24,26	41,36	120,00	185,62	35,94	221,56
2002	20,93	36,61	120,00	177,54	29,28	206,82
2003	21,78	34,64	120,00	176,42	29,19	205,61
2004	20,40	33,01	120,00	173,41	31,65	205,06

SOURCE : CSPH / EEIC

N.B : LES MONTANTS SONT LES MOYENNES ANNUELLES

<u>TABLEAU IV 11</u> : EVOLUTION DES TAXES SUR LE PETROLE

EN FCFA/LITRE

ANNEES	TAXES TRESOR	TCA/TVA	TAXE SPECIALE	TOTAL	PEREQUATION STABILISATION	TOTAL. GENERAL
1978	5,34	0,12	0,00	5,45	10,02	15,47
1979	24,83	0,10	0,00	24,93	-114,46	-89,53
1981	0,17	0,33	0,00	0,50	-16,24	-15,74
1982	0,23	0,33	0,00	0,55	-15,12	-14,56
1989	0,22	0,54	0,00	0,76	-18,26	-17,51
1991	0,22	0,55	0,00	0,77	-5,80	-5,03
1994	0,00	1,12	-31,26	-30,14	0,00	-30,14
1995	0,00	5,15	-21,26	-16,11	8,48	-7,63
1996	0,00	2,25	-11,26	-9,02	12,05	3,04
1997	0,00	2,81	-11,26	-8,45	7,48	-0,97
1998	0,00	5,07	-11,26	-6,19	6,79	0,60
1999	0,00	3,66	-16,86	-13,20	4,90	-8,29
2000	0,00	3,28	-62,78	-59,50	9,05	-50,45
2001	0,00	3,37	-74,71	-71,34	21,89	-49,45
2002	0,00	3,41	-53,81	-50,40	17,81	-32,59
2003	0,00	3,81	-40,96	-37,15	18,13	-19,02
2004	15,00	4,18	-29,41	-10,23	19,96	9,73

<u>SOURCE</u> : CSPH / EEIC

<u>N.B</u> : LES MONTANTS SONT LES MOYENNES ANNUELLES

TABLEAU IV.12 : EVOLUTION DES TAXES SUR LE GASOIL

EN FCFA/LITRE

ANNEES	TAXE TRESOR	TCA / TVA	TAXE SPECIALE	TOTAL	PEREQUATION STABILISATION	TOTAL. GENERAL
1978	11,73	0,12	0,00	11,84	8,96	20,80
1979	24,83	0,10	0,00	24,93	14,14	39,07
1981	0,37	0,33	0,00	0,70	9,32	10,01
1982	0,42	0,33	0,00	0,75	10,15	10,90
1989	0,42	0,54	0,00	0,95	10,86	23,91
1991	0,42	0,56	0,00	0,98	9,99	10,97
1994	9,32	13,94	30,00	53,26	0,00	53,26
1995	13,95	19,68	47,50	81,13	13,11	94,23
1996	15,58	22,55	65,00	103,13	18,88	122,00
1997	18,92	27,48	65,00	111,40	16,54	127,94
1998	14,05	22,56	65,00	101,61	23,99	125,59
1999	16,08	27,55	65,00	108,63	29,70	138,33
2000	25,44	42,28	65,00	132,72	17,72	150,44
2001	24,67	41,18	65,00	130,85	23,19	154,04
2002	20,63	35,51	65,00	121,14	22,81	143,95
2003	21,88	34,86	65,00	121,74	27,98	149,72
2004	20,54	33,36	65,00	118,90	30,98	149,88

SOURCE : CSPH / EEIC

TABLEAU IV.13 : EVOLUTION DE LA TCA/TVA

EN FCFA/LITRE

ANNEES	SUPER	PETROLE	GASOIL
1978	0,12	0,12	0,12
1979	0,10	0,10	0,10
1981	0,78	0,33	0,33
1982	0,34	0,33	0,33
1989	0,54	0,54	0,54
1991	0,55	0,55	0,56
1994	13,85	1,12	13,94
1995	21,76	5,15	19,68
1996	21,98	2,25	22,55
1997	27,55	2,81	27,48
1998	25,08	5,07	22,56
1999	31,53	3,66	27,55
2000	43,08	3,28	42,28
2001	41,36	3,37	41,18
2002	36,61	3,41	35,51
2003	34,64	3,81	34,86
2004	33,01	4,18	33,36

SOURCE : CSPH / EEIC

ANNEXE V

TABLEAU V.1 : EVOLUTION DU TAUX DE DESSERTE (SCENARIO NON ENERGETIQUE)

EN %

ANNEES	ADAM	YDE	R CENT	EST	EXT N	DOUALA	R. LITT	NORD	NORD O	OUEST	SUD	SUD O	TOTAL
2004	16,0	85,0	39,0	24,0	11,0	85,0	32,0	10,0	29,0	25,0	43,0	35,7	36,2
2005	16,3	85,9	40,0	24,7	11,2	85,9	32,6	10,2	29,6	25,6	43,6	36,5	36,8
2006	16,7	86,7	41,0	25,5	11,4	86,7	33,3	10,4	30,2	26,3	44,3	37,3	37,5
2007	17,0	87,6	42,0	26,2	11,7	87,6	34,0	10,6	30,8	26,9	45,0	38,0	38,1
2008	17,4	88,5	43,0	27,0	11,9	88,5	34,6	10,8	31,4	27,6	45,6	38,8	38,8
2009	17,8	89,3	44,1	27,8	12,1	89,3	35,3	11,0	32,0	28,4	46,3	39,6	39,4
2010	18,1	90,2	45,2	28,7	12,4	90,2	36,0	11,3	32,7	29,3	47,0	40,5	40,1
2011	18,5	91,1	46,4	29,5	12,6	91,1	36,8	11,5	33,3	30,2	47,7	41,3	40,8
2012	18,9	92,0	47,5	30,4	12,9	92,0	37,5	11,7	34,0	31,1	48,4	42,2	41,6
2013	19,3	93,0	48,7	31,3	13,1	93,0	38,2	12,0	34,7	32,0	49,2	43,1	42,3
2014	19,7	93,9	49,9	32,3	13,4	93,9	39,0	12,2	35,4	33,0	49,9	44,0	43,0
2015	20,1	94,8	51,2	33,2	13,7	94,8	39,8	12,4	36,1	33,9	50,7	44,9	43,8
2016	20,5	95,8	52,2	34,2	13,9	95,8	40,6	12,6	36,7	35,0	51,4	45,8	44,5
2017	20,8	96,7	53,3	35,2	14,2	96,7	41,4	12,9	37,3	36,0	52,2	46,7	45,3
2018	21,2	97,7	54,5	36,3	14,5	97,7	42,2	13,1	37,9	37,1	53,0	47,6	46,1
2019	21,6	98,7	55,6	37,4	14,7	98,7	43,1	13,3	38,6	38,2	53,8	48,6	46,9
2020	22,1	99,7	56,8	38,5	15,0	99,7	43,9	13,6	39,2	39,3	54,6	49,5	47,7

SOURCE : EEIC

TABLEAU V.2 : CONSOMMATION MOYENNE PAR ABONNE
(SCENARIO NON ENERGETIQUE)

PROVINCE	**CONSOMMATION MOYENNE EN KWh/AN**
ADAMAOUA	545
YAOUNDE	411
RESTE CENTRE	246
EST	285
EXT-NORD	295
DOUALA	925
RESTE LITTORAL	695
NORD	645
NORD-OUEST	250
OUEST	310
SUD	400
SUD-OUEST	450

SOURCE : AES SONEL

TABLEAU V.3 : EVOLUTION DE LA DEMANDE D'ELECTRICITE DES MENAGES (SCENARIO NON ENERGETIQUE)

EN GWh

ANNEES	ADAM	YDE	R CENT	EST	EXT N	DOUALA	R. LITT	NORD	NORD O	OUEST	SUD	SUD O	TOTAL
2005	14	111	23	12	18	293	25	22	26	30	16	43	634
2006	14	117	24	13	19	311	26	23	27	31	17	45	667
2007	15	123	26	13	20	330	27	24	28	33	17	47	702
2008	16	129	27	14	20	350	29	25	29	34	18	49	740
2009	16	136	28	15	21	371	30	26	30	36	19	51	779
2010	17	143	30	16	22	393	31	27	31	38	20	53	820
2011	18	150	31	17	23	417	32	28	33	40	21	55	864
2012	19	157	33	18	24	442	33	29	34	42	22	58	910
2013	19	165	35	19	25	469	35	30	35	44	23	60	959
2014	20	174	36	20	26	497	36	32	37	46	24	63	1 010
2015	21	182	38	21	27	527	38	33	38	48	25	65	1 064
2016	22	191	40	23	28	559	39	34	40	51	26	68	1 121
2017	23	198	42	24	29	585	41	35	41	53	27	71	1 168
2018	24	205	43	26	30	611	42	36	42	55	29	73	1 218
2019	24	212	45	27	31	639	44	38	44	58	30	76	1 269
2020	25	220	47	29	32	668	46	39	45	61	31	79	1 323

SOURCE : EEIC

TABLEAU V.4 : EVOLUTION DE LA DEMANDE EN BT
(SCENARIO NON ENERGETIQUE)

EN GWh

ANNEES	MENAGE	PROFES-SIONNEL	ECLAIRAGE PUBLIC.	TOTAL
2005	634	48	20	701
2006	667	50	20	737
2007	702	52	20	775
2008	740	55	20	815
2009	779	58	20	857
2010	820	61	20	901
2011	864	64	20	948
2012	910	67	20	997
2013	959	70	20	1 049
2014	1 010	74	20	1 104
2015	1 064	77	20	1 162
2016	1 121	81	20	1 222
2017	1 168	85	20	1 273
2018	1 218	90	20	1 327
2019	1 269	94	20	1 383
2020	1 323	99	20	1 442

SOURCE : EEIC

TABLEAU V.5 : EVOLUTION DE LA CONSOMMATION NATIONALE D'ELECTRICITE (SCENARIO NON ENERGETIQUE)

EN GWh

ANNEES	AES SONEL				AUTOPRO DUCTEUR	TOTAL GENERAL
	BT	MT	HT	TOTAL		
2005	701	700	1 660	3 061	260	3 321
2006	737	728	1 665	3 130	247	3 377
2007	775	757	1 850	3 382	235	3 617
2008	815	787	1 850	3 452	223	3 675
2009	857	827	1 850	3 534	212	3 745
2010	901	868	3 600	5 369	201	5 570
2011	948	912	3 600	5 459	200	5 659
2012	997	957	3 600	5 554	200	5 754
2013	1 049	1 005	3 600	5 654	200	5 854
2014	1 104	1 055	3 600	5 759	200	5 959
2015	1 162	1 108	3 600	5 870	200	6 070
2016	1 222	1 163	3 600	5 985	200	6 185
2017	1 273	1 222	3 600	6 095	200	6 295
2018	1 327	1 283	3 600	6 210	200	6 410
2019	1 383	1 347	3 600	6 330	200	6 530
2020	1 442	1 414	3 600	6 456	200	6 656

SOURCE : EEIC

TABLEAU V.6 : EVOLUTION DU TAUX DE DESSERTE (SCENARIO ENERGETIQUE)

EN %

ANNEES	ADAM	YDE	R CENT	EST	EXT N	DOUALA	R. LITT	NORD	NORD O	OUEST	SUD	SUD O	TOTAL
2004	16,0	85,0	39,0	24,0	11,0	85,0	32,0	10,0	29,0	25,0	43,0	35,7	36,2
2005	16,3	89,3	40,0	24,7	11,2	89,3	32,6	10,2	30,5	26,3	43,6	36,6	37,5
2006	16,7	93,7	41,0	25,5	11,4	93,7	33,3	10,4	32,0	27,6	44,3	37,5	38,9
2007	17,0	98,4	42,0	26,2	11,7	98,4	34,0	10,6	33,6	28,9	45,0	38,5	40,4
2008	17,4	100,0	43,0	27,0	11,9	100,0	34,6	10,8	35,2	30,4	45,6	39,4	41,3
2009	17,8	100,0	44,1	27,8	12,1	100,0	35,3	11,0	37,0	31,9	46,3	40,4	42,0
2010	18,1	100,0	45,2	28,7	12,4	100,0	36,0	11,3	38,9	33,5	47,0	41,4	42,7
2011	18,5	100,0	46,4	29,5	12,6	100,0	36,8	11,5	40,8	35,2	47,7	42,5	43,5
2012	18,9	100,0	47,5	30,4	12,9	100,0	37,5	11,7	42,8	36,9	48,4	43,5	44,2
2013	19,3	100,0	48,7	31,3	13,1	100,0	38,2	12,0	45,0	38,8	49,2	44,6	45,0
2014	19,7	100,0	49,9	32,3	13,4	100,0	39,0	12,2	47,2	40,7	49,9	45,7	45,8
2015	20,1	100,0	51,2	33,2	13,7	100,0	39,8	12,4	49,6	42,8	50,7	46,9	46,7
2016	20,5	100,0	52,2	34,2	13,9	100,0	40,6	12,6	52,1	44,9	51,4	48,1	47,5
2017	20,8	100,0	53,3	35,2	14,2	100,0	41,4	12,9	54,7	47,1	52,2	49,3	48,4
2018	21,2	100,0	54,5	36,3	14,5	100,0	42,2	13,1	57,4	49,5	53,0	50,5	49,3
2019	21,6	100,0	55,6	37,4	14,7	100,0	43,1	13,3	60,3	52,0	53,8	51,8	50,3
2020	22,1	100,0	56,8	38,5	15,0	100,0	43,9	13,6	63,3	54,6	54,6	53,0	51,3

SOURCE : EEIC

TABLEAU V.7 : EVOLUTION DE LA CONSOMMATION D'ELECTRICITE DES MENAGES (SCENARIO ENERGETIQUE)

EN GWh

ANNEES	ADAM	YDE	R CENT	EST	EXT N	DOUALA	R. LITT	NORD	NORD O	OUEST	SUD	SUD O	TOTAL
2005	14	116	23	12	18	305	25	22	26	31	16	43	651
2006	14	127	24	13	19	336	26	23	28	33	17	45	705
2007	15	138	26	13	20	370	27	24	30	35	17	47	764
2008	16	146	27	14	20	395	29	25	32	38	18	50	810
2009	16	152	28	15	21	415	30	26	35	40	19	52	850
2010	17	158	30	16	22	436	31	27	37	43	20	54	891
2011	18	164	31	17	23	458	32	28	40	46	21	57	935
2012	19	171	33	18	24	480	33	29	43	50	22	59	981
2013	19	178	35	19	25	505	35	30	46	53	23	62	1 029
2014	20	185	36	20	26	530	36	32	49	57	24	65	1 080
2015	21	192	38	21	27	556	38	33	53	61	25	68	1 133
2016	22	200	40	23	28	584	39	34	56	65	26	71	1 188
2017	23	205	42	24	29	604	41	35	60	69	27	74	1 234
2018	24	210	43	26	30	626	42	36	64	74	29	78	1 282
2019	24	215	45	27	31	648	44	38	68	79	30	81	1 331
2020	25	221	47	29	32	670	46	39	73	84	31	85	1 383

SOURCE : EEIC

TABLEAU V.8 : EVOLUTION DE LA CONSOMMATION NATIONALE D'ELECTRICITE (SCENARIO ENERGETIQUE)

EN GWh

ANNEES	AES SONEL				AUTOPRO-DUCTEUR	TOTAL GENERAL
	BT	MT	HT	TOTAL		
2005	719	700	1 660	3 079	260	3 339
2006	775	735	1 665	3 175	247	3 422
2007	836	772	1 850	3 458	235	3 693
2008	885	810	1 850	3 545	223	3 768
2009	927	851	1 850	3 628	212	3 840
2010	972	893	5 000	6 865	201	7 066
2011	1 019	1 340	5 000	7 359	200	7 559
2012	1 068	1 407	5 000	7 475	200	7 675
2013	1 119	1 477	5 000	7 597	200	7 797
2014	1 173	1 551	5 000	7 725	200	7 925
2015	1 230	2 000	6 000	9 230	200	9 430
2016	1 289	2 100	6 000	9 389	200	9 589
2017	1 339	2 205	6 000	9 544	200	9 744
2018	1 391	2 315	6 000	9 706	200	9 906
2019	1 445	2 431	6 000	9 876	200	10 076
2020	1 502	2 553	6 000	10 054	200	10 254

SOURCE : EEIC

TABLEAU V.9 : EVOLUTION DE LA DEMANDE DES PRODUITS PETROLIERS (SCENARIO NON ENERGETIQUE)
EN TEP

ANNEES	GPL	SUPER	PETROLE	JET.A1	GAS.OIL	FUEL.1500	TOTAL
2005	40 250	280 000	145 000	75 000	360 000	70 000	970 250
2006	44 275	294 000	155 150	75 375	363 600	73 500	1 005 900
2007	48 703	308 700	166 011	75 752	367 236	77 175	1 043 576
2008	53 573	324 135	177 631	76 131	370 908	81 034	1 083 412
2009	58 930	340 342	190 065	76 511	374 617	85 085	1 125 551
2010	64 823	357 359	203 370	76 894	378 364	89 340	1 170 149
2011	71 305	366 293	208 454	88 428	382 147	91 573	1 208 201
2012	78 436	375 450	213 666	89 754	385 969	93 863	1 237 137
2013	86 279	384 836	219 007	91 101	389 828	96 209	1 267 261
2014	94 907	394 457	224 482	92 467	393 727	98 614	1 298 655
2015	104 398	404 319	230 094	94 779	397 664	101 080	1 332 334
2016	114 838	414 427	235 847	97 148	401 641	103 607	1 367 507
2017	126 322	424 787	241 743	99 577	405 657	106 197	1 404 283
2018	138 954	435 407	247 787	102 066	409 714	108 852	1 442 779
2019	152 849	446 292	253 981	104 618	413 811	111 573	1 483 125
2020	168 134	457 450	260 331	107 234	417 949	114 362	1 525 459

SOURCE : EEIC

TABLEAU V.10 : EVOLUTION DE LA DEMANDE DES PRODUITS PETROLIERS (SCENARIO ENERGETIQUE)

EN TEP

ANNEES	GPL	SUPER	PETROLE	JET.A1	GAS.OIL	FUEL.1500	TOTAL
2005	40 250	280 000	145 000	75 000	360 000	70 000	970 250
2006	46 288	284 200	142 825	75 375	365 400	73 500	987 588
2007	53 231	288 463	140 683	75 752	370 881	77 175	1 006 184
2008	61 215	292 790	138 572	76 131	376 444	81 034	1 026 186
2009	70 398	297 182	136 494	76 511	382 091	85 085	1 047 761
2010	80 957	301 640	134 446	76 894	387 822	89 340	1 071 099
2011	93 101	316 721	137 135	88 428	407 213	91 573	1 134 172
2012	107 066	332 558	139 878	89 754	427 574	93 863	1 190 692
2013	123 126	349 185	142 676	91 101	448 953	96 209	1 251 249
2014	141 595	366 645	145 529	92 467	471 400	98 614	1 316 250
2015	162 834	384 977	148 440	94 779	494 970	101 080	1 387 079
2016	170 975	390 752	151 408	97 148	502 395	103 607	1 416 285
2017	179 524	396 613	154 437	99 577	509 931	106 197	1 446 278
2018	188 500	402 562	157 525	102 066	517 580	108 852	1 477 086
2019	197 925	408 601	160 676	104 618	525 344	111 573	1 508 736
2020	207 822	414 730	163 889	107 234	533 224	114 362	1 541 260

SOURCE : EEIC

TABLEAU V.11 : EVOLUTION DE LA DEMANDE DES ENR (SCENARIO NON ENERGETIQUE)

EN KTEP

EXERCICE	BOIS	CHARBON DE BOIS	BAGASSE	COQUE DE N DE PALME	AUTRES DECHETS	TOTAL
2005	3 175	30	75	110	100	3 490
2006	3 250	31	75	110	100	3 566
2007	3 335	32	75	110	100	3 652
2008	3 420	33	75	110	100	3 738
2009	3 505	34	75	110	100	3 824
2010	3 592	35	75	110	100	3 912
2011	3 682	36	75	110	100	4 003
2012	3 774	37	75	110	100	4 096
2013	3 868	38	75	110	100	4 191
2014	3 965	39	75	110	100	4 289
2015	4 065	41	75	110	100	4 391
2016	4 166	42	75	110	100	4 493
2017	4 270	43	75	110	100	4 598
2018	4 375	44	75	110	100	4 704
2019	4 490	56	75	110	100	4 831
2020	4 600	50	75	110	100	4 935

SOURCE : EEIC

TABLEAU V.12 : EVOLUTION DE LA DEMANDE DES ENR (SCENARIO ENERGETIQUE)

EN KTEP

EXERCICE	BOIS	CHARBON DE BOIS	BAGASSE	COQUE DE N DE PALME	AUTRES DECHETS	TOTAL
2005	3 175	30	75	110	100	3 490
2006	3 250	31	75	110	100	3 566
2007	3 300	32	75	110	100	3 617
2008	3 350	33	75	110	100	3 668
2009	3 400	34	75	110	100	3 719
2010	3 434	35	75	110	100	3 754
2011	3 382	36	75	110	100	3 703
2012	3 332	37	75	110	100	3 654
2013	3 282	38	75	110	100	3 605
2014	3 230	39	75	110	100	3 554
2015	3 185	41	75	110	100	3 511
2016	3 153	42	75	110	100	3 480
2017	3 122	43	75	110	100	3 450
2018	3 090	44	75	110	100	3 419
2019	3 059	56	75	110	100	3 400
2020	3 029	50	75	110	100	3 364

SOURCE : EEIC

TABLEAU V.13 : EVOLUTION DE LA DEMANDE TOTALE
(SCENARIO NON ENERGETIQUE)

EN KTEP

EXERCICE	ELECTRICITE	PETROLE	ENR	TOTAL
2005	286	970	3 490	4 746
2006	290	1 005	3 566	4 861
2007	311	1 044	3 652	5 007
2008	316	1 083	3 738	5 137
2009	322	1 126	3 824	5 272
2010	479	1 170	3 912	5 561
2011	487	1 208	4 003	5 698
2012	495	1 237	4 096	5 828
2013	503	1 267	4 191	5 961
2014	512	1 299	4 289	6 100
2015	522	1 332	4 391	6 245
2016	532	1 368	4 493	6 393
2017	541	1 404	4 598	6 543
2018	551	1 443	4 704	6 698
2019	562	1 483	4 831	6 876
2020	572	1 525	4 935	7 032

SOURCE : EEIC

TABLEAU V.14 : EVOLUTION DE LA DEMANDE TOTALE

EN KTEP

EXERCICE	ELECTRICITE	PETROLE	ENR	TOTAL
2005	287	970	3 490	4 747
2006	294	988	3 566	4 848
2007	318	1 006	3 617	4 941
2008	324	1 026	3 668	5 018
2009	330	1 048	3 719	5 097
2010	608	1 071	3 754	5 433
2011	650	1 134	3 703	5 487
2012	660	1 191	3 654	5 505
2013	671	1 251	3 605	5 527
2014	682	1 316	3 554	5 552
2015	811	1 387	3 511	5 709
2016	825	1 416	3 480	5 721
2017	838	1 446	3 450	5 734
2018	852	1 477	3 419	5 748
2019	867	1 509	3 400	5 776
2020	882	1 541	3 364	5 787

SOURCE : EEIC

TABLEAU V.15 : ESTIMATION DES PUISSANCES A INSTALLER

ANNEES	SCENARIO ENERGETIQUE		SCENARIO NON ENERGETIQUE	
	ENERGIE EN GWh	PUISSANCE EN MW	ENERGIE EN GWh	PUISSANCE EN MW
2005	3 079	565	3 061	562
2006	3 175	583	3 130	575
2007	3 458	635	3 382	621
2008	3 545	651	3 452	634
2009	3 628	666	3 534	649
2010	6 865	1 261	5 369	986
2011	7 359	1 351	5 459	1 003
2012	7 475	1 373	5 554	1 020
2013	7 597	1 395	5 654	1 038
2014	7 725	1 419	5 759	1 058
2015	9 230	1 695	5 870	1 078
2016	9 389	1 724	5 985	1 099
2017	9 544	1 753	6 095	1 119
2018	9 706	1 783	6 210	1 140
2019	9 876	1 814	6 330	1 163
2020	10 054	1 847	6 456	1 186

SOURCE : EEIC

TABLEAU V.16 : PREVISION DE LA PRODUCTION PETROLIERE

EXERCICE	PRODUCTION EN MTEP
2005	3,79
2006	3,12
2007	3,20
2008	3,84
2009	4,22
2010	4,20
2011	4,00
2012	3,75
2013	3,50
2014	3,00
2015	2,50
2016	2,50
2017	2,25
2018	2,25
2019	2,10
2020	2,10

SOURCE : EEIC

BIBLIOGRAPHIE

Rapports du Plan Energétique National du Cameroun (Document principal, Enquête nationale de la consommation d'énergie des ménages, Diagnostic sectoriel : les aspects socio-économiques, les hydrocarbures, l'électricité et les ENR, les problèmes du secteur).

Rapports d'activité et compte-rendu de gestion de la SONEL.

Rapports d'activité de la SONARA et de la SCDP.

Structures de prix des carburants (CSPH).

Divers rapports de la DSCN : le commerce extérieur du Cameroun de 1990/1991 à 1994/1995, note annuelle de statistique : 1990/1991, note annuelle de statistique 1990, Comptes nationaux du Cameroun janvier 1987, janvier 1989 et juin 1993.

Institut National de la Statistique : Annuaire statistique du Cameroun 2000, Cameroun en chiffres 2001.

Energie 2002, Ministère français de l'Economie et des finances (Direction Générale de l'Energie et des Matières Premières).

504439 - octobre 2012
Achevé d'imprimer par

1livre.com
du rêve à la réalité !

www.ingramcontent.com/pod-product-compliance
Lightning Source LLC
LaVergne TN
LVHW010641051026
849532LV00001B/136